乡村教师社会生活的代际研究

来自乡镇学校的个案分析

王成龙◎著

广西教育出版社
南宁

图书在版编目（CIP）数据

乡村教师社会生活的代际研究 ：来自乡镇学校的个案分析 / 王成龙著. -- 南宁 ：广西教育出版社，2023.5
ISBN 978-7-5435-9299-5

Ⅰ. ①乡… Ⅱ. ①王… Ⅲ. ①农村学校-教师-社会生活-研究-中国 Ⅳ. ①G451.4

中国国家版本馆 CIP 数据核字(2023)第 096920 号

策划编辑：石立民
责任编辑：陈亚菲
责任校对：陆嫣澄　何　云
装帧设计：杨若媛
责任技编：蒋　媛

出 版 人：石立民
出版发行：广西教育出版社
地　　址：广西南宁市鲤湾路 8 号　　邮政编码：530022
电　　话：0771-5865797
本社网址：http://www.gxeph.com
电子信箱：gxeph@vip.163.com
印　　刷：广西金考印刷有限公司
开　　本：787mm×1092mm　1/16
印　　张：17
字　　数：244 千字
版　　次：2023 年 5 月第 1 版
印　　次：2023 年 5 月第 1 次印刷
书　　号：ISBN 978-7-5435-9299-5
定　　价：39.80 元

序一

很高兴王成龙在博士论文基础上完成的新著《乡村教师社会生活的代际研究——来自乡镇学校的个案分析》面世了。

回想王成龙在北师大求学时期，正是北师大教育社会学团队开始从宏观和微观的视野关注乡村教师的时期。宏观视角，即从数据和政策研究出发，探究21世纪初乡村教师为什么如此短缺，如何更好地补充乡村教师队伍，如何留得住乡村教师。而微观视角，则是在各地乡村走村串门的日常研究中悟到的人生和学术话题：为什么村民与乡村老师间有了距离？为什么乡村教师都在县里安家？为什么新来的教师在学校里没有“师傅”？日积月累，北师大教育社会学团队开始用口述历史的方法，探寻共和国七十年不同代际乡村教师的生命历程，了解他们在滚滚的社会洪流中如何耕耘乡村学校，如何培育一代代农家子弟。

王成龙是这个团队里特别用心和执着的一位。

他在家乡河南选择了一个乡镇进行研究。这一时期的乡村学校聚集着各种“身份”的教师，既有农村公社集体时代聘请的民办教师；也有中师毕业的中老年教师，他们有的已经成为地方教育界的精英；还有21世纪以后出现的临聘教师和新招聘的公办教师，包括特岗教师。该书关注三代教师，用生命叙事方式，着眼于每一位教师的出生、童年、求学、择业、婚姻、家庭、工作、退休等各个重大生命节点，探寻各个历史时期重要变革事件对个人生活历程的影响。

该书勾勒了三代乡村教师的社会生活。他们经历了 20 世纪七八十年代生育政策的变革，见证着农村学校的变迁；许多年轻的教师有着留守儿童的经历，中老年教师则见证过已经消失的中师和“戴帽初中”。

从王成龙的研究中，我们可以发现：

中国独特的教育现代化进程，塑造了三代教师的行为实践与价值观念。王成龙所描述和研究的乡村学校与教师，就像中国乡村教育的博物馆，三代教师口述历史浓缩了几十年教育进程，从扫盲、“普初”到“普九”一步步走来；在办学体制上，2001 年开始，义务教育管理体制转变为“以县为主”，农村义务教育办学经费从主要由农民负担转变为主要由政府负担，农村教育开始由农村集体办、“人民自己办”为主转变为以政府“公办”为主。农村学校建制逐步规范化、专业化。

三代教师有着不同的学历和身份，不同的劳作生息方式，不同的婚嫁和安家方式，与乡村、农耕和乡亲的关系随着代际变化由深变浅。

四十多年的改革开放带来社会结构的变迁，给乡村教师的生命历程留下了深刻的烙印，一方面，改变了乡村教师的饮食起居，他们的城市化特征凸显；另一方面，也深刻影响了他们的教育理念和行为。他们从“鲤鱼跃龙门”开始，用“草鞋”和“皮鞋”的选择，激励农家子弟出人头地；21 世纪后，他们逐渐接受全纳和公平的教育普及观念，新生代教师也开始践行理解、尊重和陪伴儿童的理念。

随着时代的发展，三代身份和生活方式多样的教师并存于一所学校的图景将不复存在，新生代乡村教师将全面取代其他两代教师。中国共产党第二十次全国代表大会绘就了新的国家发展蓝图，新一轮的乡村振兴和发展又将奏响乡村教育新征程的进行曲。

记录并解释每一个历史时期中具体鲜活的乡村教师的生命故事和社会生活图景，是紧迫和珍贵的，因为这些普通的学校和教师，记录着乡村教育的传承。该书让我们能够看到三代乡村教师各自的特征和差异，同时看到乡村教师不变的责任感和使命感。这是王成龙这本专著最宝贵的地方。

是为序。

郑新蓉

癸卯年二月初十

序二

党的二十大报告提出，以中国式现代化推进中华民族伟大复兴。中国式教育现代化是中国式现代化的重要组成部分，高质量教师队伍是实现中国式教育现代化的根本依靠。党的二十大作出了“加强师德师风建设，培养高素质教师队伍，弘扬尊师重教社会风尚”的战略部署。

“全面建设社会主义现代化国家，最艰巨最繁重的任务仍然在农村。”当前，我国迈入实现第二个百年奋斗目标的新征程，乡村教育关乎乡村振兴，对巩固脱贫攻坚成果，推动其与乡村振兴有效衔接，助力实现共同富裕具有重大意义。可以说，乡村教育的水平决定着中国教育现代化的水平，要走好中国式教育现代化之路，必须建设一支高素质的乡村教师队伍，以高质量的乡村教师队伍来推动中国教育的现代化。

党的十八大以来，以习近平同志为核心的党中央高度重视乡村教师队伍建设，在促进乡村教师队伍建设方面颁布了一系列的政策文件，精准施策，标本兼治，乡村教师队伍建设取得重大成就，整体进入了全面提质增优的阶段。乡村教师的任教环境实现了根本性好转，待遇有了更坚实的保障，工作积极性明显提高，素质能力得到明显提升，以往乡村教师队伍建设面临的吸引力不强、教师资源配置不均衡、教师结构性短缺、整体素质不高等诸多问题得到明显改善。但由于种种原因，当前我国乡村教师队伍建设还面临不少短板和不足，并引发了诸多学者的关注。目前，学界对乡村教师的任教环境、教育教学水平、素质能力等外在、显性问题关注较多，而缺乏对乡村教师的精神文化生活、乡村教师对其从事乡村教育工作的责任感与使命感方面的研究。

2015 年我在山东省教育厅工作时，带领教育厅和有关部门的同志到平度、安丘两地乡村学校进行实地调研，当时就发现：乡村教师对自身工作价值的期盼是多元的、丰富的、立体的，既有物质层面的，也不乏精神层面的。我们必须清醒地看到，随着改革开放后走上工作岗位的那一代乡村教师即将整体进入退出期，将有越来越多的新一代大学生走上乡村学校教师岗位。这一代大学生与老一代中师生相比，具有鲜明的时代特点，他们既不会甘于物质生活的贫困，也不会甘于精神生活的贫瘠。[①]

随着教育现代化的深入推进和乡村教师队伍的不断扩充，越来越多的新生代乡村教师将进入乡村学校任教。当今世界正经历百年未有之大变局，我国正处于实现中华民族伟大复兴的关键时期，乡村教师的价值观念与个人特质也发生了很多变化。故此，在教育现代化背景中，从历史发展的视野研究乡村教师的社会文化生活状况，具有鲜明的时代价值与现实意义。王成龙正是在做这样有价值的研究工作。

《乡村教师社会生活的代际研究——来自乡镇学校的个案分析》以河南省某镇为个案，运用田野调查方法，采用生命历程和代际比较的视角，探究社会结构的变迁对乡村教师生命体验的影响，揭示民办教师转正的乡村教师、中等师范学校毕业的乡村教师、新生代乡村教师这三个乡村教师群体社会生活的特征，主要关注三个群体在行为实践和价值观念方面表现

① 张志勇. 乡村教师的十个“梦想”[N]. 中国教育报，2015-09-11（5）.

出的代际（群体）差异，这种差异与我国社会变革、教育现代化进程密切相关。这项研究正契合当下的乡村教师政策话语转变与乡村教师实际发展的需要。

一个民族的复兴需要强大的物质力量，更需要强大的精神力量。在加快推进教育现代化、建设教育强国、办好人民满意的教育的进程中，要实现乡村教师“进得来、留得住、教得好”的目标愿景，必须正视乡村教师的社会文化生活，尤其是其内在的精神文化世界，这不仅包括乡村教师对乡村教育的认知、对乡村教师职业的认知与规划，更包括他们的人生观、价值观与世界观。因为，物质富足、精神富有是社会主义现代化的根本要求。既需要不断丰裕现代化的物质基础，夯实人民幸福生活的物质条件；也需要锲而不舍、一以贯之抓好社会主义精神文明建设、厚植精神文化沃土，促进物的全面丰富和人的全面发展。

若要实现物质文明和精神文明相协调的中国式现代化，提高乡村教师振兴乡村教育的水平，就必须从加强体制机制建设、强化政策落地落实、提升师德师风水平、振兴教师教育、创新管理方式、营造尊师重教氛围、加强激励表彰、开展精准培训等方面着手，把乡村教师培养成中华民族“梦之队”的筑梦人；全面贯彻党的教育方针，落实立德树人根本任务，培养德智体美劳全面发展的社会主义建设者和接班人。

张志勇

2023 年 2 月 25 日

前言

随着乡村教师代际更迭和招聘制度的变迁，我国中西部乡村学校出现了三类教师群体：20 世纪六七十年代入职的民办教师转正的教师、20 世纪八九十年代入职的中师生教师，以及取消分配后自主择业的 20 世纪 80 年代以后出生的新生代教师。

本书研究以河南省某镇为个案，运用田野调查方法，采用生命历程和代际比较的视角，探究社会结构的变迁对乡村教师生命经验的影响，揭示三个乡村教师群体社会生活的特征。

研究乡村教师的代际社会生活，主要关注他们在行为实践和价值观念方面表现出的显著代际（群体）差异，这种差异与我国社会变革、教育现代化进程密切相关。其中，农村教育普及与师范教育的变革进程对不同乡村教师群体影响显著。

本书研究的主要发现和结论：

第一，社会结构的变迁给乡村教师的职前生命历程留下了深刻烙印。

受社会经济发展水平的影响，乡村教师的童年生活经历了从“物质匮乏”到“相对好转”，再到“衣食无忧”的转变。户籍制度和人口政策的改革使得乡村教师的家庭结构发生了从“依校而居”到“以村为家”，再到“依城而居”的变化，新生代乡村教师普遍具有农村留守经历。由于教师招聘政策变革，乡村教师的入职方式经历了从“生产大队推荐”到“定向分配”，再到“自主择业”的转变。

第二，教育现代化进程对三代乡村教师的行为实践与价值观念产生了重要影响。

首先，教育的普及、师范教育的改革决定了乡村教师群体的教育素质差异。

在教育素质方面，乡村教师的代际差异与我国教育普及过程密切相关。“文革”期间，低成本普及教育造就了大批民办教师。他们务实本分，但是基础教育底子薄弱、缺乏专业训练。改革开放后分配来的中师毕业生，其基础知识扎实全面、一专多能且契合乡村教育实际需要。20 世纪 90 年代以后，普及且逐渐有保障的农村基础教育，以及扩大招生规模的高等教育，使得新生代乡村教师普遍具有较高学历和较好的教育信息化素养，但专业能力参差不齐。

其次，在乡村教育功能的变迁中，三代乡村教师的教育信念呈代际差异。

土生土长的民办教师本分地践行着乡村教育的固有功能，成为国家意志的传递者、乡村儿童的教育者、乡村秩序与习俗的维系者与传承者；反哺乡村教育的中师生教师，兼具家国情怀，以帮助农村学生实现大学梦为己任，成为儿童学习的榜样和鞭策者；离土离乡离农的新生代教师，其教育功能多为“留守—陪伴”，旨在培养儿童学习兴趣、学习习惯，使儿童成为身心健康发展的人。

最后，学校的建制化使乡村教师与村庄的关系逐渐疏远。

在乡村学校办学条件标准化、管理制度化、教师招聘规范化等现代化指标的建设实践过程中，乡村教师与村庄的经济、社会和文化关联日益减弱。以“生产大队推荐”方式任教的民办教师，与村庄有着基于血缘、地缘和业缘的天然关系；通过“定向分配”任教的中师生教师，在城市化进程中，与村庄的血缘、地缘关系趋于淡化，而业缘关系正在增强；以自主择业方式任教的新生代教师，“土生土长”的身份感不强，与村庄之间的联结较为微弱。

第三，现代化和城市化取向是乡村教师生活方式变迁的主要因素。

三代乡村教师生活方式的变迁，反映出我国快速现代化和城市化的进程。“亦师亦农”的民办教师更多地习得并保留了乡土社会的行为准则和价值观，社会交往与消费方式偏于传统；处于过渡阶段的中师生教师，其生活方式更具理性和规划性；新生代教师普遍具有城市生活经验，更具开放性、流动性，其经济理性的价值观也影响着他们的婚配、交往与消费行为。

不久的将来，三代教师并存的学校中新生代乡村教师将全面取代以往代际的乡村教师，并将面对乡村教育的新挑战和新机遇。为此，本书提出以促进人的现代化为重心的乡村教育振兴策略：在乡村振兴中重塑乡村教育活力，吸引优秀青年到乡村任教；通过定向培养的方式，提升乡村教师对乡村教育发展实际的适应性；解决乡村教师的实际生活困难，提高乡村教师的意义感；牢固树立教师职业理想，重塑乡村教师精神世界。

目录

第一章　绪论

第一节　研究问题与研究设计

一、研究缘起与研究问题

（一）研究缘起

改革开放以来，我国经历了巨大的社会变迁和社会转型，诸如计划经济向市场经济体制过渡、独生子女政策的贯彻落实、大学扩招与收费政策的实行以及随后的大学生就业难等。20 世纪 80 年代以后出生的人共同经历了上述一系列社会变革。随着乡村教师招聘机制的变化，新生代乡村教师群体主要由经历了上述社会变革的具有较高学历的青年教师构成。

为此，笔者对“新生代乡村教师群体”这一主题产生了浓厚兴趣，初步的研究假设如下：一是拥有大专或本科学历的新生代乡村教师在教育教学工作方面会取得较好的成绩。极具青春活力的他们，会普遍受到欢迎。二是新生代乡村教师的生命轨迹与改革开放以来的社会变革有着密切的联系，社会生活的变迁对他们的生命轨迹产生了深刻的影响。三是面对乡村社会和乡村教育的变化，新生代乡村教师会有一定的创新性的行动实践。为此，笔者先后于 2016 年 4 月到 5 月、11 月到 12 月在河南省信阳市W县某镇（书中使用化名“豫南镇”）进行了多次田野调查，并于2018—2021年，多次到该地跟踪回访。

随着田野调查经验的积累，笔者发现当前在乡村公立学校任教的公办教师，可分为“民师”、“中师”和“特岗教师”这三种不同类型。“民师”、“中师”和“特岗教师”这三个称谓是乡村教师经常挂在嘴边的词语。我们将其还原为以教师招聘方式命名的专业表达，即“民办教师转正的乡村教师”，“中等师范学校毕业的乡村教师”，通过“农村义务教育阶段学校教师特设岗位计划”（简称“特岗计划”）招聘而来的“特岗教师”。

在调查中笔者发现一些乡村青年教师把自己限制在学校中，很少走出学校大门，社会交往范围狭窄。这些乡村青年教师“原子化”的交往方式越来越明显，一些家住县城的青年教师下课之后就回家，很少参与学校的公共事务。

这些现象引起了笔者浓厚的研究兴趣：首先，民办教师、中师生教师和特岗教师这三个基于入职身份和年龄的群体划分，在豫南镇是客观事实，但在全国的其他学校是不是也具有普遍性？其次，这三个群体在日常工作与生活中是否存在差异或共性？是什么原因造成群体差异？这三个群体对彼此的评价是怎么样的？

对我国乡村教师招聘政策进行梳理后，笔者发现中华人民共和国成立以来，我国乡村教师招聘政策经历了五个发展阶段：第一阶段是1949—1966年，乡村教师的主要来源是原私塾教师以及乡村读书识字的青年人、正规师范教育的毕业生、城市下放的人员和部分民办教师[①]。第二阶段是1966—1976年，中等师范学校停办后，招聘的教师最主要的是生产大队自主聘请的具有高中或初中学历的民办教师，随后根据国家政策的调整，部

① 郑新蓉．共和国五代乡村教师代际特征研究［J］．贵州师范大学学报（社会科学版），2016（3）：120–127.

分民办教师转正。第三阶段是20世纪80年代初恢复中等师范学校招生至1999年开始取消中等师范学校，这一时期乡村教师主要来源于中等师范学校的毕业生，也有部分民办教师、临时聘用教师。第四阶段是2002—2006年乡村教师“招聘荒”时期，1999年三级师范逐步过渡到二级师范后，中等师范学校的取消直接导致乡村学校稳定的师资来源渠道被打破。受到国家分税制改革后县级财政支付能力不足以招聘大量教师的影响，全国大部分地区尤其是中西部地区的乡村学校出现了近五年的教师“招聘荒”，有的地区长达十年不招教师。第五阶段是2006年我国实行“特岗计划”至今，国家拿出专项经费为中西部大部分设岗县招聘“特岗教师”，而且绝大部分设岗县将“特岗计划”作为乡村教师招聘的主渠道或唯一渠道。

通过对我国乡村教师招聘政策的梳理，可以发现，现在中西部地区乡村公立学校任教的公办教师主要来自第二阶段之后招聘而来的教师。随着乡村教师的代际更迭，中西部地区的乡村学校已经普遍分化出“民办教师转正的乡村教师”“中等师范学校毕业的乡村教师”“1980年以后出生、以特岗教师为主的新生代乡村教师”，而且日益呈现出“民师退、中师守、特岗进”的特征（如图1–1所示），即民办教师转正群体正在大规模进入退休年龄，中师生教师正在成为乡村教育的中流砥柱且多担任领导岗位，1980年以后出生的以特岗教师为主体的青年群体大规模进入乡村学校任教。随着“特岗计划”成为中西部地区乡村学校教师招聘的主渠道，青年教师群体正在接替步入退休高峰期的民办教师群体。

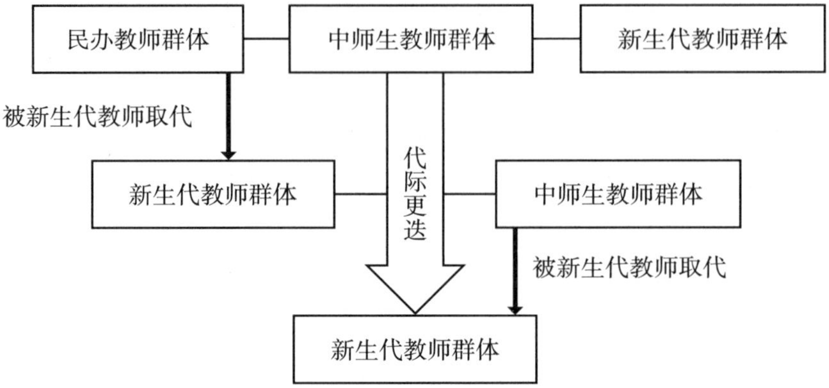

图 1–1　乡村教师“代际更迭”情况

这三类教师群体的代际更迭现象，在笔者的田野调查地点也是客观存在的。前些年，该地点农村中小学教师的主体是民办教师转正的乡村教师，但这一群体的年龄偏大，均在 50 岁以上（其中 55 岁的占一半以上）。最近几年，W 县民办教师转正教师已经进入了退休高峰期，每年退休教师数量远远高于新教师的招聘数量。以 2015 年为例，W 县减少教师 230 人，其中民办教师转正教师退休 370 人，调出与考上公务员的 70 人，正常死亡 10 人，另招特岗教师 220 人。

W 县自实行特岗教师招聘政策之后，除了“特岗计划”，基本没有其他途径补充教师队伍。2015 年仅招聘了 220 名特岗教师，仍然缺口 230 名教师。从 2016 年开始，W 县农村中小学大批教师面临退休，2016—2020 年五年间退休的教师有 1869 名（见表 1–1）。①

① 北京师范大学“特岗计划”（2006—2015）执行及效果评估课题组.“农村义务教育阶段学校教师特设岗位计划”评估项目：河南省调研报告［R］. 北京：北京师范大学“特岗计划”（2006—2015）执行及效果评估课题组，2016：5.

表 1-1　W 县“十三五”期间退休教师数量表

单位：人

年度	退休教师数量	年度	退休教师数量
2016 年	372	2019 年	398
2017 年	378	2020 年	352
2018 年	369	合计	1869

可以看到，“民办教师转正的乡村教师”“中等师范学校毕业的乡村教师”“1980 年以后出生、以特岗教师为主的新生代乡村教师”的群体分化，已经成为我国中西部地区乡村学校普遍存在的现象。所以，本书的研究主题聚焦三类乡村教师在工作与生活中所表现出来的群体特征，即本书所指的社会生活的代际变迁。

（二）研究问题

本书采用生命历程和代际比较的研究视角，研究现任乡村教师社会生活存在的共性与群体差异，包括行为实践与价值观念两个方面。通过生命历程的研究视角，探究新中国成立以来我国社会结构的变迁对三类乡村教师职前生命历程的影响。在此基础上，本书对乡村教师职后工作与生活状况进行研究，关注三代乡村教师在教育教学行为、婚姻缔结方式、社会交往方式、消费方式与文化娱乐生活等方面的行为实践特征，找寻其中的共性与差异，并探究乡村教师的价值观念变迁。

具体研究问题包括以下三个方面：

第一，民办教师转正的教师群体、中师生教师群体、新生代教师群体各自的职前生命轨迹是什么？与社会结构之间存在何种内在关联？

笔者通过田野调查方法，对乡村教师任教之前的生命轨迹，包括出生、童年、求学与就业等进行回溯。同时，梳理并分析新中国成立以来出台的若干社会政策和教育政策，尤其是对农村地区产生深远影响的社会政策和教育政策。在此基础上，研究三代乡村教师的职前生命轨迹与我国社会变迁的关系。

第二，在同一场域中，三类乡村教师在日常行为实践方面存在何种共性和差异？导致行为实践差异的原因是什么？

本书以河南省豫南镇为个案，对乡村教师职后的工作与生活状况进行研究，重点关注乡村教师的教育教学、婚姻缔结、社会交往、消费方式、娱乐生活。为揭示乡村教师日常行为实践的内在逻辑，有必要研究乡村教师日常行为实践背后的价值观念差异。同时，运用代际互看的方法，研究同一工作情景（同一所学校）中三代乡村教师对彼此的评价，探究不同群体乡村教师在同一问题中的共性与差异。

第三，三代乡村教师在行为实践和价值观念方面的差异，对乡村教育会产生什么样的影响？

"什么样的老师教出什么样的学生"，是乡村教师基本素养对乡村教育产生影响最通俗的表达。作为学生最直接的学习榜样，乡村教师日常行为实践与价值观念对乡村学生有着非常重要的影响，乡村教师的价值观念也会影响他们自身对乡村教育的态度与判断。因此，有必要研究乡村教师行为实践与价值观念对乡村教育产生的影响。尤其是随着代际的更迭，新生代乡村教师将逐渐取代民办教师、中师生教师，他们的行为实践和价值观念对未来乡村教育产生的影响，关乎乡村教育的未来走向。

二、研究框架与概念界定

（一）研究框架

基于以上研究问题，本书的研究框架（如图 1–2 所示）分为两个部分：一是运用生命历程理论对民办教师转正的乡村教师、中师生教师、新生代教师这三个教师群体的职前生命历程，包括出生、童年、求学与就业进行回溯，并运用结构化理论探讨 1949 年以来我国各项社会政策、教育政策的变迁对三代乡村教师职前生命轨迹产生的不同影响。二是对乡村教师入职后的行为实践进行研究，主要包括三代乡村教师的教育教学、婚姻缔结、社会交往、消费与文化娱乐生活等，力图全方位勾勒出现任乡村教师的工作与生活图景。并以此为基础，探究乡村教育功能与价值观念的变迁对三代乡村教师行为实践的影响。在这一过程中，以我国农村基础教育现代化进程为参照，将其贯穿于三代乡村教师的职前生命历程、行为实践与价值观念研究的对比研究中。

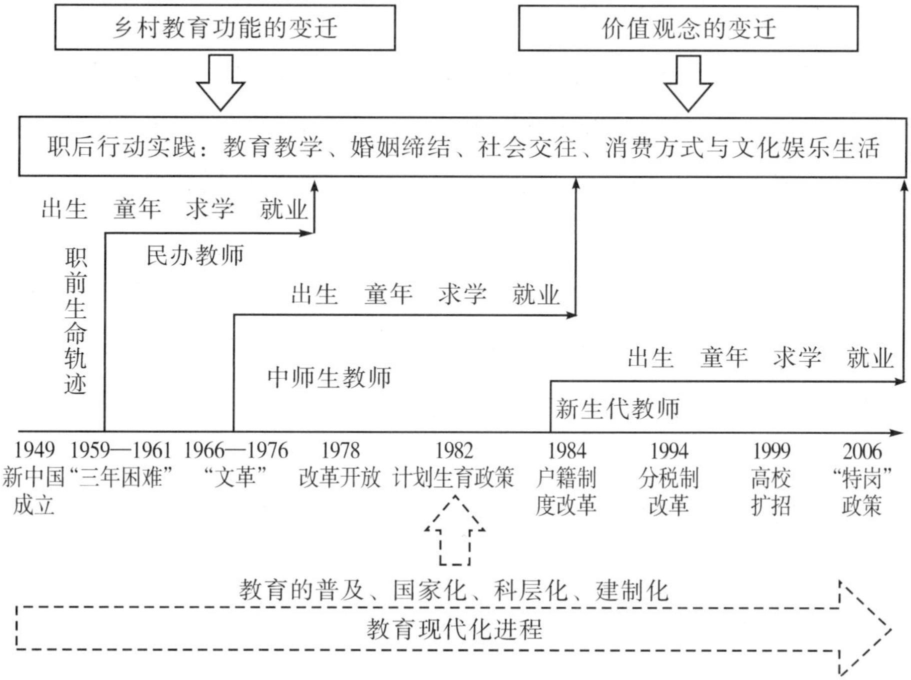

图 1-2　研究框架

民办教师一般出生于 20 世纪 50 年代末到 60 年代初，在“文化大革命”期间度过童年时光、完成中小学教育，并在“文化大革命”末期成为乡村教师。中师生教师一般出生在“文化大革命”期间及以后，于 1982—1999 年间进入中等师范学校接受中师教育，并在这一时期进入乡村学校任教。新生代乡村教师一般出生在 20 世纪 80 年代中后期及 90 年代初，改革开放的各项政策，如计划生育政策、户籍制度改革、人口政策松动、高等教育扩招等对他们产生了非常大的影响。完成高等教育的他们，在 2006 年前后进入学校任教。可以看到，三个乡村教师群体的职前生命轨迹均有交叉。

在研究问题与研究框架的基础上，本书的各章节安排如下：

第一章：梳理与本书研究有关的文献资料，并寻找可以参照的理论资源。对本书研究的田野调查地点——河南省豫南镇的社会与教育状况进行描述，重点梳理豫南镇教师来源方式的时代变迁。

第二章至第四章：依次讨论民办教师、中师生教师、新生代教师的职前生命轨迹与日常行为实践特征，其中职前生命轨迹包括出生、童年、求学、就业四个重要生命事件，行为实践包括教育教学、婚姻缔结、社会交往、消费方式与文化娱乐生活。

第五章：讨论社会结构对于三代乡村教师职前生命轨迹的影响，归纳三代乡村教师群体在行为实践和价值观念方面存在的共性与差异，并以我国教育现代化进程为参照，分析乡村教师社会生活的代际差异。

（二）核心概念界定

在研究问题与研究框架的基础上，本书研究涉及的核心概念包括：乡村教师、社会生活、教育现代化。

1. 乡村教师

国内关于“农村教师”与“乡村教师”这两个概念经常混用，但其界定基本一致。

关于农村教师的界定，如朱旭东将农村教师界定为乡镇学校中的教师①，张源源等认为农村教师即在乡（镇）和村（屯）任教的教师②。此外，有人以《中国教育统计年鉴》的“城市、县镇、农村”三分法为标准，把

① 朱旭东 . 论我国农村教师培训系统的重建［J］. 教师教育研究，2011，23（6）：1-8.

② 张源源，邬志辉 . 我国农村青年教师的社会来源与职业定位研究：基于全国东中西 9 省 18 县的调查分析［J］. 教师教育研究，2015，27（4）：40-45.

乡及乡以下学校教师视为农村教师，而把城市和县镇学校教师统称为城镇教师。[①]

与“农村教师”对应的“乡村教师”的界定，不管是学界还是官方政策文本，都将乡村教师界定为在乡镇及乡镇以下学校任教的教师。如郑新蓉将新生代乡村教师界定为在乡镇及以下学校任教的青年教师[②]；《乡村教师支持计划（2015—2020年）》也将乡村教师界定为全国乡中心区、村庄学校教师，即在乡镇及乡镇以下学校任教的教师。

综上，乡村教师一般是指在乡（镇）人民政府所在地的集镇及以下的各建制村小学、教学点任教的教师。具体到本书研究，乡村教师是指在河南省W县豫南镇所属的27所村级小学任教的教师，以及曾经在这些学校任教的教师。

现任乡村教师呈现出基于入职身份特征的代际更迭现象。基于对乡村教师代际研究文献的梳理，本书研究在郑新蓉等人对乡村教师代际划分标准的基础上，从入职时间、初始学历、入职身份、教师招聘方式、地域来源等维度，将现任乡村教师划分为三个具有明显差异性的群体，即民办教师转正教师群体、中师生教师群体、20世纪80年代以后出生的新生代教师群体（见表1-2）。

需要说明的是，每个历史时期的乡村教师来源渠道都比较多元，入职身份并不是单一的。本书研究划分的三个群体不能完全代表所有乡村教师的身份类型。本书研究选取老、中、青三个年龄阶段中最具典型性且人数占绝大部分的教师群体，这三个群体的分化现象在全国的乡村学校均具有普遍性。

① 邬志辉，李涛，周兆海．农村教师津补贴政策文本的计量分析：基于地方政府的政策文本［J］．中国教育学刊，2012（11）：9-14.

② 郑新蓉，王成龙，熊和妮．中国新生代乡村教师调查［N］．中国教师报．2015-09-09（3）．

表 1–2　乡村教师三个主要群体的划分依据及情况

教师群体	入职时间	初始学历	时代背景	入职身份	教师招聘方式	地域来源
民办教师转正教师	“文化大革命”期间	初中或高中	“文化大革命”中后期	民办教师	生产大队推荐	本村
中师生教师	20 世纪八九十年代	中专	拨乱反正、改革开放、恢复秩序	公办教师	定向分配	本乡镇
新生代教师	2006 年前后	大学专科及以上	撤点并校、教师缺乏	特岗教师、全科教师等	“国标、省考、县聘、校用”的开放式招聘	跨地域

（1）民办教师转正教师群体

在乡村学校看到的 50 岁以上的乡村教师，一般包括民办教师转正的教师、中等师范学校毕业的教师，以及下乡知识青年留在农村任教的教师等。但主体是 20 世纪 50 年代末到 60 年代初出生的民办教师转正的教师，他们起始由村社、大队聘用，后经过国家组织的考核转为公办教师。随着年龄的增长，民办教师转正的教师群体已步入退休高峰期，将逐渐退出农村教育的历史舞台。本书研究的民办教师群体是指在豫南镇 27 所村级小学任教的，出生于 20 世纪五六十年代并在 20 世纪七八十年代入职，后经过考核转为公办教师的民办教师群体。本书出现的“民办教师”“民师转正教师”“民转公教师”“民师”均指代这一群体。

（2）中师生教师群体

目前，在乡村学校任教的中坚力量是中等师范学校毕业的教师群体，他们的年龄一般为 35 ～ 55 岁。大部分中师生教师已经走上了教育行政部门的领导岗位，或者成为各所学校的骨干教师和学科带头人。本书研究的中师生教师群体，是指在豫南镇 27 所村级小学任教、出生于 20 世纪 60 年代中期至 80 年代初、在 1982—1999 年就读中等师范学校、具有中师学历的乡村教师。本书出现的“中师生”“中师生教师”均指代这一群体。

（3）新生代教师群体

除了民办教师、中师生教师，其他的乡村教师一般为35岁以下的青年教师，本书研究将他们统称为“新生代乡村教师群体”。新生代乡村教师群体具有以下特征：首先，出生在1980年以后。其次，就读于大学扩招后的高等院校。如果就读于师范院校，也是我国师范教育从三级师范教育制度转为二级师范教育制度后培养出来的毕业生。再次，在“取消毕业分配”环境下，通过自主择业的方式就业。最后，绝大多数是近十余年来乡村教师招聘机制发生变化，尤其是2006年国家开始实施“特岗计划”后进入乡村教师岗位的。

乡村教师招聘机制发生变革后，新生代乡村教师包含多种入职方式的教师，如特岗教师、县域自主招聘的教师[①]、临时聘用教师、“三支一扶”教师、学前教育志愿者等。但从数量方面来看，特岗教师占绝大部分。

具体到本书研究，河南省W县豫南镇自2002年开始，停止招聘定向分配的中等师范学校的毕业生，2002—2009年W县很少招聘乡村教师，一直到2010年开始招聘特岗教师，2016年底开始招聘全科教师。所以，2009年以来豫南镇新入职的乡村教师主要为特岗教师和全科教师。

由于笔者进入田野地点时，全科教师刚刚开始招聘，所以本书研究不涉及全科教师群体。本书提到的新生代乡村教师群体，是指在豫南镇27所村级小学任教，出生于20世纪80年代中期以后，2010年[②]以后通过“农村义务教育阶段学校教师特设岗位计划”考试进入乡村任教的乡村教师。本书出现的“特岗教师”“乡村青年教师”均指代这一群体。

---

① 这类教师区别于“特岗教师”，一般被称为“招教考试”入职的教师，由县级教育行政部门组织招聘，工资由县级财政支付。

② 从2010年开始，豫南镇特岗教师进入村级小学任教。2009年虽然也有特岗教师，但仅在乡镇初中任教。

2. 社会生活

本书的“社会生活”概念主要受到社会文化史对“社会生活”以及“精神生活”研究的启发。社会文化史是研究社会生活与其内在观念形态之间相互关系的历史，社会生活作为社会文化史研究的一个视角和领域，已经成为社会文化史研究中的一个重要概念。[①]社会生活研究的兴起，可以视为研究重心从社会经济史向社会文化史的转移，即由单一重视经济变为经济、文化并重[②]，主要目的是揭示社会的精神面貌。近年来，关于乡村教师的研究盛行，在揭示乡村教师的专业发展方面取得了不少成绩，但反映乡村教师精神生活的著作甚少。所以，需要从社会生活的研究视角，揭示乡村教师在社会生活中所表现出来的精神面貌。

（1）社会文化史中的社会生活研究

社会生活是社会文化史研究的重要内容。学界对于社会生活的概念并无统一界定。较早对社会生活做概念界定的是马克思，但其界定比较模糊。马克思在《政治经济学批判》中对社会生活的概念进行了阐释，他认为，人们在自己生活的社会生产中发生一定的、必然的、不以他人意志为转移的关系，即同他们的物质生产力的一定发展阶段相适应的生产关系。这些生产关系的总和构成社会的经济结构。物质生活的生产方式制约着整个社会生活、政治生活和精神生活的过程[③]。

21世纪以来，我国很多文化史研究领域的学者开始关注社会生活研究，并给予了概念界定。具有代表性的研究如下。

钱杭将“社会生活”直接理解为“社会日常生活”，认为应该从物质生活、精神生活和人际关系三方面互相融合与渗透的角度来观察和展现民

① 梁景和. 社会生活：社会文化史研究中的一个重要概念［J］. 河北学刊，2009，29（3）：64-68.

② 常建华. 社会生活的历史学：中国社会史研究新探［M］. 北京：北京师范大学出版社，2004：11.

③ 中共中央马克思恩格斯列宁斯大林著作编译局. 马克思恩格斯选集：第二卷［M］. 北京：人民出版社，1972：2.

众和社会中丰富多彩的日常生活。① 常建华认为社会生活史主要是指民众日常生活的历史，诸如衣食住行、婚丧嫁娶、家庭宗族、娱乐、信仰、风俗习惯等，既包括物质资料的消费，也包括精神文化的状态，特别是同社会生态环境和生产活动有着密切的关系。② 梁景和在《社会生活探索》一书中认为社会生活是指“人民在以生存为前提而形成的各种人际关系的基础上，为了维系生命和不断改善生存质量而进行的一切活动的总和”。③ 赵澜认为，社会生活既包括生产力和生产劳动方面的社会活动，也包括家庭婚姻、日常生活等社会生活的其他方面。社会生活史主要以历史上人们的家庭、婚姻以及衣食住行等日常生活的各个方面作为研究对象，总是伴以人的主观意志、目的愿望、动机等主观活动。④

可以看到，以往关于社会生活的研究具有以下几个特点：第一，学科立场方面，社会生活主要是被放置于社会文化史的学科视野中加以界定，旨在通过对处于不同历史时期的人群的日常生活的研究，揭示社会结构中人们的社会性行为和社会互动过程的历史变迁，即从人们在不同时期的社会物质生活方式、精神生活方式的表现和演变中了解人们的社会行为的历史演变。第二，研究内容方面，社会生活一般包括生产力和生产劳动方面的社会活动以及物质生活、精神生活和人际关系中的日常行为，既包括人们的生产劳动，也包括日常的具体生活方式，如衣食住行、婚丧嫁娶、家庭宗族、娱乐、信仰、风俗习惯等。第三，研究范围方面，社会生活仅研究人们的私人生活领域，公共生活以及工作方面的行为方式并未涉及。

综合社会文化史学者对社会生活的研究，本书的社会生活是指在一定物质生活基础上，乡村教师在其生命历程各阶段表现出来的具体生活方式

① 钱杭．“上海城市社会生活史”的三个关键词［J］．史林，2002（4）：6–8.

② 常建华．社会生活的历史学：中国社会史研究新探［M］．北京：北京师范大学出版社，2004：3–4.

③ 梁景和．社会生活探索［M］．北京：首都师范大学出版社，2009：3.

④ 赵澜．唯物史观与社会生活史研究的理论基石［J］．福建省社会主义学院学报，2009（2）：74–77.

及价值观念。学科立场方面，本书研究的社会生活，是以社会结构及历史变迁为参照，研究现任乡村教师社会生活存在的群体特征。研究内容既包括社会物质生活，也包括精神生活；研究范围不仅包括乡村教师的日常生活，也包括其在教书育人时所表现出来的工作方面的行为方式和价值观念。

（2）社会生活与精神生活的关系

既然研究的是以物质生活与精神生活为内容的社会生活，本书就有必要对物质生活和精神生活加以解释。

其中，物质生活比较好理解，主要是指乡村教师赖以工作与生存的物质生活环境与基础，包括乡村学校与乡村社会的基础设施建设、乡村教师的工资待遇等。

而精神生活则具有比较复杂的内涵。关于精神生活的概念主要从如下几个方面进行界定：一是从人的精神需要界定精神生活，“社会精神生活是人类社会生活的重要领域和系统，是满足人们精神需要的全部精神活动的总合”①；“人的精神生活包括人的全部心理活动，作为人的生活的一部分，特指为了满足个人精神需要的种种活动”②。二是从人的活动本质界定精神生活，“把人类精神生活规定为主体借助于语言符号的中介对于对象的象征性把握”③。三是从精神生活的形成与特点界定精神生活，认为精神生活是现实个人生存方式的内在组成部分，是现实个人在物质生活和交往生活过程中形成的相对独立的生活领域，是对现实个人精神生活的满足与超越。四是从物质生活、社会交往关系过程界定精神生活，认为精神生活是“与物质生活相对应的”，“是指人在处理自我、他人与人类关系过程中

① 安起民．精神生产与精神文明［J］．教学与研究，1986（4）：38–42.

② 黄楠森．人学原理［M］．南宁：广西人民出版社，2000：71.

③ 王南湜．简论人类精神生活［J］．求是学刊，1992（4）：15–21.

的思想倾向、情感态度和价值意识”[①]。还有学者进行了综合界定，认为精神生活是指在一定的社会历史条件下，在一定的物质生活基础上，现实的个人利用其所拥有、选择、追求和创造的精神资源满足与超越自身精神需要的精神活动及其精神状态，它是人的本质存在方式。《中国大百科全书》认为“社会精神生活”是一定社会人们的精神生产、思想传播和精神享受过程的总称。[②]郑永廷、罗姗将精神生活界定为：在一定社会条件与物质生活基础上，人们在改造客观世界过程中选择、向往和创造精神资源以满足精神需要并不断推进自身发展、超越的状态与方式。[③]

从以上关于精神生活的研究可以看到，精神生活主要是指个体内在的精神活动及其精神状态，它建立在一定的物质生活条件基础上，与物质生活有密不可分的关联。

在乡村教师研究方面，近几年有关学者开始关注乡村教师群体的精神生活状况。张云亮认为，乡村教师的精神生活包括心理生活、文化生活、心灵生活三个方面。其中心理生活是指乡村教师生活满意度、压力状况以及对自我的认知状况。文化生活是指乡村教师文化休闲时间、文化生活内容、文化生活支出以及文化生活需求等方面。心灵生活是指乡村教师的信仰与价值观状况，包括：职业价值观，如专业认同、专业热忱、作为教师的意义等；生命价值观，如对生活意义的反思、对人生目的的思考以及对命运的认识。[④]唐开福认为，精神生活是指农村教师在一定物质生活前提下，以教育教学实践活动为基础而形成的一种现实的社会活动，也是教师

① 王坤庆 . 精神与教育：一种教育哲学视角的当代教育反思与建构［M］. 上海：上海教育出版社，2002：20–21.

② 中国大百科全书总编辑委员会《哲学》编辑委员会，中国大百科全书出版社编辑部 . 中国大百科全书：哲学Ⅱ［M］. 北京：中国大百科全书出版社，1987：760–761.

③ 郑永廷，罗姗 . 中国精神生活发展与规律研究［M］. 广州：中山大学出版社，2012：6–7.

④ 张云亮 . 国家扶贫县农村幼儿教师精神生活状况考察［D］. 上海：华东师范大学，2012.

的一种生活方式。具体包括心理与情感生活、学习与休闲生活、道德和信仰生活等要素。它指向教师职业潜能和个体生命的发展，也指向农村学生的生命发展和事业成就，乃至于指向整个农村教育的发展；它既有现实性，也有超越性。①

从张云亮、唐开福两位研究者的观点可以看到，他们已经做了比较好的研究，为笔者研究乡村教师社会生活的代际变迁提供了有益的研究视角。尤其是对于乡村教师情感生活、休闲生活、生命价值观、生活支出、文化需求等方面的关注，对本书研究有着重要启发意义。这两篇研究采用的主要是量化研究方法，对现任乡村教师群体的精神生活做了全面的了解，但尚未关注乡村教师个体之间的差异尤其是代际差异。两篇研究只看到了量化数据呈现的总体趋势，没有关注乡村教师的鲜活的生命故事；仅研究了乡村教师的内心世界及价值观念，并未关注乡村教师的外在行为，如教育教学行为与态度、社会交往方式等。

综上，结合以往对社会生活以及精神生活的研究，本书研究认为，乡村教师的社会生活，是指在一定社会条件与物质生活基础上，乡村教师在其生命历程的生活与工作方面表现出来的具体行动实践和价值观念。社会生活不仅包括内在的精神活动及价值观念，也包括在内在价值观念影响下所表现出来的外显行为。结合乡村教师工作与生活的实际特点、客观需要，本书将行动实践界定为乡村教师在教育教学、婚姻缔结、社会交往、消费方式、文化娱乐生活这五个方面表现出来的工作与生活方式。价值观念，是乡村教师在日常工作与生活中所表现的行动实践所折射的态度倾向。

3. 教育现代化

教育现代化是社会现代化的重要组成部分，它既是一个教育理念，也是一个动态发展的历史过程，即由传统教育向现代教育整体转换的过程。

① 唐开福. 城镇化进程中农村教师精神生活的田野考察［D］. 上海：华东师范大学，2014.

教育现代化包括各级各类学校的现代化，如学前教育现代化、基础教育现代化、高等教育现代化、职业教育现代化等。本书研究主要关注农村基础教育的现代化。

关于教育现代化的确切含义，研究者有着多样化的解释。具有代表性的学者及观点包括：顾明远认为，教育现代化是指传统教育向现代教育转化的过程，具有受教育者的广泛性和平等性、教育的终身性和全时空性、教育的生产性和社会性、教育的个性和创造性、教育的多样性和差异性、教育的信息化和创新性、教育的国际性和开放性、教育的科学性和法制性等特征。[①] 褚宏启认为教育现代化是指与教育形态的变迁相伴的教育现代性不断增长的历史过程。教育形态的变迁是指教育的各个层面的变化、演进过程，主要是指教育结构（行政管理体制、学校结构、课程结构等）分化和教育功能增生、改变的过程。[②] 可以看到，两位研究者主要从教育形态的转变与特征角度来界定教育现代化的概念。笔者认为，教育现代化是一个历史过程，至今仍在持续变化着。同时，教育现代化是社会现代化的重要组成部分，是传统教育向现代教育的整体转换的过程。

关于教育现代化的内容，具有代表性的研究如下：朱旭东认为，教育现代化的普适性也就是世界教育现代化过程中普遍适用的特性，它们可以说构成了教育现代化的具体的普遍内容，包括教育的法制化和民主化、教育的国家化、教育结构的完整化、教育理论的科学化与分化、教育方法的技术化、教育的终身化、教育的国际化与全球化。[③] 卢晓中认为，教育现代化具有标准化和特色化两大特征。标准化指的是一种从地域意义上具有普遍性、共同性和统一性的教育现代化，特色化指的是基于一定区域，对

① 顾明远．关于教育现代化的几个问题［J］．中国教育学刊，1997（3）：10–15.

② 褚宏启．教育现代化的路径［M］．北京：教育科学出版社，2000：8.

③ 朱旭东．教育现代化的几个理论问题初探［J］．比较教育研究，1998（2）：2–7.

其社会、文化、环境认同并与之相融合、相适应的教育现代化。[①] 邬志辉认为，中国教育现代化的价值取向包括教育目的现代化、教育内容现代化、教师队伍现代化和教育技术现代化。[②] 黄济、郭齐家认为，教育现代化，不仅指教育内容和教育方式的现代化，教育体制和教育结构的现代化，还指教育观念的现代化。它包括物质层面、制度层面和观念层面的教育现代化。[③] 褚宏启认为，教育现代化包括教育的人道性与多样性（包括教育的优越性、公平性、多样性、终身性），教育的理性化（包括教育的科学化、技术化、世俗化、科层化），教育的民主性与法制性（包括教育的国家化、法制化、民主性），教育的生产性（包括教育的生产性、优先性、市场性），教育的专业性与自主性（包括教育的专业性、自主性、民族性与国际性）。[④]

结合乡村教育的发展特征与乡村教师的受教育经历，本书主要借鉴褚宏启关于教育现代化内容的研究，认为教育现代化包括教育的普及、教育的国家化、教育的科层化、教育的建制化。其中教育的普及是指为使越来越多的人享有平等的受教育机会，国家推行的教育普及过程。教育的国家化是指为了促进教育的发展，并进而促进国家意图和战略的实现，国家公共权力积极介入教育事务，对教育发展予以支持和扶持，对教育发展的方向、规模、体系、结构、质量施加影响与控制的过程。教育的科层化是指通过劳动分工与专门化、建立权威等级的方式实现学校管理效率的最大化，且“主要专注于技术性和行为的预期性”。教育的建制化，即现代化教育指标体系建立的过程，包括办学条件的标准化、学校管理的制度化、

① 卢晓中 . 简论教育现代化的标准化与特色化［J］. 比较教育研究，1998（2）：8-10.

② 邬志辉 . 中国教育现代化新视野［M］. 长春：东北师范大学出版社，2000：159-201.

③ 黄济，郭齐家 . 中国教育传统与教育现代化基本问题研究［M］. 北京：北京师范大学出版社，2003：193-199.

④ 褚宏启 . 教育现代化的路径：现代教育导论［M］.2 版 . 北京：教育科学出版社，2013：192-245.

教师招聘的规范化等。[①]

三、研究意义

（一）学术价值

1. 丰富教育社会学的研究内容

首先，进一步丰富教育社会学的代际研究内容。代际关系研究普遍存在于社会学研究视野中，但很少有用教育社会学的视角研究代际问题的。社会学研究一般将代际关系放置于社会转型的背景中进行考查，主要集中于社会转型与家庭代际关系方面的研究。教育领域中的代际研究多集中于教育的代际流动，即探讨不同代际是否通过教育实现了社会流动，以此研究教育的公平性，较少触及教育研究中的代际变迁及关系研究。本书研究运用教育社会学的学科视角，对社会转型中乡村教师的代际变迁进行考察，有助于丰富教育社会学的代际研究内容。

其次，延续与创新教育社会学研究中教师生活史研究方法。教师生活史研究在质性研究中越来越流行，20 世纪 90 年代中后期起，我国教育社会学人便已开始尝试进行生活史研究或叙事研究；到 90 年代末，逐步开始出现一定程度的生活史转向或叙事转向[②]。但传统教育社会学人运用生活史方法研究教师群体，一般对教师职后的生活与工作史进行研究，对教师从出生到入职阶段的成长生活史进行回溯研究的少之又少。通过检索，仅有一篇研究是运用生活史的研究方法研究教师职前成长过程的，但这篇文章也仅限于探讨童年生活这一阶段的经验与教师专业发展的关系[③]，缺乏“从

① 褚宏启 . 教育现代化的路径：现代教育导论［M］.2 版 . 北京：教育科学出版社，2013：215.

② 吴康宁 . 我国教育社会学的三十年发展：1979—2008［J］. 华东师范大学学报（教育科学版），2009，27（2）：1–20.

③ 刘胡权 . 论童年生活体验对教师专业发展的影响：基于教师生活史的“回溯”［J］. 当代教育科学，2017（12）：13–16.

出生到现在”贯通式的实证研究。本书研究将贯通乡村教师出生、童年生活、求学经历、入职、职后发展等所有阶段，既包括生活史也包括工作史。生活史的贯通式研究，将对教育社会学研究方法有进一步的继承与创新。

最后，本书试图进行教育社会学宏观、中观及微观层面相结合的研究。“将宏观层面、中观层面及微观层面贯通起来进行研究，乃是对我国教育社会学人的一项极大的挑战，却又是我国社会学在现有基础上提升研究的学术层次而必须应对的一项挑战”[①]。本书研究的问题是“基于生命历程和代际比较的研究视角，研究现任的公办乡村教师在教育教学素质、教育信念、婚姻生活、社会交往方式、日常消费方式、文化生活方式与家庭教养方式等行为实践及其背后的价值观念方面存在的共性与群体差异”，研究问题本身包括宏观、中观、微观层面。宏观层面，研究乡村教师生命轨迹与社会结构之间的关系，将乡村教师的生活史放置于社会结构变迁的宏观背景中；在研究乡村教师行为实践与价值观念的基础上，探究其对乡村教育的影响，并提出相关政策建议以便国家制定合理的教师培养、招聘与管理政策。中观层面，通过研究乡村教师的教育教学素质、教育信念、婚姻生活、社会交往方式等方面的差异，探讨不同代际乡村教师与乡村社会之间关系的变迁；同时也研究乡村教育功能的变迁及其对乡村社会的影响。微观层面，本书以河南省 W 县豫南镇为个案，研究同一时空中，面对同样的乡村学生，不同代际乡村教师在行为实践和价值观念方面的共性与差异。

2. 拓展教师教育研究的新领域

以往教师教育研究一般集中于教师教育政策、教师队伍建设、教师专业素养等方面。而乡村教师研究，多在乡村教师的职前培养、专业发展与培训、生活状况等方面进行“深耕细作”，以提出促进乡村教师队伍建

① 吴康宁 . 当前我国教育社会学发展的三个基本问题［ J ］. 教育研究与实验，2008（6）：8-16.

设的若干改进策略。但教师内在精神世界与价值观念，一直是教师教育研究，尤其是乡村教师研究的空白地带。传统的对乡村教师的研究多关注其物质文化层面的需求以及专业发展方面的状况，尤其是遇到了哪些困难和急需解决的问题，但是很少关注乡村教师内心世界的丰富性对乡村教师教育教学工作的影响。“什么样的教师教出什么样的学生”，乡村教师的行为实践与价值观念对学生的影响至关重要。所以，本书研究将对乡村教师内在精神世界与价值观念的代际变迁进行研究，以期弥补教师教育研究，尤其是乡村教师研究的不足。

3. 记录乡村教育发展的特定历史

随着我国乡村教师政策的变迁以及乡村教师的代际更迭，我国中西部地区的绝大部分乡村学校已经明显分化出三类教师群体：“民办教师转正的教师”“20世纪八九十年代毕业于中等师范学校的教师”“1980年以后出生、以特岗教师为主的新生代乡村教师”。随着社会的发展，未来几年内民办教师将被新生代乡村教师所取代。不久的将来，随着乡村教师的自然减员和代际更迭，中师生教师群体也将逐渐退出历史舞台，新生代乡村教师将全面“接管”乡村教育事业。在三代乡村教师尚在同一时空中任教时，我们对三代乡村教师的行为实践与价值观念进行研究，是对这一时期乡村教师工作与生活状况的记录，对于教育史学的学术资料积累而言，是具有独特价值的。这将为未来的农村教育研究提供丰富的学术研究资料。

（二）现实意义

1. 通过关注乡村教师精神文化需求，更加人性化地促进其专业成长

教育是一份育人的事业，更是长期影响人的事业。随着社会发展和代际的变迁，乡村教师的学历水平得到了显著提高，但教书育人的事业不仅和学历、知识有关系，更与教师的内心精神世界、价值观念有着密切的关联。乡村教师是否热爱这一职业，其内在的精神世界是否丰满、自信、开放，关系着他们能否以更大的热情投身教育教学工作中。所以，关注乡村

教师的精神文化世界，是促进乡村教师教书育人的关键。

乡村教师的教育对象是处于身心快速发展阶段的青少年，这一时期的青少年正处于世界观、价值观、人生观塑造的最佳时期，乡村教师是影响他们身心发展的最直接群体。所以，乡村教师的自信心、内心的开放性和丰富性、好学的品质以及积极主动的全面发展的意向，都直接影响着乡村学生的品性养成和未来发展。

如果乡村教师内心世界是封闭的，社会交往方式是个体化甚至是“原子化”的，那么他们所培养的学生很难以开放的心态融入社会。如果乡村教师对于自己从事的职业、教授的学生不抱有希望，那么他们在教育教学过程中也不会投入十分的热情。如果乡村教师每天都工作和生活在抱怨、后悔的环境中，那么他们肯定会得过且过，有朝一日会变成抛弃学生、远走他乡的“飞鸽”教师。

所以，我们研究乡村教师的精神文化状态，就要关注他们内心世界的丰富性、价值观的方向性、与村庄的互动关系、在传统与现代价值观中的位置，以及对所教学生、所从事职业的态度或信念。通过走进乡村教师的内心世界，了解他们的精神文化需要，更加人性化地促进他们的专业成长。

2. 拓宽乡村教师政策关注面，关注乡村教师内心世界

以往关于乡村教师的政策制定，一般关注乡村教师的职业发展、生活待遇方面，对乡村教师队伍的保障大多是从“数量”补充、“经费”提高方面考虑，对于乡村教师的质量与内心世界的完满性方面研究甚少。可以说，我国乡村教师政策研究对乡村教师内在的精神文化需求的关注度远远不够，急需对其进一步探究。

2006 年至 2015 年，我国“农村义务教育阶段学校教师特设岗位计划”实施十年，中西部地区共招聘 50.2 万名农村中小学教师，覆盖 21 个省（自治区、直辖市）和新疆生产建设兵团的 1000 多个县、3 万多所农村

中小学。[①] 乡村教师在数量上有了相当的增加，但他们的教学态度状况并未在招聘过程及标准中体现出来。而他们对教师职业的态度、价值观念直接影响了乡村教师队伍的稳定。

近几年，虽然为了保证乡村教师队伍的稳定，乡村教师的重要性已被国家提升到一个前所未有的高度，不管是国家政策还是社会舆论都在关注乡村教师的发展，但我国的历次乡村教师政策均侧重从提高教师的生活待遇方面着力，较少关注到乡村教师的内心世界。

比如，2013 年中央一号文件《中共中央　国务院关于加快发展现代农业进一步增强农村发展活力的若干意见》(2012 年 12 月 31 日) 提出“设立专项资金，对在连片特困地区乡、村学校和教学点工作的教师给予生活补助”。2015 年出台的《乡村教师支持计划（2015—2020 年)》也提出，要全面提高乡村教师思想政治素质和师德水平、拓展乡村教师补充渠道、提高乡村教师生活待遇、统一城乡教职工编制标准、职称（职务）评聘向乡村学校倾斜、推动城镇优秀教师向乡村学校流动、全面提升乡村教师能力素质、建立乡村教师荣誉制度。[②] 这些重要的乡村教师政策均较少关注到乡村教师内在精神文化需求。

2018 年，我国政策文本中开始出现乡村教师的“精神文化生活”的表述。当年 1 月，我国出台了《中共中央　国务院关于全面深化新时代教师队伍建设改革的意见》(2018 年 1 月 20 日)，文件提出“帮助乡村青年教师解决困难，关心乡村青年教师工作生活……为乡村教师配备相应设施，丰富精神文化生活”。虽然提出了“丰富精神文化生活”，但也仅限于通过加

① 北京师范大学“特岗计划”(2006—2015) 执行及效果评估课题组．“农村义务教育阶段学校教师特设岗位计划”评估报告 [R]．北京：北京师范大学“特岗计划”(2006—2015) 执行及效果评估课题组，2016.

② 国务院办公厅关于印发乡村教师支持计划（2015—2020 年）的通知 [EB/OL]．(2015-06-01)[2018-03-20]．http://www.gov.cn/zhengce/content/2015-06/08/content_9833.htm.

强基础设施建设的方式发力，至于如何提高、从哪些方面提高，并没有做具体规定，尚处于探索初期。

由此，本书研究可以填补乡村教师政策在教师精神文化需求方面研究的空白，关注乡村教师的精神文化需求，使政策制定更具针对性，政策实施效果事半功倍。

3. 分群体研究乡村教师，增强政策制定与实施的针对性、适切性

以往的乡村教师政策没有关注乡村教师群体的内部差异，没有因人因地制定政策，在一定程度上导致政策实施的失真、效力不足。

“民办教师转正的教师”，“20 世纪八九十年代毕业于中等师范学校的教师”，“1980 年以后出生、以特岗教师为主的新生代乡村教师”三个群体的分化，已经成为中西部绝大部分乡村学校存在的普遍事实。从代际变迁的视角研究乡村教师群体的社会文化特质，具有鲜明的现实意义，主要表现在通过研究乡村教师的精神文化生活状况，走进乡村教师的内心世界，了解他们的实际需求，不仅可以从物质方面满足他们的需要，更能了解不同类型乡村教师的心理需求、物质需求和精神需求，从而稳定乡村教师队伍，促进乡村教育质量的提升。

四、研究方法、过程、信度与效度及原则

（一）研究方法

本书研究通过个案研究的方法对河南省信阳市 W 县豫南镇进行深入研究，具体运用田野调查法、口述史研究法、问卷调查法，研究现任乡村教师社会生活的群体特征。

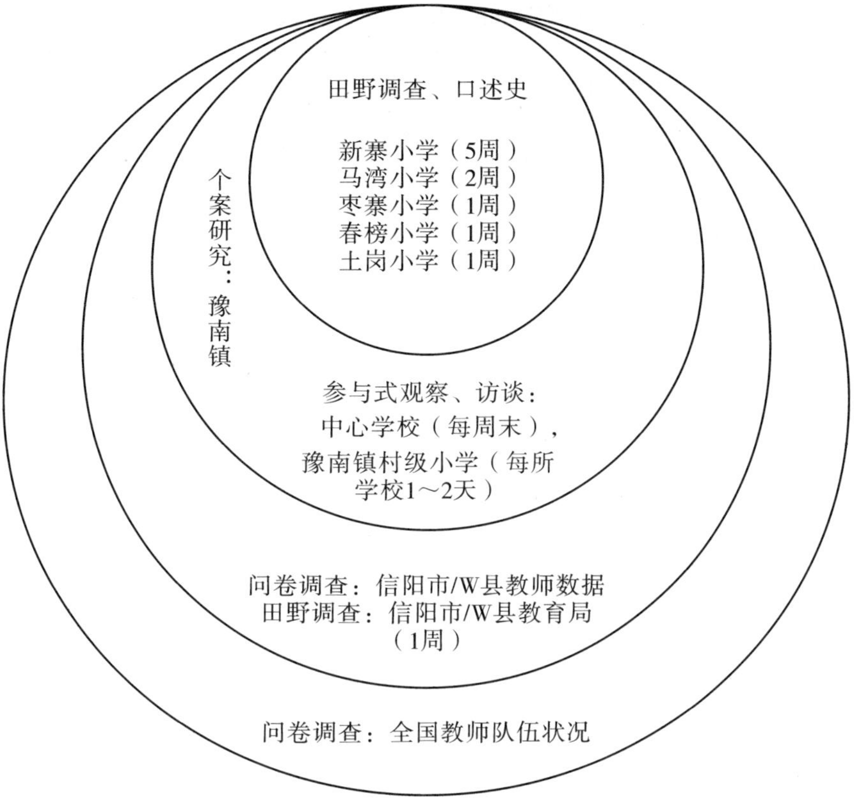

图 1–3　研究方法层次图

本书研究的研究方法是有层次、有递进关系的（如图 1–3 所示）。研究方法最核心部分是采用田野调查和口述史研究方法对豫南镇的 5 所村级小学进行研究。为使研究更加深入、保证研究有点有面，笔者选取了极具代表性的新寨小学、马湾小学、枣寨小学、春榜小学、土岗小学为深入调查学校，进行同一学校内不同代际乡村教师的对比与互相参照、评价，并通过口述史研究方法探究其生命故事与发展历程。

表 1-3　田野调查时间较长的 5 所村级小学情况

学校	教师数量 / 名			学生数量 / 名	校长身份	特点	调查时长
	民师	中师	新生代				
新寨小学	4	1	6	101	中师	环境最好	5 周
马湾小学	2	0	4	90	特岗	离县城最远	2 周
枣寨小学	1	1	7	139	特岗	校长是几所学校校长中唯一的女性	1 周
春榜小学	2	1	3	31	中师	最偏僻的山区	1 周
土岗小学	2	3	9	232	中师	离县城最近	1 周

向外一层是豫南镇的其他村级小学，使用参与式观察、访谈法进行研究。为了使研究更能体现豫南镇的真实情况，笔者还走访了赛三小学、土庙小学、雷山小学、龙寨小学、庙头小学、西华小学、双沟小学、新河小学、石岗小学、石山小学、雷亭小学、骆宾小学这 12 所学校，每所学校待一天时间，对全校教师逐个进行访谈，每位教师的访谈时间一般为 1 ～ 2 小时。此外，笔者在周末时，一般都去镇上的中心学校，对中心学校的教育管理人员进行访谈。

再往外一层是教育局的访谈和资料收集，通过访谈法对主管教师队伍建设的副局长、科（股）长进行访谈，了解他们对全市或全县教师队伍状况的评价。通过问卷调查法，对全市或全县教师数据进行摸底，获取中观层面的数据。

最外围的是全国层面的问卷调查，通过对全国特岗教师的抽样调查，了解全国特岗教师的总体状况，获取宏观数据。相应的数据分析为本书研究提供了有针对性的研究问题和研究思路。

1. 个案研究法

个案研究法有助于深入、细致、长期地考察乡村教师日常生活和工作的真实情况。乡村教师的社会生活，即内心精神世界和价值观属于文化研究范畴。研究者需要通过长期的参与式观察与深度访谈，才能了解甚至是体悟到乡村教师的精神文化生活世界以及价值观念。所以，个案研究法更适合于本书研究。

我国农村地区尤其是中西部农村地区乡村教师的主要来源渠道大致相同，都是在国家宏观政策的统一影响下招聘而来。民办教师、中师生教师、特岗教师这三个群体在我国中西部地区的绝大部分学校都普遍存在。所以，本书通过研究豫南镇这一个案，“以小见大”地探究我国中西部地区乡村学校存在的普遍事实。之所以选择河南省信阳市 W 县豫南镇作为本书研究的个案镇，是有多重原因的：第一，2016 年 4 月，笔者参与了一个农村教师调研项目①。调研团队获取了河南省教育厅、信阳市和 W 县教育局提供的教师数据②。作为项目联络人，笔者和 W 县教育局建立了一定的联系，为进一步研究打下了良好基础。第二，笔者以“局外人”和“局内人”的双重身份进行研究，具有一定的优势。笔者是土生土长的河南人，“河南老乡”这一身份使笔者具有了“局内人”的身份，减少了地域来源与文化差异带来的隔阂③。同时，“不是信阳本地人”使笔者能用“局外人”

① 该项目为郑新蓉教授主持的教育部 – 联合国儿童基金会“农村义务教育阶段学校教师特设岗位计划”评估项目，对 11 个省区进行调研。作为该项目的总联络人，笔者负责与 11 个省区联系调研的具体事务，并赴河北省易县、河南省 W 县等地进行调研。

② 包括全省、市、县历年特岗教师的报考信息、录取信息、教师招聘文件等。

③ 田野调查时，W 县的乡村教师问我来自哪里，我告知后，老师们都不约而同地说，“咱们是老乡，离得不远，开车 2 个小时就到了，都是河南人”。这种“老乡”身份拉近了彼此的距离。

的身份[①]，客观地开展研究。第三,W 县具有极强的研究适切性。该县是人口大县，总人口有 80 余万。此外，W 县地处大别山集中连片特殊困难地区，属国家级重点贫困县，外出务工人员较多，农村儿童留守现象普遍。虽然是国家级贫困县，但县城的房价、物价都比较高，乡镇居民在县城买房现象较多见，是典型的城镇化发展速度较快的县城。第四，豫南镇具有个案乡镇的典型特点，总人口 6.27 万，是 W 县人口最多的乡镇。该镇地处偏远山区，属于四县交会处，外地教师较多。豫南镇的乡村教师具有典型的群体分化、代际更迭特征，即民办教师转正的乡村教师群体正在大规模步入退休年龄，中等师范学校毕业的教师群体是支撑着豫南镇乡村教育的主力军，20 世纪 80 年代以后出生的特岗教师和全科教师成为豫南镇乡村教师最重要的来源。未来几年内，新生代乡村教师和中师生教师群体将完全替代民办教师群体。

2. 田野调查法

（1）参与式观察法

田野工作要求研究者长期生活在被调查的群体之中，与被研究者打成一片。由于需要搜集、记录和整理当地人的行为或每日发生的事情，长期生活在所调查的社区是必不可少的。[②] 本书研究要关注的不仅是乡村教师物质层面的需要，更要采取“驻校体验”的方式走进他们的内心，了解他们的精神和心理层面的真实状况与文化需要。物质层面的现状或诉求，可以通过肉眼观察到，甚至可以通过各种汇报材料、工资收入表、着装等获取。但乡村教师的心理和精神状态，尤其是对于生活、乡村教师职业的态度，以及对未来职业发展的期许，都不能轻易地用肉眼观察到，只能通过参与式观察的方式，在与乡村教师同吃同住的过程中获得。通过这种方

①W 县位于河南南部，临近湖北，语言与武汉相近，很多方言不好理解。为了拉近和乡村教师的距离，减少语言带来的隔阂，笔者学习了 W 县本地方言，与老师们交流无障碍。

② 滕星，等 . 书斋与田野：滕星教育人类学访谈录［ M ］. 北京：民族出版社，2010：20.

式，不仅可以在现场及时观察到乡村教师的外在行为特征和言语表情，而且可以随时参与、提出自己感兴趣的问题，更可以通过参与的形式融入乡村教师的日常生活，更加深入地了解他们的内心世界。

笔者经常参加中心学校组织的各项活动，比如，中心学校的领导带笔者到村小送温暖、到教育局送材料、帮忙填写上级要求的各种表格、与教师集体备课、参与全镇教研活动、参加全镇艺术节和“三课比赛”①活动等，在参与集体活动中开展参与式观察与访谈。每一次的集体活动，都让笔者有机会认识更多的乡村教师，而且有足够的时间对他们进行访谈。

（2）访谈法

访谈是通过口头谈话的方式收集第一手资料的一种研究方法。本书研究的访谈为半开放性访谈。研究者对访谈的结构具有一定的控制，访谈之前有一个准备好的粗略的访谈提纲，但访谈提纲只是一种提示，访问者在提问的同时，也鼓励受访者提出问题，并且根据访谈的具体情况对访谈的内容和程序进行灵活的调整。②笔者分别对河南省、信阳市、W 县、豫南镇相关部门的负责人、教师进行了访谈，从宏观到微观各个层面进行了全面了解，共整理出访谈文字材料 51 余万字、收集政策文本等 200 余项。

在河南省教育厅层面，通过座谈会的形式，对教育厅财务处、师范教育处、人事处、学生工作处、基础教育一处等处室的负责人进行集体访谈，从省级层面了解乡村教师的工作与生活状况。在信阳市教育局层面，对分管教师培训工作的副局长、师训科科长与副科长进行访谈，主要了解全市近十年来的教师招聘、管理与培训工作。在 W 县层面，与分管教育工作的副县长，教育局、财政局、人社局、计生委等部门负责人进行座谈，

① 讲课、说课、评课，简称“三课”。W 县教育局每年组织一次“三课比赛”，基本程序是先由各乡镇中心学校组织初选，将参赛人员报送教育局，教育局统一组织全县“三课比赛”。“三课比赛”获奖证书是 W 县评定职称的必备条件。

② 陈向明 . 质的研究方法与社会科学研究［M］. 北京：教育科学出版社，2000：171.

了解W县教育大体情况，及财政、编制状况，尤其是近十年来教师招聘与管理工作。

豫南镇是本书研究的具体田野点，笔者先后对分管教育工作的副镇长、新寨村委相关负责人（支部书记、主任、驻村第一书记、妇联主任）等行政干部，中心学校负责人、村级小学负责人以及教师进行了深度访谈。依据豫南镇乡村教师的入职身份、年龄、性别、地域来源等信息，访谈了149名乡村教师（包括民办教师转正教师群体、中师生教师群体和1980年之后出生的新生代乡村教师群体）。学生和家长也是本书研究的访谈对象，主要是通过家访的形式，从侧面了解乡村教师的工作状态和精神风貌。

此外，还对W县其他乡镇的学校进行了走访，还有县城学校1所，共走访了其他乡镇的完全小学3所、村级小学6所、初级中学1所，以及W县县城学校1所[①]，访谈（含座谈会）教师60余人。

为了保证受访教师故事的完整性，综合考虑入职时间、性别、身份等因素，本书选取了具有典型代表性的38位教师的访谈资料进行编码分析，涵盖民师转正教师9人、中师生教师8人、新生代乡村教师21人。需要说明的是，之所以选择新生代乡村教师的人数多于民师转正教师和中师生教师，是因为实际访谈的新生代乡村教师为1980年以后出生的青年人，思维比较多元，具有较大的内在差异性。

（3）田野日记

田野日记是一种很好的研究的文本形式，通过田野日记，可以记录很多正式研究文本中没有的信息，田野日记不仅描述了客观的事实，还抒发了许多个人情感。[②]在每次田野调查前，笔者都会和导师进行一次长时间

① 该校是一所以农村籍生源为主的学校，80%的学生来自各个乡镇的乡村学校。走访这所学校的目的是了解城镇化进程中，城镇地区教育对乡村教育的影响。

② 滕星，等.书斋与田野：滕星教育人类学访谈录［M］.北京：民族出版社，2010.

的讨论，每次讨论结束后，导师都会再三强调，“要坚持每天写田野日记，好记性不如烂笔头，因为田野日记不仅可以及时记录当天发生的事情，以免事后遗忘，还可以记录田野调查期间的情感变化和起伏”。为此，每次田野调查时，笔者都会及时记录当天发生的事情，尽量做到价值澄清和理论思考，共撰写田野日记46篇，计10余万字。

3. 口述史研究方法

笔者曾参与导师主持的“乡村教师口述史丛书”编撰工作，通过研究乡村教师的出生、童年、求学与就业等不同生命节点，不仅看到了不同年龄阶段的乡村教师的生命历程，更看到了不同历史时期国家政策对不同年龄阶段的乡村教师产生的深刻影响，以及他们经历了重大历史事件后生命轨迹的变化。

在做口述史访谈和整理工作时，笔者逐渐感受到了口述史作为一种研究方法的魅力和独特性。通过对一个人的完整生命故事的追溯和回顾，既可以看到社会历史变迁在个体身上留下的印迹，又可以看到个体在面对瞬息万变、不可捉摸的社会历史变迁时所做出的反应：或顺从变化改变自己，或通过自己的努力抵抗来自社会的重压。通过这样的个体与社会结构之间的互动，笔者看到了个体作为能动者的鲜活的生命故事。

本书研究用口述史的研究方法，和乡村教师一起回顾他们的生命历程，包括原生家庭情况、童年记忆、求学和恋爱经历、求职过程、职业体验，以及在各个生命的转折点上的生活故事。通过口述，把乡村教师的生命历程放置于历史长河中，回看他们与社会变迁之间的互动关系，这将构成口述史的纵向线索。同时，在每个关键的时间节点，不同代际（年龄）的乡村教师与周边其他不同个体的命运错综复杂地交织在一起，又构成了口述史的横向线索。在纵横之间，可以使重大历史事件与教师个体、教师个体与其他生命之间交织成一幅纵横交错的完整图景。

4. 问卷调查法

本书研究所使用的调查问卷分别是《“农村义务教育阶段学校教师特设岗位计划”项目评估问卷》(2016)、《乡村教师月收入、开支情况明细表问卷》(2016)、《乡村教师文化娱乐生活状况调查问卷》(2018)。问卷均经过严格的设计、论证、前测、填写培训、数据筛选等工作，具有较好的信度和效度。

《“农村义务教育阶段学校教师特设岗位计划”项目评估问卷》(2016)是北京师范大学研究团队于2016年对“特岗计划”在2006—2015年间的实施情况进行第三方评估时所用的问卷，该问卷涉及个人基本情况、家庭情况、教职基本情况、受教育情况、招聘环节、教学环节、考核环节、工作生活评价、“特岗计划”总体评价、离岗状况等方面，以了解“特岗计划”实施效果、存在的问题及未来改进方向。在正式发放问卷之前，项目组在河北省易县对70名乡村教师进行了试测，试测后对问卷进行了修改。最终，对13个省（自治区、直辖市）60个县（含县级市）的6598名特岗教师进行了调查，共回收有效问卷5966份，完成了数据统计和数据库建设。本书研究通过引用该数据库①特岗教师的人口学基本特征、教育教学现状及对职业发展的诉求等相关数据，从宏观数据层面了解以特岗教师为主体的新生代乡村教师社会生活的整体状况。若不做特别说明，本书出现的数据，均来自本次调查结果。

使用《乡村教师月收入、开支情况明细表问卷》(2016)，旨在了解乡村教师平时的收入与开支情况，以此来对比不同代际乡村教师的消费习惯与生活方式。问卷包括收入与开支两个部分，收入包括基本工资、津补贴等类目，开支包括衣食住行、日常礼金等方面。田野调查期间，共回收62份收支情况明细问卷，问卷具体情况如下：性别构成方面，男教师19人，

① 笔者作为项目组联络人和调研组核心成员参与此次调研，具有使用该数据库的权利。

女教师43人；教师身份方面，民办教师转正教师9人，中师生教师17人，新生代教师36人。乡村教师在填写问卷时，笔者就在现场，随时解答老师们的疑惑。乡村教师填完问卷后，笔者会立即翻阅，并进行访谈。所以，该问卷的可信度是可以保障的。

为了解豫南镇乡村教师在阅读偏好、人物崇拜、音乐喜好等文化娱乐生活方面的差异，笔者在《“农村义务教育阶段学校教师特设岗位计划”项目评估问卷》（2016）的基础上，自编了《乡村教师文化娱乐生活状况调查问卷》（2018）。正式发放问卷前，笔者邀请了湖南、云南、贵州、四川等省的30余名乡村教师进行试填，并以此对问卷进行了优化，正式问卷具有较高的信度和效度。该问卷面向全镇所有教师发放，共收回91份，具体情况如下：性别构成方面，男教师21人，女教师70人；教师身份方面，民办教师转正教师8人，中师生教师18人，新生代教师65人。问卷收回后，笔者对每份问卷进行了文本分析，对具有典型特征或代表性比较强的问卷，根据所填写的学校名称，到校进行深入访谈。所以，这份自编问卷的作用，一方面在于使笔者从宏观层面了解豫南镇三代乡村教师在文化娱乐生活方面的差异，另一方面也有助于笔者按图索骥，寻找具有代表性的乡村教师进行深入访谈。

（二）研究过程

为保证田野材料的饱和度，笔者在豫南镇先后四次开展田野调查，基本的调研思路是从宏观到微观逐层深入，即先了解各级教育行政部门提供的教师招聘政策及各个层级的教师基本信息，再走访W县的5个乡镇进行整体了解，最终选定了豫南镇作为田野地点进行深入调查。随着田野调查的深入和研究兴趣的转向，笔者的研究主题发生了变化，从第一次田野调查聚焦的“乡村青年教师的精神文化特质”，改为第三次田野调查后的“乡村教师社会生活的群体特征”。

1. 第一次：初入田野，宏观认知

2016年4月13日到17日，带着教育部－联合国儿童基金会“农村义务教育阶段学校教师特设岗位计划”十年评估项目的任务，笔者跟随调研组到W县进行了调研。选择W县，主要因为该县是河南省2009—2015年招聘特岗教师人数最多的县域，而且W县既是国家级贫困县，也属于集中连片贫困地区，还是“老少边穷岛”中的革命老区县，具有很典型的代表性。因为笔者的研究兴趣一直是新生代乡村教师的工作与生活状况，所以这次调研的关注对象也是特岗教师群体。

项目组走访了豫南镇等4个乡镇的4所学校，开展了9场座谈会，访谈校长20余人（含中心学校校长）、特岗教师70余人，收集到了包括河南省教育厅、信阳市教育局、W县教育局、各乡镇中心学校等几个层级的材料。这些材料使笔者从宏观层面了解到河南省、信阳市和W县的特岗教师基本情况，为后续研究和调研奠定了良好的基础。

2. 第二次：全面了解，选定个案

为了进一步了解W县教师队伍整体情况、选定个案乡镇，笔者于2016年5月16日到28日对信阳师范学院[①]、信阳市教育局、W县教育局及豫南镇等进行了调研，走访了7所乡村学校，访谈乡村教师60余人。

为深入了解边远地区乡村教师的工作与生活状态，笔者在豫南镇最偏远的村级小学——三县交界的马湾小学住了5天。在马湾小学，笔者第一次感受到了夜晚时村小的孤独、冷寂与无聊，也体会到了外地人在“前不着村，后不着店”的学校所独有的思乡之情。在漫漫长夜，笔者感知到了乡村教师的婚恋难题。

这次调研对笔者的触动非常大，对W县整体教师队伍状况及几个乡

① 为了解地方师范院校大学生报考乡村教师的意愿，笔者还到信阳师范学院就业指导中心与即将毕业的大四学生（涵盖音乐、体育、美术等专业的毕业生）进行了座谈。

镇进行考察后，笔者选定了豫南镇作为个案乡镇进行田野调查。

3. 第三次：深入田野，更换题目

田野工作要求研究者长期生活在被调查的对象之中，与被研究者打成一片，而不论这种研究是在学校课堂中进行，或是在都市邻里间进行，还是在远离城市的农村社区进行[①]。由于笔者要搜集、记录和整理乡村教师的日常行为、经历的重要事件，所以长期生活在乡村学校，与乡村教师“同吃同住同工作”是必不可少的。为此，笔者于 2016 年 11 月 5 日至 12 月 26 日，到豫南镇开展了第三次田野调查。

在“守门人”刘贤江老师（豫南镇中心学校工会主席）的帮助下，笔者安顿在了新寨小学。周日到周四晚上，笔者住在这所村级完全小学，和一位出生于 1991 年的男特岗教师住在一个房间。平时，笔者与新寨小学的老师们一起备课、上课、准备迎接上级检查。周五晚上，新寨小学的老师们都要回家居住，笔者就转到镇上刘贤江老师家中居住。笔者还对春榜小学等 16 所村级小学进行了田野调查。通过和乡村教师“同吃同住同工作”的方式，笔者可以在参与中观察到乡村教师真实的日常工作与生活状态。

为了解 W 县城教育发展情况，笔者还对位于 W 县城的第三完全小学、一所九年一贯制的私立学校进行了调研。此外，为了解 1982—2002 年中等师范学校的招生、培养、就业状况与 W 县教师招聘历史，笔者在潢川幼儿师范学校[②]、W 县档案馆进行了两天的调研。

在整理田野资料和论文写作中，笔者逐渐发现，豫南镇已经明显分化出三个教师群体：民办教师转正的教师群体、中师生教师群体和新生代教师群体，他们的日常行为和价值观念表现出显著的基于入职身份和年龄的

① 滕星，等 . 书斋与田野：滕星教育人类学访谈录［M］. 北京：民族出版社，2010：20.

② 潢川幼儿师范学校现已并入信阳艺术职业学院，前身是潢川师范学校，是 20 世纪八九十年代笔者田野调查所在市乡村教师的主要培养单位，本书仍使用访谈时的称谓，即潢川幼儿师范学校。

群体差异。笔者对此持有浓厚的研究兴趣。

4. 第四次：四访田野，补充访谈

2018 年 1 月 22 日到 2 月 2 日，笔者第四次回到豫南镇进行调研，补充访谈民办教师的职前生命历程与社会文化生活状况，三类教师群体的文化娱乐生活（阅读偏好、音乐欣赏、人物崇拜）状况，同一所学校三代乡村教师之间的相互评价。

第四次田野调查时，很多前三次的受访者的工作和生活都发生了很大的变化：有的老师调离了豫南镇，有的老师成了村小校长，有的校长进行了轮岗，还有很多老师已经结婚生子。这次田野调查，笔者一共走访 6 所学校（1 所县城小学、1 所完全小学、4 所村级小学），访谈了 31 位老师。

经过四次田野调查，笔者一共走访了豫南镇 19 所学校（16 所村小、2 所完全小学、1 所初中）的 149 名乡村教师。笔者还在 W 县走访了县城学校 1 所，其他乡镇的完全小学 3 所、村级小学 6 所、初级中学 1 所，访谈（含座谈会）教师 60 余人。此外，还访谈了信阳市教育局局长、W 县教育局局长和分管师训工作的副局长，以及师训科（股）和人事科（股）的科（股）长，共计 15 人。与信阳师范学院的毕业生、就业指导中心负责人开展了一次主题为“毕业生去向与乡村教师报考意愿”的座谈会，参会人员包括学生 15 人，就业指导中心负责人 2 人。

（三）研究信度与效度

本书研究综合运用了量化研究和质性研究两种方法，其中量化研究是对笔者曾深度参与的两个研究项目的数据进行量化分析，从宏观量化层面对乡村教师基本特征的代际差异进行比较研究。这两个数据库从问卷设计到数据筛选，都有缜密的论证过程，符合信度和效度要求，已在前文“研究方法”部分的“问卷调查法”做了详细说明。在此，将从“减少感性，回归中立”和“多方验证，还原真实”这两个方面探讨质性研究的信度与效度。

1. 减少感性，回归中立

质性研究是研究者将自身作为研究工具，通过扎根田野获得一手资料进行研究的方式。既然研究者自己是研究工具，那不可避免地带有研究者的主观意愿和立场，使得研究结果有失客观性。所以，对于质性研究的信度和效度，首先要考虑的是研究者的立场是否中立。本书主要从研究者的个人经历和身份，包括因性别与年龄、个人经历所产生的与被研究者特征的同质性引发的同理心[①]等方面探讨研究者的客观立场。

质性研究不是冷冰冰的研究，而是充满感情和感性经验的研究。如何把握感性的“度”，是需要讨论的。笔者和1980年以后出生的新生代乡村教师有着相似的人生经历，改革开放后若干社会政策对我们的童年经历产生了同样的影响：出身农村、童年留守、物质相对贫乏等。有时候，笔者会不由自主地站在他们的立场上思考问题。意识到了这一问题后，笔者立即正视该问题并保持中立的态度。为尽可能中立、保证质性研究的信度和效度，笔者运用反馈法，在得出初步结论后广泛地与同行、朋友和家人交换看法，听取他们的意见。

笔者一直对新生代乡村教师的婚恋状况感兴趣，尤其是看到很多男教师因为客观条件和女朋友分手时，笔者愈加感性，不自觉地站在乡村男教师的立场考虑问题。后来通过阅读与思考，笔者试图从中国传统文化的角度，即从“农村父母为子孙履行文化义务”的角度来看待乡村教师的婚姻缔结过程。

此后，每写完一章内容，笔者都会将之搁置一段时间，在与他人的讨

① 陈向明认为，在“质的研究”中，研究者不仅对研究有自己的目的和动机，对研究现象有自己的看法和假设，而且在自己的生活经历中通常也可以找到从事该研究的理由。这些因素直接影响到研究各个方面的实施，如对研究问题的确定、研究者态度的选择、被研究者的角色定位、收集材料的方法、对研究结果的解释以及对研究质量的评价。引自：陈向明.“质的研究”中研究者的个人倾向问题［J］.教育研究，1998（1）：21–25.

论中反思自己的立场，深化对该问题的认识。

2. 多方验证，还原真实

“看到的并不一定是真实的，听到的可能是虚假的”，这是在运用访谈法和观察法时需要时刻警醒的。在田野调查中，为了尽可能还原真实，笔者采用了三角验证法、参与者检验法和收集丰富的原始资料等方法，以增强研究的真实性。

笔者通过代际互看、材料佐证等方法，对田野材料进行三角验证。所谓代际互看①，即每到一所学校都邀请不同年龄阶段的乡村教师参加“代际对话”，对各自人生经历进行回溯并就同一问题畅所欲言。这样，一方面可以对某一共同话题发表不同的意见，找寻代际差异；另一方面也可以增加研究的信度，减少因主观臆断或选择性言谈带来的不真实。为进一步提高研究信度，笔者还增加了学生视角：在代课期间通过给学生布置“我最喜欢的老师”和“我眼中的XX老师”命题作文的方式，了解学生眼中的乡村教师形象。

笔者还用参与者检验法，将研究的结果反馈给被研究者，观察他们对此产生的反应。每当产生了一个假设或得出研究结论时，笔者都会第一时间打电话与乡村教师讨论。由于研究者本人对研究过程的反省对研究结果的效度具有至关重要的作用②，所以，笔者坚持撰写田野日记，记录每天发生的事情与体悟，在自我反省中增强研究的效度。

最后，为减少因为乡村教师理解偏差产生的访谈结果的信度缺失，在访谈和填写问卷前，笔者都会就问卷内容详细地向乡村教师逐项解释。如在填写《乡村教师月收入、开支情况明细表问卷》前，笔者向老师们解释每一道题目，以便乡村教师理解。填写明细表时，笔者在老师旁边“提供

① 代际互看，受启发于2012年11月在北京师范大学举办的“不一样的人生：代际对话与参看”活动，该活动邀请了不同年龄阶段的老师回溯历史。

② 陈向明. 质的研究方法与社会科学研究［M］. 北京：教育科学出版社，2000：405.

帮助”，随时解答老师们遇到的问题。答题完成后，笔者立即查看问卷，对不清楚的答案及时和老师们讨论。

（四）研究原则

本书研究遵循的研究原则主要包括自愿原则、保密原则、公正合理原则等。①

1. 自愿原则

在进入一所学校之前，笔者都会提前打电话或托联系人代为征求这所学校校长的意见（是否同意笔者到这所学校调研）。如果这所学校的校长同意，笔者就欣然前往；如果不同意，笔者就改换其他学校。前两次田野调查是搭着项目进行调研，基本上畅行无阻。第三次调研纯属笔者的个人行为，并不是所有的学校和老师都乐意接受笔者的访谈。如有一次，笔者向一位村小校长表达了想去这所学校调研的意愿，但遭到了这位校长的拒绝。既然如此，笔者就调整了调研方案，换到另外一所同质学校。

进入学校后，笔者一般都会和校长、老师们说明来意，并邀请老师们接受访谈。在访谈之前，笔者一般都会征求老师们的意见（能否录音）。如果老师们不同意录音，笔者就用笔记本记录，回到宿舍后再做整理。拍照也同样如此。

2. 保密原则

整个访谈过程，笔者都将被访谈者的隐私放至第一位。在访谈之前，向乡村教师说明访谈目的，并承诺对他们的身份进行严格保密、匿名处理。如果涉及一些隐私性话题，如婚恋观、职业发展规划等方面的话题，笔者会建议对被访谈的老师进行单独访谈，或与其在校园里边走边聊。这一方面可以保证被访谈教师的个人隐私，另一方面也可以增进彼此的信任感。本书中出现的教师姓名、学校名称、村庄名称、乡镇名称均做匿名处理。

① 陈向明 . 质的研究方法与社会科学研究［M］. 北京：教育科学出版社，2000：101.

3. 公正合理原则

研究者按照一定的道德原则“公正地”对待被研究者以及收集的资料，“合理地”处理自己与被研究者的关系以及自己的研究结果，必须考虑到研究的具体情境以及该情境可能对被研究者产生的影响。[①]

前文已述，笔者和乡村教师群体有着很多共同生命经验，即都出身农村，对乡村社会有着天然的亲密感，而且笔者也是河南人，和乡村教师群体不存在文化和风俗习惯的差异。这些共同点都决定了笔者能够充分尊重被研究者的文化习惯。在进行田野调查资料分析和写作过程中，笔者也是时刻提醒自己作为研究者不能“感情用事”，应站在理性和中立的角度思考问题，做到不偏不倚，力求客观，追求真实，不主观臆断。

第二节　文献综述与理论资源

对乡村教师社会生活的代际变迁研究建立在以下文献与理论资源基础上。文献综述主要从乡村教师招聘政策历史回顾、生命历程视角下的乡村教师研究、乡村教师精神文化生活的研究、代际更迭视角下的乡村教师研究这四个方面进行梳理。生命历程理论、结构化理论与中国教育现代化理论为本书研究提供了研究视角和研究设计的框架。

一、文献综述

（一）乡村教师招聘政策历史回顾

本书研究的对象是现任乡村教师社会文化生活状况，年龄最大的乡村教师一般在“文化大革命”中后期开始任教，所以本节将梳理“文化大革

① 陈向明．质的研究方法与社会科学研究［M］．北京：教育科学出版社，2000：435.

命”以来我国乡村教师招聘政策的变迁。总体而言，“文化大革命”以来，我国中西部地区乡村教师招聘政策经历了民办教师为主时期、中师生教师为主时期、特岗教师为主时期、特岗教师和县域自主招聘相结合时期这四个阶段。

1. 教育普及与民办教师的大规模涌入（1966—1976 年）

中华人民共和国成立以来至 21 世纪初，民办教师一直是我国农村中小学教师队伍的重要组成部分。民办教师的发展历程经历了五个阶段：产生阶段（1949—1956 年）、跌宕起伏的发展阶段（1957—1966 年）、发展膨胀的顶峰阶段（1966—1977 年）、治理整顿阶段（1978—1993 年）和全面消化阶段（1994—2000 年）。[①] 本书将梳理 1966 年以来的民办教师政策发展过程。

1966 年至 1970 年，师范院校停止招生，无法为中小学补充新师资。在教师紧缺的情况下，1971 年召开的全国教育工作会议，通过了《全国教育工作会议纪要》（以下简称《纪要》），提出“争取在第四个五年计划期间，在农村普及小学五年教育，有条件的地区普及七年教育”。《纪要》提到“要加强中小学教师队伍改造和建设”，“应适当增加公办教师和民办教师的数量”，办法是选调优秀的工农兵当教师。[②] 为了适应普及教育的需求，农村集体办学盛行，把教育办在老百姓家门口，形成了生产队办小学或“撑腿班”，生产大队办“戴帽初中”的局面。[③]

这一时期，为了补充农村教师数量，生产大队开始推荐一大批初中或

① 孟旭，马有义 . 新中国民办教师的发展历程［ C ］// 中国地方教育史志研究会，《教育史研究》编辑部 . 纪念《教育史研究》创刊二十周年论文集（9）：中华人民共和国教育史研究 .［出版地不详：出版者不详］，2009：229-233.

② 金长泽，张贵新 . 师范教育史［ M ］. 海口：海南出版社，2002：128-130.

③ 郑新蓉 . 共和国五代乡村教师代际特征研究［ J ］. 贵州师范大学学报（社会科学版），2016（3）：120-127.

高中毕（肄）业生在村级小学或初中任教。他们或来自本乡镇的毕业生，或来自上山下乡和回乡知识青年。由此，民办教师开始大规模地进入农村任教，出现了“中学文化程度教中学，小学文化程度教小学”的现象①。1977年，全国民办教师人数已达到471.2万，占全国中小学教师总数的56%②，小学教师中民办教师占65.8%③。至此，我国民办教师的数量达到历史最高峰。以河南省为例，1978年河南省民办教师达56.6万人，占河南省中小学教师总数的72%。1978年，信阳地区中小学教师6.5万人，民办教师5.4万人，占该地区中小学教师总数的83%，小学民办教师占民办教师总数的90%。④

十一届三中全会以后，我国开始加强对民办教师的管理。1980年，中共中央、国务院在《关于普及小学教育若干问题的决定》中要求采取有力措施减小民办教师比例。此后，国家采取若干措施，陆续将一部分优秀民办教师有计划地转为公办教师。而后在1992年确立了“关、转、招、辞、退”的五字方针，通过多渠道进一步减少民办教师数量。民办教师经历了产生、发展、膨胀、控制和逐步减少的过程后，至1998年，我国民办教师数量已经下降到868836人，占全国中小学教师数量的9.13%。⑤

2. 恢复中等师范教育制度（1976—1999年）

1976年之后，我国教育事业进入了一个崭新的历史时期，开始恢复、

---

① 何东昌. 中华人民共和国重要教育文献：1976—1990［M］. 海口：海南出版社，1998：1647.

② 孟旭，马有义. 新中国民办教师的发展历程［C］// 中国地方教育史志研究会，《教育史研究》编辑部. 纪念《教育史研究》创刊二十周年论文集（9）：中华人民共和国教育史研究.［出版地不详：出版者不详］，2009：229-233.

③ 金长泽，张贵新. 师范教育史［M］. 海口：海南出版社，2002：152.

④ 信阳市地方史志编纂委员会. 信阳市志：1978—2003：第4卷［M］. 郑州：中州古籍出版社，2014：1977.

⑤ 孟旭，马有义. 新中国民办教师的发展历程［C］// 中国地方教育史志研究会，《教育史研究》编辑部. 纪念《教育史研究》创刊二十周年论文集（9）：中华人民共和国教育史研究.［出版地不详：出版者不详］，2009：229-233.

建立和完善中小学教育制度，并对各级教育实行拨乱反正，各地积极着手恢复、重建和发展中等师范学校。为适应新时期小学教育的需要，1987 年国家教育委员会（以下简称“教委”）研究制定了全国范围内的《中等师范学校培养目标（初稿）》，规定了中等师范学校培养的是小学教师。同年，国家教委召开了中等师范学校面向农村培养合格小学师资座谈会，一致认为中等师范学校大部分是为农村小学培养师资的，最终确立了“中等师范学校面向农村培养合格小学教师”的办学方针。自此，中等师范学校毕业的师范生成为农村学校师资稳定的来源渠道，为农村学校培养了大批优秀的教师。1978 年，全国共有中等师范学校 1064 所，在校师范生 30 万人。1979 年全国有幼儿师范学校 22 所，学生 0.92 万人。①

这一时期，中等师范学校和幼儿师范学校招收初中毕业生和具有同等学力的社会青年，分别培养中小学师资和幼儿园师资。② 中师生的录取标准非常严格，主要看初中的学习成绩。一般情况下，全乡镇学习成绩名列前茅的初中毕业生才能被录取为中师生。进入中等师范学校的学生接受了极其严格的师范教育培养，这使得他们具备了良好的师范素养。他们毕业时在“定向分配”的原则下回到本乡镇任教，因此与乡土社会有着亲密的地缘和血缘关系。

3. 师范教育转型后，乡村教师数量缓慢增长（1999—2006 年）

随着社会的变迁，作为乡村教育师资稳定来源渠道的中等师范学校被取消，“面向农村、面向小学”的中师生培养目标一去不复返。分税制改革后，县级财政无力支持教师招聘工作，导致中西部地区出现了长达十年的“乡村教师荒”现象。

从 20 世纪 90 年代末开始，我国的师范教育体系和教师招聘方式相继

① 朱旭东，胡艳 . 中国教育改革 30 年：教师教育卷［M］. 北京：北京师范大学出版社，2009：88.

② 金长泽，张贵新 . 师范教育史［M］. 海口：海南出版社，2002：157.

发生了一系列的重大变革。1996年，人事部（人力资源和社会保障部前身）出台了《国家不包分配大专以上毕业生择业暂行办法》，不同地区的师范院校毕业生在之后的几年内陆续不再有工作分配。1998—1999年，教育部颁发了《面向21世纪教育振兴行动计划》和《关于师范院校布局结构调整的几点意见》，明确提出了师范教育布局结构和层次结构调整，师范教育由三级师范转向二级师范。自此，中等师范学校不再是农村学校师资的主要来源。

多重变革使得我国原有的乡村教师培养和补充机制不能满足乡村教育师资需要，导致20世纪90年代中期以来，全国范围内（除少数边疆地区）出现长达十余年的乡村教师队伍严重短缺现象，乡村教师队伍断层现象非常普遍。

4. 以特岗教师为主的补充渠道逐渐畅通（2006年至今）

为解决乡村教师数量不足的问题，打通乡村教师正常招聘渠道，国家出台了一系列补充乡村教师的新举措，如“大学生志愿服务西部计划”、城乡教师交流制度、“农村学校教育硕士师资培养计划”、“三支一扶计划”、“农村义务教育阶段学校教师特设岗位计划”、“免费教育师范生”等，旨在通过国家对地方的干预，以国家财政支付的方式招聘乡村教师。

其中，2006年推出的“特岗计划”是一系列举措中规模最大、见效最快、影响人群最多的一项政策，极大地缓解了中西部农村教师数量短缺问题，改善了乡村教师的学历、年龄以及学科结构。“特岗计划”实施16年以来，中央财政累计投入达808亿元，为中西部地区乡村学校补充特岗教师达到103万人①，覆盖中西部省份1000多个县、3万多所农村学校。

① 中国教育报. 全国教师规模不断扩大，教师待遇得到有效保障 尊师重教暖人心［EB/OL］.（2021-09-09）［2021-11-10］.http：//www.moe.gov.cn/jyb_xwfb/xw_zt/moe_357/2021/2021_zt18/yw/202109/t20210909_561125.html.

“特岗计划”实施办法规定，“特岗计划”实施期内原则上不得再以其他方式补充新教师。所以，实施“特岗计划”的县区已经将“特岗计划”作为乡村教师招聘的唯一渠道或主渠道。自此，特岗教师成为中西部地区“设岗县”乡村教师的主要来源。

“特岗计划”虽然补充了大量乡村教师，优化了中西部地区“设岗县”教师队伍的学历结构、学科结构和年龄结构，但一些问题也逐渐显现，如外地教师流失严重、女性教师比例较高带来性别失衡、非师范专业教师的教学素养欠缺等。为此，很多地区陆续出台一些相应政策，力图通过培养“定向专科生”、录取时考虑性别比例、招聘“全科教师”等方式解决以上诸多问题。例如，河南省从 2016 年开始进行小学教育（全科教师）专业招生工作，计划招收 1000 名师范类专业学生（本科招生 650 人，专科招生 350 人）。

本书研究的田野地点 W 县除招聘特岗教师外，自 2016 年开始招聘全科教师。2016 年招聘了 165 名具有教师资格证的全科教师到村级小学（含教学点）工作，规定工作时间不少于五年。该招聘对全科教师的年龄、专业和户籍进行了严格的规定：学历和专业方面，要求全日制专科及以上，或全日制中专幼儿教育、学前教育专业；年龄方面，专科（包含中专）学历要求 30 周岁及以下，本科及以上学历要求 35 周岁及以下；户籍方面，专科（含中专）只面向 W 县户籍生源，全日制本科及以上学历不受户籍限制。

自此，中西部地区乡村学校的教师主要来源开启“两条腿走路”的方式——特岗计划和县域自主招聘相结合，并仅招聘 35 岁以下的青年教师，本书将他们统称为“新生代乡村教师”。

对“文化大革命”以来我国中西部地区乡村教师招聘政策进行梳理发现，现任乡村公办教师按照其主要来源方式可以分为民办教师转正的乡村教师、20 世纪八九十年代中等师范学校毕业的教师、新生代乡村教师。

（二）生命历程视角下的乡村教师研究

本书的研究问题之一是以生命历程为研究视角，对不同代际的乡村教师群体的生命轨迹进行回溯，并探讨个体生命发展与社会结构之间的关系。基于这一研究问题，有必要对以往关于乡村教师生命轨迹方面的研究进行回溯，并找寻对本书研究的启发。对本书研究有重要启发的文献有以下几篇：

臧婧运用文献研究与个案访谈法，探讨了农村小学教师的社会流动意愿与生命历程之间的关系。[①] 该研究将农村小学教师划分为老教师、青年教师和年轻的支教教师，认为老教师和青年教师有着强烈的留守意愿，而年轻的支教教师比较容易流失。这种差异与三个教师群体的早年生活、人生经历和年龄相关。作者从农村青年教师的童年、求学、职业发展等方面分析了原因。

彭婧婧通过对民办教师转正的乡村教师所经历的重大事件的叙述，解释了民办教师的人生转折与社会结构之间的内在关联，认为民办教师的个人能动性在其中发挥着重要作用。研究认为，民办教师生命历程的影响因素是国家制度与权力、市场经济对农村社会的影响以及农村社会文化与习俗。[②] 这篇文章较好地运用了生命历程理论的四个研究范式，即一定时空中的生活、生活的时间性、个人能动性、相互联系的生活，将其与民办教师每个阶段的生命轨迹进行了比较好的联结。

蹇世琼采用生命历程理论研究了贵阳市 5 所中学的 29 名“60 后”“70 后”教师专业认同的发展轨迹及其影响因素。这篇论文合理运用了生命历程理论，梳理了教师经历的历史事件和教育事件的类别，历史事件包括

① 臧婧 . 生命历程视域下农村小学青年教师的职业流动：基于鲁南沙沟镇 20 位教师的访谈［D］. 武汉：华中科技大学，2010.

② 彭婧婧 .“民转公”教师生命历程研究：以湖南省 T 县某小学教师群体为例［D］. 上海：华东师范大学，2011.

“文化大革命”、高考恢复、改革开放，教育事件包括教育“大跃进”、“文化大革命”后三级师范教育体系的恢复、中学教师在职培训政策的恢复与完善、相关教育法律与法规的制定与完善、“两基”攻坚工作的开展与实施、学生就业与分配制度的变迁、教师绩效工资制度的实施等。同时，作者研究了历史与教育事件对中学教师的影响，这进一步深化了笔者对重大历史事件的理解，有助于笔者更好地梳理民办教师转正的乡村教师、中师生教师这两个群体所经历的重大历史事件。最后，作者认为教师专业认同与文化变迁、社会变迁之间呈现相互关联的三角关系，教师专业认同的发展轨迹是教师在这种三角关系中做出选择的结果。“60后”教师和“70后”教师分别倾向于“保守型”的理性选择和“现实型”的理性选择。①

姚丹丹以江西省的一位民办教师为个案，研究了他的求学经历与教师职业生涯的生命历程。作者运用“代际的相互影响”这一维度，认为民办教师选择职业时会受到他人的影响，他所做出的职业选择也会影响周围人的生活，尤其是会影响到晚辈的人生。作者进一步看到了国家政策、社会变迁对这位民办教师的生命轨迹产生的影响，但个体的主观能动性在选择中也起到较大的作用，甚至会改变其命运。作者从时空穿行中的个人生活、无法逃脱的命运安排、代际的相互影响、个体的选择与奋斗四个方面对这位民办教师的职业认同进行了解读。②

刘胡权从童年生活体验和受教育经历对教师专业发展的影响的角度进行了文献梳理。他认为，童年生活体验与受教育经历对教师的教育教学工作及教师专业发展有着一定的影响。儿童在中小学阶段的受教育经历、重要人物及关键事件都会对他们未来从事教师职业产生影响。教师通过回溯自己的生活史与成长史，勾连童年生活经历与教师专业发展，将有利于教

① 蹇世琼．生命历程理论视域下教师认同发展轨迹及其影响因素研究［D］．长春：东北师范大学，2013.

② 姚丹丹．坚守还是逃离：生命历程视域下偏远山区农村教师职业认同的个案研究［D］．金华：浙江师范大学，2016.

师专业发展。①

以往在生命历程视角下对乡村教师研究的有关文献具有以下特点：第一，关注了社会变迁对乡村教师生命轨迹的影响，并较好地梳理了具体的社会政策与教育政策的发展历史；第二，关注到了在社会结构中的个体并非被动的，而是具有一定能动性的；第三，关注到了职前生命历程对于乡村教师专业发展、流动意愿的影响；第四，较好地应用了生命历程理论的研究范式。但这些研究也存在着明显的不足：第一，仅梳理一代人或某个特定群体，缺少代际变迁的视角；第二，对乡村教师的概念界定仅关注了年龄这一维度，并没有就其与乡土社会的关系、入职方式进行关联。

这些研究对笔者的启发如下：第一，学习并借鉴以往研究对社会政策、教育政策的系统梳理，可以深化对于社会结构的具体理解。第二，将职前生命历程与教师专业发展和流动意愿相勾连，思考乡村教师的生命历程与其坚守乡村教师岗位之间的内在关系。第三，研究不仅要将乡村教师放置于代际变迁与社会结构的影响中，更要看到乡村教师在不同代际关系中的位置，尤其是长辈对乡村教师的影响以及乡村教师对子代的影响。②

（三）乡村教师精神文化生活研究

通过对文献的梳理，可以发现，乡村教师的相关研究较多地关注乡村教师的工作压力、教学胜任力、教师专业发展、职后培训等工作方面的现状，对于乡村教师的社会生活研究主要关注的是周转房现状与需求、工资收入能否满足日常生活需要等，并据此提出政策建议。但是关于乡村教师

① 刘胡权．论童年生活体验对教师专业发展的影响：基于教师生活史的“回溯”［J］．当代教育科学，2017（12）：13-16.

② 在阅读以往文献的基础上，在田野调查中运用“代际互看”的方法研究乡村教师之间的关系，如采用代际工作坊的形式，将不同年龄的乡村教师集中在一起进行访谈，从中可以看到不同代际乡村教师之间的关系及对彼此行为实践与价值观念的态度倾向与评价。同时，将乡村教师的家庭教养观念作为研究主题之一，以研究乡村教师对子代的期待与影响。

精神文化生活的研究相对较少。最近几年，一些研究者逐渐开始关注乡村教师的精神文化生活层面需求，教育社会学的学者逐渐丰富了乡村教师研究的成果、拓展了研究视野。

丹·克莱门特·劳蒂在1975年出版的《学校教师的社会学研究》一书，比较全面地研究了美国教师的精神特质。作者认为美国教师的精神特质包括保守主义、个人主义和即时主义。其中，保守主义是指教师的个体价值观主要受过去的人生经历的影响，从事教师职业时偏于保守。个人主义是指教师在工作与生活过程中，比较强调个人利益。即时主义是指教师对本行业缺乏足够的热情，将教师职业视为短期工作，很少打算长期、持续地从事教学工作，并且较少做出职业规划，对未来教学工作的表现不抱信心。①

张云亮采用问卷调查法与访谈法，以我国6省市的862名农村幼儿教师为研究对象，从“心理生活”“文化生活”“心灵生活”三个方面考察了农村幼儿教师的精神生活状况。研究发现：（1）农村幼儿教师较少参与文化活动，在文化活动方面花费的时间不多，对比较有特色的传统文化活动比较感兴趣且希望参加。（2）农村幼儿教师的专业认同度非常高，而且抱有极大的热忱，他们普遍将农村幼儿教育视为自己的事业而非一份养家糊口的职业。农村幼儿教师在生活态度方面表现出知足常乐，希望过简单、平凡的生活。（3）总体而言，农村幼儿教师的精神生活比较丰满，对教师职业充满信心并享受教师职业带来的快乐；而且他们能够远离甚至摆脱世俗社会功利化和规范化的束缚。② 这篇文章通过多种研究方法，对农村幼儿教师的精神文化生活做了较为全面的描述，在精神生活的内容划分方面对笔者有着较多的启发，尤其是该研究将幼儿教师的文化生活分为休闲时

① 劳蒂．学校教师的社会学研究［M］．饶从满，于兰，单联成，等译．北京：人民教育出版社，2011：200-204.

② 张云亮．国家扶贫县农村幼儿教师精神生活状况考察［D］．上海：华东师范大学，2012.

间、生活支出、生活需求等几个方面，以及对乡村教师如何看待自己生命价值的探讨等，对本书研究的研究框架有着重要启迪。但该研究对于农村教师的文化生活状况抱有过分乐观的态度，产生这一研究结果的原因可能是幼儿教师职业的特殊性——教授对象是儿童。

武晓伟研究发现，婚恋、编制问题给乡村青年教师带来了职业的不稳定感，工资待遇不能满足交通、生活消费的需要。这些都是乡村青年教师潜在的离职原因。[①] 该研究分析了编制问题给特岗教师带来的困扰，提醒笔者对编制进行研究。编制本身是一个社会政策术语，本书研究将要关注不同代际乡村教师对编制的态度，尤其是新生代乡村教师的态度。

唐开福在其博士论文《城镇化进程中农村教师精神生活的田野考察》中，通过问卷调查的方法研究了农村教师的精神生活，包括心理、情感、学习、休闲和信仰生活等方面，认为当前农村教师分为得过且过、知足常乐、越而胜己这三个类型。同时认为当前农村教师精神生活可能导致农村教师生命立场主体性的缺失、退出学校的公共生活、与学校的情感发生变化、师德出现滑坡，甚至出现生活意义的空虚等隐患。[②]

孔祥渊从教师的外在行为表现方面对农村教师的工作态度与精神风貌进行了质性研究。研究表明，一部分乡村教师存在"混日子"的现象，具体包括两种反差现象：学校内轻松与学校外忙碌、课堂不上课而是看着学生上自习及下课和学生聊天。[③] 乡村教师的"混日子"现象可以理解为乡村教师对于无法改变的社会环境的"抵抗"，这也是乡村教师行为实践的一部分，折射出他们对乡村教育事业的态度以及教育信念状况。

① 武晓伟．我国西部农村学校"特岗计划"的思考：以贵州省威宁县为例［J］．湖南师范大学教育科学学报，2013（6）：48-53.

② 唐开福．城镇化进程中农村教师精神生活的田野考察［D］．上海：华东师范大学，2014.

③ 孔祥渊．"混日子"：生活在别处：一项关于部分农村教师工作状态的质性研究［J］．上海教育科研，2014（9）：30-33.

郑新蓉等人从城镇化与乡村教育关系的角度，提出了新生代乡村教师疏离农村、趋于城市的情感表达与行为实践，在日常居住地点、子女哺育与上学、恋爱与婚姻、日常消费、教育教学方式等方面都表现出了明显的城市化特征。[①] 文章提醒笔者关注城镇化与乡村教师的关系这一研究视角。本书研究将继续关注城镇化带来的乡村社会、乡村教育生态的变化，这种变化对于乡村教师的工作与生活状况产生的影响也是需要关注的。

北京师范大学教育社会学研究团队开展的一项“农村义务教育阶段学校教师特设岗位计划”评估项目，对5966名在2013—2015年入职的特岗教师进行了问卷调查，对特岗教师的工作与生活尤其是内在价值观层面进行了深入研究。结果表明，1980年以后出生的特岗教师在生活工作价值观、现代性价值观、自我接纳等方面呈现出显著特点，具体表现在：生活工作价值观总体表现出以个人生活为主的取向；现代性价值观方面，特岗教师表现出较高的规则维度和时间维度的现代性，即在恪守过去的经验与规则中转向学习新事物，尊重事物的变化，同时在价值维度和主体维度上具有较低的现代性，即个人行为的计划性较差；自我接纳方面，特岗教师表现出基本的自我接纳程度，但也有相当数量的特岗教师自我接纳程度较低。[②] 总体而言，1980年以后出生的特岗教师具有偏于保守、个人化的价值取向。可以看到，以上几个维度都是特岗教师在价值观方面所表现出的特征，这在乡村教师研究领域具有前瞻性和创新性。

蒋福超从个人、社会、国家之间关系的视角探究了乡村教师的生活史，一方面研究了乡村教师与乡土社会、国家的关系，另一方面研究了乡村教师在知识、道德、私人生活等方面表现出来的精神文化特征。作者认

① 郑新蓉，王成龙，佟彤．我国新生代乡村教师城市化特征研究［J］．河北师范大学学报（教育科学版），2016，18（3）：70-77.

② 北京师范大学“特岗计划”（2006—2015）执行及效果评估课题组．特岗教师调查数据报告［R］．北京：北京师范大学“特岗计划”（2006—2015）执行及效果评估课题组，2016：62-69.

为，知识使得乡村教师与乡村社会、乡村政治之间出现了隔阂；乡村教师不仅有着孤独的道德体验，还有种种的矛盾感与紧张感；乡村教师工作与生活在传统与现代过渡带来的张力中。以上因素共同导致了乡村教师的焦虑感。[①]作者运用纵横两个研究维度，研究乡村教师与乡土社会、国家的关系，关注乡村教师在知识、道德、私人生活等方面的变迁。作者运用教育现代性的理论视角研究乡村教师的日常生活史，对本书研究也有启发意义。但这篇研究选用的个案学校并不具有代表性，个案学校以中老年乡村教师为主体，仅有 1 位是 24 岁的代课教师，其他均为 31 岁以上。在乡村教师日益年轻化的背景下，这篇文章对当下及未来乡村教师状况解释力有限。

笔者曾多次探讨新生代乡村教师面临的文化生活困境，研究发现，他们在乡村社会中面临着物质环境不适应、婚恋难与亲子分离、乡村制度规范约束等困境。在理想与现实的迷茫中，新生代乡村教师出现分化：随时准备进入城市的“飞鸽”教师和支援乡村建设的“永久”教师。[②]笔者也运用生命历程理论对不同代际乡村教师的家庭教养方式进行了对比研究，发现乡村教师群体逐渐分化为民办教师转正教师群体、20 世纪八九十年代就读中等师范学校的教师群体和 20 世纪 80 年代以后出生的新生代乡村教师群体。通过对这三类乡村教师的童年生活、核心家庭结构和受教育机会等方面的考察，可以看到中国社会的剧烈变迁对乡村教师的生命轨迹有着极其深刻的影响。在社会结构与现代性价值观念的共同影响下，乡村教师在家庭教育观念方面呈现出明显的群体差异：民办教师群体秉承着朴素的家庭教育观念，用生产劳动承袭传统；中师生教师群体在家国同构的激励教育中助力子女和学生“鱼跃农门”；新生代教师群体在公共教育观念方

① 蒋福超．泥土与皇粮：王庄乡村教师生活史研究［D］．济南：山东师范大学，2017.

② 王成龙．新生代乡村教师的文化困境与职业选择［J］．青年探索，2016（1）：84-89.

面逐渐式微，开始形成陪伴教育和城市趋向的育儿观。[①]

以上关于乡村教师社会生活的文献对本书研究的启发如下：第一，认识到乡村教师作为行动主体的能动性。要立体、多元地研究乡村教师，辩证地看待乡村教师的工作态度与日常表现，尤其是不能忽略乡村教师在乡村教育生态中的特定功能与价值，即他们在艰苦环境中的坚守与不易。第二，要采取综合研究方法研究乡村教师的社会生活状况。本书研究采用田野调查法，运用参与式观察与访谈法，研究乡村教师行为实践与价值观念方面的差异，同时辅以问卷调查法了解乡村教师的整体状况。第三，关注中国现代化进程即传统向现代过渡中带来的个人主义、理性主义、消费主义等现代性价值观念对乡村教师的影响。第四，除了看到宏观社会结构与现代化进程的影响外，更要将乡村教师的社会生活放置于具体的乡村社会与乡村教育生态环境中加以研究，不能脱离具体的社会情境。第五，研究内容方面，应增加三代乡村教师的娱乐文化生活、收入与日常开支情况等，尤其是要深究其背后的价值观念与行为逻辑。第六，研究范围方面，要同时关注乡村教师在课堂内外、学校内外的工作表现，以保证研究的全面性。

（四）代际更迭视角下的乡村教师研究

我国台湾地区从21世纪初即有大量关于教师的代际研究，只不过台湾学者把generation翻译为“世代”。而大陆则是在最近几年才开始关注乡村教师的代际（generation）差异研究。具有代表性的研究如下：

李新乡、黄振恭通过问卷调查法，对台湾地区1500名小学教师的工作价值观、角色知觉、教学自我效能和专业表现进行了研究，将小学教师划分为三个代际：婴儿潮世代（1964年以前出生的小学教师）、X世代

① 王成龙，高珺．生命历程视角下乡村教师家庭教育观念的变迁研究［J］．河北师范大学学报（教育科学版），2018，20（2）：67-73.

(1964—1976年出生的小学教师)、Y世代(1977年以后出生的小学教师)。研究发现，第一，在人际关系、物质报酬及组织安全方面，婴儿潮世代的教师显著优于X世代及Y世代教师。在创新发展与成就声望方面，婴儿潮世代教师显著优于X世代。在整体工作价值观方面，婴儿潮世代教师显著优于X世代及Y世代。第二，在师生知觉、教学知觉、研发知觉以及整体角色知觉方面，婴儿潮世代教师显著优于X世代及Y世代。第三，小学教师未因世代之不同而在教学自我效能（班级经营、教学革新、环境转化、亲师沟通、学习评量、教学执行及整体教学自我效能）上有显著差异存在。第四，不同世代教师在专业表现方面存在整体差异，较资深的X世代教师显著优于资历较浅的Y世代教师。① 该研究关于代际的划分标准虽然与大陆不同，但其对教师的工作价值观、角色认知、教学自我效能感及专业表现这四个方面内容的研究，拓宽了笔者研究乡村教师代际差异的视野。

陈铃宜以马斯洛的需求层次理论为基础，通过问卷调查法，研究了558名小学教师的需求状况。研究发现，婴儿潮世代教师需求最强烈并与其他世代存在显著差异的项目有“健康状况”“被尊重”“自我成长”；X世代教师需求最强烈并与其他世代存在显著差异的项目有“经济状况”“家庭亲情”；Y世代教师需求最强烈并与其他世代有显著差异的项目有“资讯设备”“安全”“与家长关系”“与同侪关系”“尊重他人”。② 该研究对教师需求类型的调查尤其是关注自我身心发展的需求层面，对笔者有较大启发。

程猛在其硕士论文《教师与土地——贺疃村三代农村教师口述史》中将农村教师分为三代。第一代教师是在20世纪三四十年代出生、50年代至70年代期间开始任教的公办教师，是村庄里的“国家教师”，同时也是当时村庄里少有的“文化人”；第二代教师是任教之初没有经历过任何师

① 李新乡，黄振恭．不同世代国民小学教师专业表现之相关研究［J］．南台人文社会学报，2009（1）：1-30.

② 陈铃宜．不同世代国民小学教师需求的动态变化研究［D］．台南：台南大学，2009.

范训练过程的民办教师或代课教师，他们既要教书育人，又要在土地里劳作，因而与土地的关系更为紧密，是典型的“两栖”教师；第三代教师是生于20世纪七八十年代、在20世纪90年代开始任教的中师生教师。[①]该研究运用口述史的研究方法，从乡村教师与土地的关系这一角度，研究了乡村教师角色的代际差异，对本书研究有启发意义。

张丽娜选取了三位教师（分别为“60后”“70后”“80后”）作为研究对象，对小学教师课堂教学的代际差异进行了研究。研究发现，不同年代教师在教学设计、教学风格、教学理念等方面存在明显差异，这与他们所生活的社会和时代背景息息相关：他们出生于不同的历史时期和社会背景，受到不同的教育，在不同的政治氛围、文化环境和经济条件下成长。他们在经历各自主要生命事件的时候，呈现在他们面前的社会景观是不一样的。[②]

郑新蓉的《共和国五代乡村教师代际特征研究》依据教师的自然年龄特征、时代变革的历史划分（通常是以社会运动和重要的社会、经济政策的颁布为时间节点）、教育发展和变革的阶段（通常以影响农村教育和教师的变革的重要政策的颁布为节点）把乡村教师分为五个代际群体：第一代为速成而多样的乡村教师、第二代为身份流动的乡村教师、第三代为知识青年和下放教师、第四代为中师生教师、第五代为城市化进程中去留难舍的农家子弟。在每个代际群体中又选择最具代表性的教师进行重点描述，依据我国的历史主题、农村的社会组织、公共教育内涵、教师的家庭出身、教师的招聘和培养五个方面进行勾勒，试图在国家现代化的使命和任务下，呈现不同时代农村学校所具有的公共教育含义和功能，以此分析不

① 程猛．教师与土地：贺疃村三代农村教师口述史［D］．北京：北京师范大学，2012.

② 张丽娜．我国小学教师课堂教学的代际差异研究［J］．教育探索，2015（6）：137-141.

同时代教师的来源以及不同代际乡村教师的诸多特征。① 可以说，这篇文章是乡村教师代际研究的开拓性成果，对中华人民共和国成立以来的乡村教师进行的五代划分，为本书研究对现任乡村教师的代际划分提供了理论依据。

武晓伟在《中国乡村女教师代际研究》一文中，以中华人民共和国成立后至今不同年代典型的乡村女教师群体为研究对象，通过对乡村女教师代际更迭的研究，试图探寻女性与国家、村落间通过“教育”这一中介因素所展现出的错综复杂的关系。作者结合我国乡村女教师自然年龄要素与典型教师群体，把乡村女教师划分为五代，主要关注乡村女教师来源、身份与精神特质，乡村女教师与国家、村落之间的相互作用，不同代际乡村女教师职业生涯发展状况及其制约因素。② 从性别视角对乡村女教师的代际变迁进行研究，是乡村教师性别研究比较好的成果。但研究对现任的三代乡村教师着墨较少，对教师教育教学工作以外的生活关注不多。

王国明梳理了20世纪初至今一百多年以来，国家、村落、学校之间关系的变迁与农村教师更迭的内在关联，具体分析了乡村办学权、师范教育以及学校与村落关系对教师更迭的影响。作者将一百余年乡村教师史分为四个时期，即新中国成立前的破旧立新时期、集体化时期、乡镇办学时期、市场化招聘时期。研究发现，随着代际的更迭，乡村教师的输送渠道发生了从本地传统教师到县级师范教育培养的教师、社队聘用教师、下放教师与知青教师、中等师范以及包分配制度的教师、市场化招聘教师的转变。③ 作者梳理了一百多年来乡村教师补充方式的变迁以及乡村教师与乡土社会之间的关系，其中，关于乡村教师的招聘主体的梳理，对笔者有着

① 郑新蓉．共和国五代乡村教师代际特征研究［J］．贵州师范大学学报（社会科学版），2016（3）：120-127.

② 武晓伟．中国乡村女教师代际研究［J］．贵州师范大学学报（社会科学版），2016（3）：128-136.

③ 王国明．教育现代化与农村教师来源研究［M］．北京：人民出版社，2018：3-5.

非常有益的启发，有助于笔者更加深入地了解现任教师不同的入职方式。

王飞等人通过问卷调查的方式，从物质待遇、专业发展、心理归属、社会地位四个维度对乡村教师的日常需求进行了研究，并将乡村教师划分为“50后”、“60后”、“70后”、“80后”和“90后”五个代际。研究发现，物质待遇方面，“70后”和“80后”教师的不满意度最高，临近退休的“50后”和“60后”教师对物质的要求相对较少，正处于职业的适应期的“90后”教师则更加关注职业的适应和发展等维度；“90后”教师对专业发展的不满意度最高；在心理归属维度，“60后”和“90后”教师均将其排在不满意的第一位，“50后”教师将其排在第二位，“70后”和“80后”教师将其排在第三位；在社会地位维度，“50后”教师将其排在不满意的第一位，其他代群均将其置于第二位。[①] 这篇文章对乡村教师的社会支持网络进行了解构和代际差异分析，尤其是对五代乡村教师的各自需求有着较好的分析，有助于笔者更加全面地了解不同代际乡村教师的特征。

以上关于乡村教师代际更迭的文献，具有以下特点：第一，乡村教师的代际差异研究逐渐进入研究者的视野。第二，研究方法方面，既有量化研究也有质性研究。其中台湾地区的乡村教师代际研究以量化研究方法为主，大陆则偏向质性研究且以口述史研究方法为主。第三，对乡村教师的代际划分有着不同的标准，总体而言共有两类标准，即年龄或入职身份特征。第四，教师代际差异的内容方面，以往研究关注较多，总体可以分为自我发展需要、工作环境需要两个方面的内容。

对于本书研究的启发如下：第一，本书研究将入职身份与年龄进行综合考量，对现任乡村教师进行群体划分具有合理性；第二，可以将乡村教师社会生活的代际差异与乡村教师角色变迁、乡村教育功能变迁关联；第

---

① 王飞，李金荣．基于代际差异的乡村教师支持网络构建［J］．当代教育科学，2018（2）：29-33.

三，关注乡村教师与乡土社会之间的关系，是研究乡村教师代际变迁的重要视角；第四，要将乡村教师社会生活的代际变迁与乡村教师的培养、招聘、职后培训相结合，从乡村教师的来源着手，更具适切性；第五，扩展乡村教师代际差异的内涵，尤其是关注乡村教师的自我发展方面的需要。

二、理论资源

本书研究的理论资源主要包括生命历程理论、结构化理论与教育现代化理论。其中，以生命历程理论为基础，探寻乡村教师的生命轨迹与发展历程。在此基础上，通过结构化理论的视角，探究社会结构（社会政策与教育政策）与乡村教师生命轨迹之间的内在关联，包括社会结构对乡村教师的影响，也包括乡村教师发挥的个人能动性。以教育现代化理论为参照视角，探究新中国成立以来我国教育现代化发展过程对于不同代际乡村教师社会生活的影响。

（一）生命历程理论

生命历程研究（Life Course Research）开始于20世纪60年代的美国，埃尔德（Elder）以《大萧条的孩子们》一书开启了生命历程研究的先河，并引起了各国学者的广泛关注，20世纪六七十年代以后该研究有了迅速发展。生命历程研究于1999年传入我国，以李强等人发表的《社会变迁与个人发展：生命历程研究的范式与方法》《生命的历程——重大社会事件与中国人的生命轨迹》为标志。李强对生命历程研究理论和方法进行系统介绍后，国内各个学科相继出现大量关于生命历程的研究。生命历程研究不仅为我国人文社会科学研究开拓了新的研究视角，而且丰富、扩展了新的研究方法。

生命历程研究主要是对个体的生命发展过程进行研究，包括个体经历的生命事件（包括重大历史事件），以及在其中所扮演的社会角色，既包括先后顺序，也包括社会角色的转换过程。个体经历的生命事件指的是从出生到死亡所经历的具有转折意义的事件，一般包括出生、童年生活、原生家庭、受教育经历、离开原生家庭而独立生活、求职、结婚与离婚、生儿育女、工作的升迁或辞职、居住地的迁徙、离休或退休等。通常考察的角度大致包括阶级或家庭成员资格及教育、婚姻和受雇的状况，有时还包括政党成员资格、宗教归属、志愿者团体及活动的参与等。①

在生命历程研究中，个人的生命历程被看成是更大的社会力量和社会结构的产物。生命历程研究不仅要求在一个共同的概念和经验性研究的框架内对个体生命事件和生命轨迹的社会形式做出解释，并且注重考察影响这些事件和轨迹的生命进程。在许多从事生命历程研究的学者看来，他们的诸多努力不仅有利于对特定问题进行深入研究，还能超越社会生活研究中宏观分析与微观分析长期隔离的状态，并且具有将各理论学派、学科加以综合的潜力。

（二）结构化理论

安东尼·吉登斯（A .Giddens）在 1973 年提出了结构化（Structuration）这一术语，运用结构化理论对主体与结构的关系进行了解释。吉登斯的结构化理论认为，人们的行为是被结构化的，行动具有结构的属性，结构性背景限定了人们可能的行为领域；结构具有制约人类行动和促成人类行动的双重效果。

结构是指社会再生产过程里反复涉及的规则与资源，规则和资源实际上就是指人们所处的社会结构。“社会行动者既不是由外部起因决定的物质的粒子，也不是执行一种完全理性的内部行动计划的、只受内部原因引导的单子。社会行动者是历史的产物，是整个社会场的历史的产物，是特别的次场内某条通道中积累的体验的历史的产物。”② 吉登斯引入了时间、

① 李强，等 . 生命的历程：重大社会事件与中国人的生命轨迹［ M ］. 杭州：浙江人民出版社，1999：3.

② 布尔迪厄 . 文化资本与社会炼金术：布尔迪厄谈录［ M ］. 包亚明，译 . 上海：上海人民出版社，1997：183.

空间、转换规则、结构化方式、结构性特征等概念，他用结构二重性原则取代主客二元论。吉登斯的观点是：客体主义者强调社会中的结构、制度、制约性，主观主义者强调人的主观性、能动性、创造性，这两类因素在社会生活中都是实际存在的。社会结构具有客观制约性和主观创造性两种品格，吉登斯在社会实践或社会生产的不断展开和持续过程中动态地理解结构。

行动者微观层面的活动带来了行动者与社会结构之间的交互作用，也同时再造了宏观的社会结构。吉登斯也认识到结构与行动之间的相互关系，他写道："作为人，我们可以选择，而不是简单地对周围的事件做出被动的反映。跨越'结构'与'行动'取向之间的鸿沟的方法是要认识到在日常活动过程中，我们能积极地作用和反作用于社会结构。"① 正如乔纳森·特纳指出，结构可以概念化为行动者在跨越"空间"和"时间"的"互动情景"中利用的规则和资源，正是使用这些规则和资源，行动者在空间和时间中维持和生产了结构。② 从结构化理论来看，任何一个社会主体的行动都是在特定的自然条件、社会条件下进行的。结构化理论综合了社会学整体论和个体论的视角，说明了主体与结构的关系。

吉登斯主张结构可构成限制，亦可转变行动的"资源"，此种变化取决于行动者能否"洞见"构成结构的"规则"与"属性"，并结合自身的"能力"，经由实践后的差异性结果以改变既有的结构。因而个体理性思维与能力的实践能将静态的结构限制转变为行动与创新的"资源"。③

根据生命历程理论和结构化理论，乡村教师的社会文化特质是国家政策和新生代乡村教师自身在特有的时空条件下相互作用的结果。结构性

① 吉登斯．社会学［M］.4版．赵旭东，齐心，王兵，等译．北京：北京大学出版社，2003：847.

② 特纳．社会学理论的结构：下［M］．邱泽奇，等译．北京：华夏出版社，2001.

③ 姜添辉．构成结构与施为之间互动关系的媒介物：小学教师的专业认同与文化知觉的分析［C］．桂林：中国教育学会教育社会学专业委员会第十届年会，2008：18.

因素和条件提供乡村教师各种行为的可能和条件。当然，乡村教师的文化特质并不是单纯的制度安排的结果，也不是简单的追求个人利益最大化的选择，而是在乡村教师主体与社会结构的互动过程中形成的。乡村教师的社会文化特质，既受到结构性因素的制约，也反映了个人对发展性资源的需求，同时又再造了新的社会结构。本书将研究我国社会变迁尤其是社会政策与教育政策的变迁对于不同年龄阶段的乡村教师生命轨迹的影响。除了看到结构与能动之间的关系，本书研究更要试图寻找在既定的社会结构中，不同群体的乡村教师会表现出何种行为实践差异，是顺从社会结构的限制，还是用自己的行动去改变这种结构？乡村教师对于职业的态度是坚守，还是逃离？

（三）教育现代化理论

我国的教育现代化的发展进程是本书的参照视角。本书将乡村教师的行为实践与价值观念的代际变迁放置于我国教育现代化发展的进程中。所以，我们有必要对中国教育现代化进程进行梳理。教育现代化包括多个层级教育的现代化，本书研究主要参照的是基础教育现代化的发展进程。

褚宏启认为，中国在教育现代化道路上是一个后来者，起步较欧美国家晚，大致与日本、印度同时代。迄今，中国的教育现代化历程大致可分为三大阶段：清朝末年（1840—1911 年）、辛亥革命到中华人民共和国成立（1911—1949 年）、中华人民共和国成立至今。前两个阶段之间具有较强的连续性，第三个阶段与前两个阶段之间有较明显的断裂。1949 年中华人民共和国成立以后，20 世纪 50 年代末的冒进式发展和一些“左”倾做法，使教育发展受到伤害，而 20 世纪 60 到 70 年代的教育因“文化大革命”陷入低谷，大受冲击，对当时和其后的教育现代化和社会现代化进程产生了不良的影响。1976 年以后，教育界开始拨乱反正，并在此基础上对教育体制进行全面改革，确定了教育在国家发展和现代化进程中的战略地位，教育现代化重新步入正轨。①

邬志辉认为，新中国成立以来的教育现代化经历了三个阶段：教育“全面苏化”时期（1949—1957 年）；封闭探索社会主义教育现代化道路时期（1958—1978 年）；国家在全面恢复教育秩序后，开始了新的开放式社会主义教育现代化的探索时期（1979 年以来）。②

杜成宪、丁钢认为，新中国成立以来，我国农村教育的现代化先后经历了“革故鼎新——新中国成立初期的农村教育实践”“探索与曲折——社会主义建设时期农村教育的得失”“十年动荡——‘文化大革命’期间农村教育的演变与兴废”“改革的主旋律——新时期以来农村教育稳步前进”这四个时期。③

王兆详认为，中国教育现代化经历了一百多年的不断探索，大致经历了四个阶段：一是“教育救国”观念的提出，在洋务教育和清末新政教育中发挥了主导作用；二是在吸收外国教育经验的基础上，发出“民主与科学”的呼声，追求教育的本土化，走中国自己的教育道路；三是社会主义建设时期“教育革命”的政治运动化，既有成功和发展，也有曲折和教训；四是教育的拨乱反正，贯彻“科教兴国”的教育思路，改革不断深入，使中国教育的现代化迈出了更加坚实的步伐。④

通过以往学者对中国教育现代化进程历史的梳理，我们可以看到，中华人民共和国成立以来，我国的教育现代化大致经历了三个阶段：第一阶段，1949 年至 20 世纪 50 年代末，属于新中国成立初教育现代化探索时期；

① 褚宏启．教育现代化的路径：现代教育导论［M］.2 版．北京：教育科学出版社，2013：123–126.

② 邬志辉．中国百年教育现代化演进的线索与命题［J］．中国地质大学学报（社会科学版），2002，2（4）：45–49.

③ 杜成宪，丁钢．20 世纪中国教育的现代化研究［M］．上海：上海教育出版社，2004：354–374.

④ 王兆详．从“教育救国”到“科教兴国”：中国教育现代化的历史探索［J］．天津大学学报（社会科学版），2005（5）：338–341.

第二阶段，20 世纪六七十年代封闭探索社会主义教育现代化道路时期；第三阶段，改革开放后，教育领域的拨乱反正带来的教育现代化重新步入正轨时期。

本书所研究的三类乡村教师群体，即民办教师转正的教师群体、中师生教师群体、新生代乡村教师群体，恰好经历了 20 世纪六七十年代以后中国教育现代化的两个发展阶段，即封闭探索社会主义教育现代化道路时期和改革开放后教育领域的拨乱反正带来的教育现代化重新步入正轨时期。本书研究将以我国教育现代化的发展历程为参照系，对乡村教师的行为实践与价值观念进行代际差异研究，以期找寻其与我国教育现代化发展历程之间的内在关联。

第三节 田野调查基本情况

本书研究的田野调查地点为河南省信阳市 W 县豫南镇，本节主要从豫南镇的社会风俗和教育发展状况两个方面对其进行描述。豫南镇位于河南省南部、大别山区北麓，交通便利，虽属集中连片特殊困难地区，但整体经济发展水平较高，排在 W 县各乡镇前列。这里宗族观念浓厚，沿袭着传统的社会习俗。

一、社会风俗情况

（一）地理区位与经济状况

豫南镇，总面积 100 多平方千米，总人口 6.27 万人，其中农村人口 5.6 万余人。距武汉、合肥等城市均不足 200 千米，交通便捷。

豫南镇系大别山之脉，地处丘陵向山区过渡地带，属浅山区。全镇东南部多为高山，北部属丘陵地区，全镇域平均海拔高度为 205 米。镇域地势南高北低。

豫南镇自古以来商贸繁荣，明清时期达到鼎盛，是中国历史文化名镇和豫南商贸交通重镇。改革开放以来，豫南镇的商贸业快速发展。

豫南镇仅有耕地面积3万多亩，耕地面积仅占其总面积不到百分之二十。且豫南镇的资源有限，可供开发的矿产资源较少。在农业人口众多、耕地面积和矿产资源有限的条件下，豫南镇人只能靠外出务工或外出经商为生。

（二）红色文化与宗族观念

解放战争时期，豫南镇是中国共产党从事革命活动的主要驻地之一。1930年豫南革命政权建立以后，全区实行土地改革，建立了赤卫军工会、妇女会、儿童团等组织以及苏维埃经济公社、销售合作社、工农俱乐部和列宁小学。解放战争时期，豫南镇孕育了中国共产党的大批革命干部。

豫南镇宗族观念浓厚，新中国成立前就建有很多家族祠堂，一直延续至今，且保留着宗族祭祀活动。W县志记载，新中国成立前，凡大姓户族，均建祠堂、造宗谱，论资排辈选族长，并立有族规。直至今日，豫南镇依然比较重视宗族，不论血缘关系远近，同姓氏社会关系均较为紧密，经常有同姓氏的聚会活动。

二、教育发展状况

（一）豫南镇教育生态

2018年初，豫南镇共有5所私立学校（1所中学、4所幼儿园），31所公立学校。公立学校包括2所初中、29所小学（2所镇级完全小学、27所村级小学）。其中，豫南镇第一中学、豫南镇第二中学、豫南镇第一完全小学位于豫南镇政府所在地附近（即豫南镇街上），豫南镇第二完全小学、豫南镇罗寨小学等分布于豫南镇所辖各个行政村中。全镇在校（园）学生

8771人，教职工659人（其中在编522人，私立学校聘用137人）①。

其中，本书研究所涉及的27所村级小学分别是：罗寨小学、赛三小学、方沟小学、土庙小学、土岗小学、枣寨小学、方岗小学、李寨小学、雷山小学、春榜小学、龙寨小学、庙头小学、赛山小学、冯寨小学、西华小学、双沟小学、马湾小学、新河小学、石岗小学、陈畈小学、石山小学、九江小学、钟畈小学、雷亭小学、上塘小学、新寨小学、骆宾小学。

（二）教师招聘方式的演变

本书的研究对象是在乡镇以下村级小学任教的乡村教师群体，尤其是民办教师群体、中师生教师群体、新生代教师群体。为此，依据乡村教师招聘方式的变化，本书研究对豫南镇27所村级小学现任乡村教师②的入职方式进行了历史梳理，主要包括以下五个阶段（见表1–4）：

表1–4 豫南镇现任乡村教师入职方式一览表

时间	招聘主体	主要入职方式	教师身份	人数		总计
				男	女	
1966—1976年	生产大队自主聘请	推荐任教	民办教师为主	109	9	118
1982—1999年	县域统一接收分配	定向分配	中师生教师为主	48	19	67
2002—2009年	县教师进修学校自主培养	自主报名、定向分配	—	6	2	8
2010—2015年	国家统一标准、省级命题、县级组织考试、学校聘用	自主报名、统一考试	特岗教师	13	52	65

① 需要说明的是，本书研究先后共进行了四次田野调查，时间跨度从2016年4月至2018年2月，全镇教师与学生人数每年都在变动。书中出现的教师与学生人数，均做了时间标注。

② 需要说明的是，在豫南镇工资册中的教职人员，不包括“三支一扶”、“两区”支教、“学前教育志愿者”这三类教师，因为这三类教师是国家相关部委统筹管理，工资发放不属豫南镇管。所以，本书研究中所指的乡村教师，并不包括这三类教师。

续表

时间	招聘主体	主要入职方式	教师身份	人数		总计
				男	女	
2016—2018 年	特岗教师：国家统一标准、省级命题、县级组织考试、学校聘用 全科教师：县级命题、考试，学校聘用	自主报名、统一考试	特岗教师与全科教师	0	40	40

第一阶段：20 世纪六七十年代入职的乡村教师共计 118 名，其中男教师 109 名，女教师 9 名。这一时期，中等师范学校招生规模较小，豫南镇乡村教师的主要来源是民办教师、学校分配（定向分配的中师 / 中专生）、退役安置、招工。其中，学校分配是指这一时期大中专院校毕业的学生按照分配制度进入乡村教师行列。在全镇 118 名乡村教师中，106 名乡村教师的身份是民办教师转正的教师，占据了 20 世纪六七十年代入职的乡村教师总数的将近 90%。

第二阶段：信阳市的三所中等师范学校于 1982 年恢复招生，一直到 1999 年停止招收定向分配的中师生。1982—1999 年，豫南镇共招聘了 67 名乡村教师，其中包括学校分配 53 名、招工 13 名、民师转正 1 名。性别构成方面，男教师 48 名，女教师 19 名。这一时期学校分配的教师占据了入职教师总量的 79%，大部分来源于中等师范学校，也有小部分来源于非师范类大中专院校。

第三阶段：2002[①]—2009 年这八年期间，豫南镇仅招聘了 8 名教师（男教师 6 名，女教师 2 名），包括 6 名 W 县自主招聘的教师、1 名外县调入的教师和 1 名定向分配的教师，乡村教师队伍“青黄不接”。其中，这名定向分配的教师来自“定向分配中师班”。当时为了缓解乡村教师紧缺的状况，W 县委县政府委托 W 县教师进修学校在南大河开办“定向分配中

① 1999 届中师生是最后一届包分配的，故豫南镇 2002 年至 2009 年期间均没有大规模招聘乡村教师。

师班”，来自“定向分配中师班”的学生被形象地称为“南大河教师”。该班仅招生两年，由于W县编制、财政经费紧缺停止招生。

第四阶段：2010—2015年，W县乡村教师的唯一准入方式变成特岗教师招聘，豫南镇共招聘65名乡村教师，其中男教师13名，女教师52名。

第五阶段：2016—2018年，W县开始面向全县自主招聘全科教师到各乡镇任教。这一年，豫南镇共招聘了40名乡村教师，特岗教师和全科教师各20人，均为女教师。这一阶段，豫南镇乡村教师的主要来源是特岗教师和全科教师。

从性别构成方面可以看到，随着代际的更迭，乡村教师的性别比例逐渐从男性占绝大多数转变为女性占绝大多数。

通过对豫南镇27个村小校长身份的分析可以看出，民办教师转正的有7人，中师生有13人，非师范类的中专生为2人，特岗教师有5人。

随着年龄的增长，民办教师转正的教师群体近几年逐渐淡出农村教育的历史舞台。对豫南镇现任教师的年龄进行分析可以发现，1985年之前入职的乡村教师最晚将在2025年退休。届时，中师生教师、以特岗教师和全科教师为主的新生代乡村教师将完全代替他们。2016—2018年是豫南镇民办教师转正的教师群体退休的高峰期，2021—2022年是下一个退休高峰期。

表1-5 豫南镇1985年之前入职的在任乡村教师出生年份及退休时间分布表

出生年份/年	退休时间/年	退休人数/个	出生年份/年	退休时间/年	退休人数/个
1952	2014	1	1960	2020	3
1955	2015	8	1961	2021	16
1956	2016	19	1962	2022	15
1957	2017	22	1963	2023	7
1958	2018	10	1964	2024	5
1959	2019	8	1965	2025	2

本节对豫南镇的地理区位、经济发展状况、社会文化习俗以及教育概览、全镇教师入职方式进行了历史梳理。由此可以看到，豫南镇的乡村教师主要由民办教师转正教师、中师生教师、以特岗教师和全科教师为主的新生代教师三类群体构成。随着民办教师近几年进入退休高峰期，新生代教师将逐渐取而代之。在未来二十年的时间内，20 世纪八九十年代毕业的中师生教师将逐渐被新生代教师所取代。豫南镇的这种教师代际更迭具有典型性。

接下来，本书将分章研究民办教师转正的教师群体、中师生教师群体、新生代教师群体在职前生命轨迹、行为实践与价值观念方面的具体表现。

第二章 民办教师的生命轨迹与社会生活

在豫南镇27所村级小学的公办教师中，20世纪50年代末至20世纪60年代初出生、20世纪七八十年代入职的乡村教师共有118名，其中以民办教师身份入职的乡村教师有106名，另外12名乡村教师分别是通过大中专院校毕业生定向分配（中师/中专生）、部队军人退役安置、W县自主招聘的方式进入乡村学校任教的。笔者选取了9位有代表性的乡村教师进行深度访谈，以研究20世纪七八十年代入职的乡村教师群体的行为特征与价值观念，受访者具体信息如表2-1所示。

表2-1 本书研究选取的民办教师转正的乡村教师基本信息表

序号	姓名	入职方式	性别	出生年份/年	工作时间/年	现工作学校
1	付子强	民师	男	1957	1977	春榜小学
2	赵登庆	民师	男	1957	1978	新寨小学
3	高建民	民师	男	1957	1976	枣寨小学
4	叶成功	民师	男	1960	1977	枣寨小学
5	彭万里	民师	男	1961	1979	土岗小学
6	陈启德	民师	男	1961	1980	雷山小学
7	张文斌	民师	男	1962	1980	新寨小学
8	黄宝兰	民师	女	1961	1978	庙头小学
9	张报国	民师	男	1963	1979	新寨小学

第一节 童年生活与基础教育

民办教师群体的童年生活与中小学教育经历恰好在“文化大革命”时期，他们的童年生活物质短缺、家庭贫穷。民办教师群体在“文化大革命”期间接受了快速普及的基础教育，但受师资短缺等因素的影响，他们学习到的知识相对较少、底子明显薄弱。高中毕业后，他们大多通过生产大队推荐的方式开启了民办教师的职业生涯。

一、贫瘠的童年与普及但质量不高的基础教育

彭万里老师1961年出生在豫南镇九江村，家里有五个兄弟姐妹，他排行老大。彭老师小的时候，家庭经济条件很差，“经常揭不开锅”。父母都在家务农，没有稳定的经济收入，还要抚养他们兄弟姐妹五人。虽然家里经济条件不好，甚至连基本的温饱都解决不了，彭老师却觉得小时候过得很开心。由于城乡户籍制度的严格限制，“不让随便进城，都在农村待着”，彭老师在童年时期从未出过豫南镇，与父母、祖辈都生活在同一个地理区域内，形成了“大家庭聚居”的生活模式。

彭老师是1967—1978年在豫南镇接受的中小学教育，恰好与“文化大革命”时期有所重合。“文化大革命”对于农村教育的影响很大，受快速普及教育政策的影响，彭老师和其他同龄人都能够有机会接受中小学教育。但这一时期学制、学习内容、师资水平等方面的变化致使彭老师在基础教育阶段学习到的知识相对较少，底子明显薄弱。

受基础教育普及的影响，这一时期的农村中小学校规模不断扩大，学生数量与日俱增，不少地方出现了“上小学不出村，上初中不出队，上高中不出社”的现象，很多小学附设初中班，原有的农业中学、职业中学、半工

（农）半读技术学校几乎都变成了普通中学，每个公社都办起了高中。[①]“文化大革命”时期的豫南镇，每个村庄都办有小学，甚至有很多村级小学办“戴帽初中”，豫南公社就办有一所豫南高中。这样，彭老师“足不出镇”，短时间内就接受并完成了中小学教育。

学制方面，受当时“学制要缩短，教育要革命”指导方针和农村教育普及的影响，彭老师在九年之内迅速完成了小学、初中和高中阶段的学习任务（小学五年、初中和高中各两年）。而且这一时期的学生不用参加考试，一般通过推荐的形式完成升学。彭万里老师谈道，“我是 1967 年在我们九江村上的小学。我们九江小学只有 1 ～ 4 年级，是复式教学，老师也是老民师（民办教师）。在九江小学读了 4 年后，到了双沟中学继续读五年级，那时候双沟中学还有小学。后来直接在双沟中学读了两年初中。初中升高中时，我们都没有参加中招考试，就是推荐（上高中）。村里让你上什么，你就上什么，那时候高中有人医[②]班、兽医班，还有农业班。我上的高中叫普通班，像人医班、兽医班、农业班都属于专业班。普通班是两年，专业班是一年，都设在豫南高中”。

学习时间方面，彭老师上学时虽然学到了一些科学文化知识，但都是半天学习半天劳动，无法保障学习时间。学习内容方面，不仅要学习语文、数学等基础学科知识，还要学习、背诵毛主席语录，而且老师基本不布置作业，学生没有学业负担，学习很轻松。正如彭老师所言，“我们用的教材就是语文、数学，教材是上了半个学期的课才发下来的。没有教材的时候，就跟着老师学背毛主席语录。上学都是搞一些活动，耽误了学习。老师上课少，那时候没学多少东西。小学很少考试，那时候半天学习半天劳动，（到了）五年级就在外面支援农业，给人家打土、打草、种水

① 毛礼锐，沈灌群 . 中国教育通史：第六卷［M］. 济南：山东教育出版社，1989：213-214.

② 人医指给人看病的医生。

稻。所以基本上没学到什么东西”。

师资水平方面，这一时期，高等师范教育、中等师范教育相继停办，合格师资的来源被中断。在“人民教育集体办”的环境中，为了快速促进教育普及，国家把教师招聘的权力下移至生产大队和公社。生产大队从社会上招收高中或初中学历的民办教师到乡村小学任教，直接导致这一时期接受中小学教育的农村青少年在基础知识掌握方面参差不齐。彭老师在1978年参加高考时，考了100多分，与大学失之交臂。彭老师将高考失利的原因归结于中小学教育基础不扎实，“我们基础差，那时候没有考上学就是这个原因。我高考就考了100多分，那时候200分以上才可以上大学”。

1957年出生的高建民老师，是在1967—1974年期间接受的小学和初中教育，正值“文化大革命”时期。“‘文化大革命’开始的时候，我还是小孩，八九岁。那时候学毛主席语录、‘老三篇’，也有课本。开始有英语，但英语课本比较薄。有数学、语文、政治课本。教的内容不多，语文讲一些文章，数学讲了一部分，有时候老师也根据情况补充一两把内容。”

到了高中以后，“文化大革命”对高老师的教育经历产生了非常深刻的影响，主要表现为劳动时间挤占文化课学习时间，以致“高中两年没学到什么东西”。高建民老师在1974—1976年读的高中，上课时间大多被劳动实践所占据，经常扛着锄头和铁锨到茶山挖茶沟、种茶树，有的老师还带着他们去田间地头做土地测量。“高中两年没学到什么东西。有课本，也学内容。但是劳动课比较多。豫南有一块茶山，就在土庙村前面，学生每个星期带锄头、铁锨过来，一挖就是一个星期、几个下午，或者几天，影响学习。有时候没课本，老师带你到田地里去实践，上实践课，到前面地头搞测量。”

总之，绝大部分民办教师是在“文化大革命”期间接受的中小学教育，这一时期农村教育发展的特点是“普及但质量不高”。农村教育事业基本处于稳步、有序发展阶段，伴随着各项教育政策的实行和扫盲运动的开展，这一时期基础教育普及率逐渐提高，青壮年文盲率也在迅速下降。得益于扫盲教育和教育普及，这一时期的农村学生只要有求学意愿，且符合推荐上学的条件，基本能被推荐升学。因缩短学制、精简课程内容、师资结构不合理，20世纪50年代末至60年代初出生的民办教师虽然能够接受普及教育，但普遍基础知识薄弱。

二、中学毕业被推荐当教师

1978年高考失利后，彭万里在家待业一年。1979年夏季的一天，彭万里正在家里干农活，土岗小学的校长来到家中，问彭万里是否愿意当老师。此前，他已经决定在农村务农一辈子，不承想老校长亲自来家中请他回母校当老师。在彭万里的追问之下，老校长道出实情：土岗小学一位年轻的民办教师得知恢复高考的消息后，辞掉了民办教师的工作，回到豫南高中复读，准备参加高考了，土岗小学就缺了一名教师，这才找到了高中毕业的彭万里回校任教。

彭万里老师：我当代课老师，是我们学校（土岗小学）的校长推荐的，那时候老师不够，差一个老师。因为以前教我们的也是一位民办教师，比较年轻。他听说恢复高考了，就去豫南高中复学（复读）去了，重新参加高考。这样就缺一个老师。校长和大队比较熟，向大队推荐了我，说我比较优秀，高中成绩比较好。那时候高中毕业的比较少，过去的高中毕业生算是很有文化的。那时候村里学生比较多，比较缺老师。缺老师，就直接在村里聘请。那时候村叫大队，我算是大队聘请的。

做民办教师，是当时很多人求而不得的机会。虽然不是国家承认的“干部身份”，但当时整个农村地区都处于温饱线以下，而民办教师不仅有工资拿，还能帮家里挣工分，是很多村民羡慕的对象。为了减轻家庭的经济负担，彭万里接受了校长的邀请，开始了他的村聘教师生涯。

彭万里老师：我当时选择当民办教师的原因之一就是减轻家庭的经济

负担。民办教师可以拿工资，又有工分可以挣，一年有3200个工分。工资的话，（1982年）转为民师之前国家补贴6块，国家整顿民师之后，补贴18块5毛。我们家姊妹五个，我是老大，下面有一个弟弟和三个妹妹。我工作了，一方面可以减轻家庭负担，另一方面也能挣工资供我弟弟上学。我弟弟后来在1992年考上了天津的一所大学，现在在天津做大学老师。如果我当时不当民师，我弟弟可能也没机会读大学了。因为我是老大，要担负家庭责任。

像彭万里老师这样，高中毕业后被推荐做民办教师的还有很多。据彭老师回忆，他高中的同班同学共有40多人，其中有一半做了民办教师。一般情况下，他们是通过熟人推荐做民办教师的。1963年出生的张报国老师同样如此。他于1978年高中毕业后在家里做了一年农活。1979年的一天，生产大队①书记找到他，问他要不要当老师，并表示可以干几年老师后转到大队工作，接大队书记的班。这样，张报国就开始了他漫长的民办教师生涯。张老师做了一年教师后，到了村委会兼任团支书，但由于不喜欢团支书的工作，一年后又回到学校继续做民办教师。

除了熟人介绍，也有民办教师是被“贫下中农毛泽东思想宣传队”的宣传员发现后推荐当老师的。黄宝兰老师就是其中一位。黄宝兰老师1961年出生于豫南镇庙头村，在庙头小学读了五年后，被推荐至双沟中学和豫南高中分别读了两年初中和两年高中。1976年高中毕业后，回到农村务农。1977年和本村的村民结婚并育有一子。1978年夏天，黄宝兰和往常一样，在田间地头背着孩子边唱歌边干农活。这一场景被“贫下中农毛泽东思想宣传队”的两个宣传员看到了。宣传员将她的信息记录在案后，翌日就将其推荐给了庙头生产大队。就这样，黄宝兰于1978年9月回到母校庙头

① 生产大队（简称大队），是指我国人民公社时期农村地区存在的农村基层组织。其前身为“行政村”，1958年实行人民公社制度以后，“村”过渡至大队；人民公社解体以后，恢复到原来“村”的建制。

小学做民办教师。

不管是被亲戚朋友、大队书记推荐，还是被“贫下中农毛泽东思想宣传队”的宣传员发现后举荐，这一时期的民办教师基本上都在“懵懵懂懂”中开始了教师生涯。像彭万里、张报国、黄宝兰三位老师这样在机缘巧合下进入教师行列的现象，在20世纪七八十年代是非常普遍的。这些乡村教师都不是以毛遂自荐的方式进入教师行列，而是由生产大队或村委会推荐。由此可以看到，这一时期民办教师群体进入乡村教师职业行列具有很大的偶然性，但这也是教育规模极速扩张后教师数量短缺带来的必然结果。

作为土生土长的本地人，民办教师群体的家庭居住地点一般临近学校，即“依校而居”，一日三餐往返于家校之间。正如彭万里老师所言，“我都是住在家里，每天早上在家里吃点饭就来学校。中午回家吃，在家里睡会儿，因为我们这边有午休的习惯。到快上课的时候，再从家里来学校，很近的，走路也就5分钟”。

总之，20世纪70年代中后期是我国农村学校教育普及最为广泛的时期，我国用农村集体办学的方式，把教育办在老百姓家门口，乡村学校数、学生人数和教师人数都是历史上最多的。[①] 由此，农村教师的需求量空前增加，由村社、大队推荐聘用本村初中或高中毕业生任教的现象非常普遍。由于这一时期农村的文化人比较少，基本没有什么推荐标准，只要能识文断字就可以当老师。被推荐的代课教师的工资由村社、大队发放。1978年和1982年，国家两次对民办教师进行了治理整顿，将一部分违反国家政策、文化素质较差、考试不合格的民办教师辞退。通过考试的代课教师转为正式的民办教师，但他们还是没有国家承认的“干部身份”。

① 郑新蓉．共和国五代乡村教师代际特征研究［J］．贵州师范大学学报（社会科学版），2016（3）：120–127.

第二节　乡土本色的教师职责与信念

民办教师群体在“文化大革命”时期接受中小学教育，受“学制要缩短，教育要革命”的影响，他们的知识基础不够扎实。大部分民办教师是“稀里糊涂”进入教师职业行列的。在求学期间，他们没有接受过系统的师范教育训练，教育理念落后，因此在刚入职时并不知道怎么教学生。在参加工作的前几年，由于教学技能的缺乏和教育理念的落后而吃尽了苦头，只能“比着葫芦画瓢”，模仿教过他们的老师的教学方法，在探索中积累教学经验。直到国家要求学历不达标的乡村教师进行学历进修、提高教师素养时，民办教师才获得了进修学习的机会，得以系统地学习教材、教法和教育理念。

作为土生土长的本地人，民办教师群体践行着乡村教师的职责。他们不仅以乡村社会知识精英的身份承担着化民成俗的国家意志、教化乡村儿童的责任，而且也是乡村秩序与习俗的维系者与传承者，甚至扮演着乡村文化生活的组织者和建设者的角色。

教学方法上，民办教师群体用最严格的方式——拿着教鞭督促学生，让学生好好学习。虽然这种方法看起来欠缺科学、民主，但民办教师得到了学生和村民的尊重，因为民办教师并不是真的“打骂”学生，而是为了鞭策学生好好学习。随着教育改革的深入与科学教育观念的普及，他们的这种教育方法逐渐被淘汰。

一、从补齐学历到教育理念的转变

1978 年，受“文化大革命”的影响，信阳地区出现了“民办教师多、学历达标少、教师素质差”的现象。全地区中小学教师 6.5 万人，民办教师 5.4 万人，占 83%，小学民办教师占民办教师总数的 90%。学历达标的教师占教师总数的比例，高中为 31%，初中只有 1.8%，小学不足 20%。教学有困难的教师多，能胜任教学的教师少。[①] 在 20 世纪七八十年代的豫南镇，也存在同样的情况。

为改善教师队伍结构，提高教师素质，从 1978 年开始，信阳地区采取三级函授、三级短期培训、三级定点备课的教师培训模式，对中小学教师进行培训，以促进教师学历达标，提高教师知识水平和业务能力。其中三级函授是针对中小学教师尤其是民办教师学历不达标的问题开展的教师培训，没有达标的小学教师到所在县市教师进修学校进修。[②] 豫南镇的很多民办教师是在 W 县教师进修学校参加中师教育函授班时，才正式接触科学的教学方法，知道什么是教育学、心理学。

彭万里刚刚当上老师的头几年时间，吃尽了师范素养不足的苦头。由于没有上过师范学校，彭老师对教育学、心理学知识一无所知，更没有学过教学法，面对教室里的学生时常不知所措。民办教师大都是生产大队聘用的，没有"入职培训"，更没有"传帮带"制度帮助他们成长。作为新手教师，他们只能在"摸爬滚打"中探索如何当老师。直到 1985 年，彭老师参加了 W 县教师进修学校在豫南镇教育辅导站开办的中等师范教育函授班，才正式接触教育学、心理学，以及科学的教育理念和方法，获得了中师学历。在教育辅导站进修后，彭老师不仅基础知识得到了巩固，而且教育教学工作也开始科学化。

彭万里老师：刚刚当老师的时候，基本上没什么培训。后来我在教育辅导站上中师班，进修中师。进修时不是上夜校，是不脱产的，靠双休日。周日上一天，上了三四年，毕业考试 60 分合格，1985 年拿到学历证。上的课有语文、数学、政治、自然、心理学、教育学，那时候年轻，想多学点东西。培训之后，教育方法有了改进，很好地巩固了基础知识。培训

① 信阳市地方史志编纂委员会 . 信阳市志：第 4 卷［M］. 郑州：中州古籍出版社，2014：1977.

② 信阳市地方史志编纂委员会 . 信阳市志：第 4 卷［M］. 郑州：中州古籍出版社，2014：1977–1978.

后才系统地知道教育学，培训之前都是按照自己的经验教。

前文提到的张报国老师，于1979年从豫南高中毕业后回到自己的母校新寨小学任教。他坦言自己当时没有接受过师范教育的训练，到新寨小学任教后，一直是在摸索中教学的，“自己想怎么教就怎么教”。1982—1987年，张老师参加了W县教师进修学校在豫南镇教育辅导站开办的中等师范教育的函授班，学完了教学计划规定的全部课程后，才知道什么是教育学和心理学。正如张老师所言，“那时候，刚刚结束学业，还是个学生娃，什么都不懂，也没学过怎么当老师，就比着葫芦画瓢。（我的）老师怎么教我，我就怎么教学生。我的这个教鞭用了十几年了，中间孩子们顽皮，给我弄坏过一根。到了1982年，我参加了豫南教辅站的函授班，周末去学，平时上课，学了教育学、心理学，才知道怎么教学生才是科学的”。

二、踏实地践行乡村教师的职责

与乡村社会有着密切联系的民办教师群体，本分地践行着乡村教师的职责，即扮演着国家意志的传递者、乡村秩序与习俗的维系者与传承者，同时扮演着乡村儿童的教育者，用最严格的方式鞭策学生学习，帮助农村儿童实现大学梦。

（一）扮演国家意志的传递者、乡村秩序与习俗的维系者与传承者

来自乡土、扎根乡土的民办教师群体，是最具乡土气息的一代乡村教师。作为土生土长的本地人，与乡土社会有着千丝万缕的联系。大半辈子都生活在计划经济体制中的他们，一直过着小农经济般自给自足的生活，一直用自己的行动践行着他们所秉持的“乡村教育功能共同体”的教育信念。

一直以来，乡村教师在乡村社会中有着比较高的社会地位。对于民办教师而言，更是如此。他们是土生土长的本地人，与乡土社会之间有着亲密的互动关系，与村民的关系更多的是以血缘和地缘为基础的联结。作为乡村社会中的知识精英和文化传播者，他们受到了村民的尊重，经常参与

乡土社会的公共生活，尤其是被邀请主持红白喜事、代写书信、主持乡村的公共事务。

付子强老师，1957年出生在豫南镇春榜村，1974年高中毕业后在家务农。1977年冬天，春榜小学的一名民办教师考上了大学，付子强老师就被大队书记推荐到春榜小学做民办教师。付老师在春榜村工作了40年，2017年（60岁时）退休。作为春榜村的文化人，付老师经常被村民请到家中写春联、书信。他回忆道："每年的腊月，村民都会让我去写春联。那时候都是用手写的，不像现在可以买春联。写完春联后，这家主人还会热情地给我做一碗热腾腾的挂面。那时候，一碗挂面是何等好的待遇呀！"不仅如此，付老师还会唱信阳市独具特色的"撒床词"[①]，常作为"知客"[②]受邀到新人家中主持婚礼——一般只有德高望重之人才能担当此任务。

除了被请去写春联和书信、做"知客"，民办教师还经常被村民请到家里吃饭。刘贤江老师，1983年出生在春榜村，1990—1996年期间在春榜小学读的书，付子强老师教了刘贤江五年时间。刘贤江读小学期间，春榜小学有六七个老师，都是民办教师，都教得很好，很负责，也很严厉。因为都是本村人，老师和家长都认识。家长对孩子上学非常重视，虽然家长一个字不认识，但是对老师非常尊重。曾受教于民办教师的刘贤江老师回忆道，"在春榜小学上学时，想请老师吃饭都要排队，因为村民都争着抢着请老师吃饭"。

高建民老师在九江小学做民办教师时，经常和同事去家访。为了不在学生家中吃饭，高老师和同事经常一大早吃完饭就去家访，一般和家长

① 撒床词：豫南人爱唱山歌小调，结婚时也是如此。从彩轿进门到入洞房，都有连续不断的唱赞活动。唱词七言四句或八句，内容多为表达对新婚者的祝愿和赞美。撒者手端盘子，盘内盛花生、棉籽、萝卜、糖果等，边撒边唱，烘托气氛。

② 知客，即宴请的主持人，负责宾客接待以及安排宴席的座次等，还要在宴请前后致辞。有的地方也叫"问事儿的"。

聊半个小时学生在学校的表现情况。家访结束后，距午饭时间还长，家长如果盛情邀请高老师和同事留下吃饭，想走都走不了，就留下来继续交流学生的学习成绩，辅导学生直到中午。家长请吃饭也非常简单，20 世纪七八十年代农村家庭经济条件都不太好，一般就煎个鸡蛋、煎个馍馍。高老师说，“我当民师时，和村里的关系还可以。那时候经常家访，两个老师一起去家访，家长就让（我们）留下来吃饭。那时候家家户户也没什么菜，哪怕煎个鸡蛋、煎个馍馍，也叫你留下吃饭，对老师确实尊重”。

可以看到，作为土生土长的民办教师，与乡土社会有着亲密的互动关系。通过家访、参加或组织乡村社会的婚丧嫁娶等公共活动的方式，乡村教师建立了乡村教育与乡村社会之间密不可分的联系。一方面，乡村教师通过参加乡村公共事务，使自己逐渐成为乡村教育与乡村社会之间的联结者，增进互信互助，使家校关系比较融洽。另一方面，乡村教师通过自己的言行举止，在乡村社会中化民成俗，促进乡村社会发展与建设。

（二）用最严格的方式鞭策学生，扮演乡村儿童的教育者

笔者在豫南镇调研时发现，大部分乡村学校中最严厉的一代乡村教师，就是民办教师转正的乡村教师，这些教师很多时候都是在学校中扮演“黑脸”的角色。民办教师是乡村学生最“害怕”的教师。之所以出现这样的现象，是因为民办教师群体一直是在用最严格的方式——拿着教鞭，督促学生好好学习。虽然这种方式看起来不科学，但民办教师依旧得到了学生和村民的尊重，因为他们只是通过这种方式激励、鞭策学生好好学习。民办教师这样的教学行为，源于他们在乡土生活中习得的社会经验，即“棍棒之下出孝子”“棍棒之下出人才”。

豫南镇的几位民办教师在回忆几十年的教育教学生涯时，不约而同地讲到了用教鞭上课的情景，家长非常支持乡村教师在学校严格要求孩子，认为这是对学生负责的表现。乡村教师拿着教鞭管教孩子的行为，一方面说明乡村教师的教学方法、教学技能比较传统、刻板；另一方面，这种行

为得到家长的认可，说明家长对乡村学校、乡村教师比较信任，也坚信“棍棒之下出孝子”“棍棒之下出人才”。

彭万里老师刚刚参加工作时，管理学生比较严格，对于“不听话”的学生就严格规训、教导。这种管教方式丝毫不影响家长和学校、乡村教师的关系，反而得到了家长的普遍支持。在刚刚恢复高考制度时，农村家长都希望自己的孩子能通过高考走出农村，所以，绝大部分农村家长都希望乡村教师更加严格地管教孩子。彭老师说，“那时候我们年轻，有时候我们也治（管教），叫学生上来站‘立正’，管得比较严。打，学生不敢僵着，家长也支持，还经常请老师去家里吃饭。那时候才刚刚恢复高考，老师地位也高些，家长重视教育，都巴不得自己的娃能考学，将来能出人头地，所以家长重视老师”。

可以看到，缺乏系统师范教育的民办教师，教学方法源于他们求学时的受教育经历和社会经验。他们的老师就是通过使用教鞭、呵斥等方式督促他们学习的。所以，很多民办教师信奉的教育理念是“棍棒之下出人才”，对乡村学生的教育非常严厉。

三、面对信息化技术的挑战

在豫南镇，很多民办教师教书育人几十年，不但受到了家长和学生的广泛尊重，而且获得了教育部门颁发的多项奖励，对乡村教育事业做出了突出贡献。但随着年龄的增长，在几十年繁重而辛劳的教学工作中，身体备受疾病的困扰。如很多老师患有不同程度的咽喉炎、腿部静脉曲张、颈椎病、腰椎病等疾病，他们已经很难适应教育信息化对乡村教师的要求。同时，受到传统教育观念的影响，很多民办教师已经习惯了灌输式的传统教学方法，更新教育理念着实困难，难以适应教育改革的要求。

在田野调查中，豫南镇绝大部分民办教师的上课方式依然是板书，基本不用多媒体进行教学。由于视力不好等身体原因和不会操作电脑等技术困扰，民办教师基本不用计算机办公、学习。

新寨小学共有 11 位教师，其中 4 位教师为民办转公办的教师，分别是赵登庆、张文斌、张报国、王晓燕老师，平均年龄 56 岁，年龄最大的是赵登庆老师。四位民办教师从教三四十年时间，落下了很多的病痛，随着年龄的增长，普遍出现老花眼的症状，看不清书本上的文字，计算机更是从来不用。

除了跟不上教育信息化的发展步伐和要求，民办教师在教育理念的更新方面也处于相对落伍状态，依然沿用着多年来的教学方法。在笔者田野调查的当时，赵登庆老师在新寨小学已经任教 39 年，再过几个月就要退休了。教了将近 40 年的书，教材内容早已经烂熟于心。赵老师平时上课基本不看教材，一般是左手拿教鞭，右手拿粉笔完成每节课的教学任务。如果学生交头接耳、不认真听课，赵老师就会用教鞭在讲桌上敲打几下，训斥学生几句后，继续拿着粉笔授课。但常常还没等赵老师讲两句，下面的学生又开始不听课、随意说话了。赵老师说，“不像年轻的时候，学生不听课，我还大声地骂两句。现在我都 60 岁了，身体不行了，嗓子也有毛病，喊不动了。他们说话，我就用教鞭敲（课桌）几下，就好了”。可以看到，赵老师依然是靠用教鞭威慑学生的方式授课，但随着赵老师年龄的增加，学生主体意识的提高，这种课堂威慑力已经不复存在，教学效果也大不如前。

第三节　婚姻与家庭

那时候的民办教师好多是光棍。找不到对象的（老师），都来赛山找（农民）了。

——赛山小学民办教师访谈

民办教师群体的家庭多为“一头沉”家庭，即夫妻双方一方为教师，一方为农民，且多为经熟人或媒人介绍成婚。之所以出现这样的婚姻缔结方式与家庭结构，是因为民办教师群体在转为公办教师之前的收入不稳定，“亦师亦农”的身份与转为公办教师的不确定性都加剧了民办教师群体的择偶困难。“一头沉”的家庭结构及“同工不同酬”的经济待遇，使得民办教师一直过着比较拮据的生活，直到转为公办教师后生活才有所好转。

一、择偶困难

（一）收入不高且不稳定，是民办教师不好找对象的主要原因

高建民老师，出生在豫南街道，他的户籍身份是非农业，没有田地可以耕种。高老师上学时，母亲待业在家，父亲以做蔬菜批发生意维持家庭生计，家中还有一个兄弟也在上学，给家庭带来了不小的经济负担。1968年高建民全家被下放到农村后，都转为农业户口，家里有了一亩多的田地可以耕种。1976年在民兵营营长的推荐下，高建民当上了凉亭小学的民办教师。1978年下放人员回流时，高老师的户籍从农业转回了非农业，作为家庭经济主要来源的农田被收回，一家人的生活再次陷入了拮据。

1978年，高建民老师被调到了街道上的豫南第一完全小学，但依然是民办教师。在街道小学工作的民办教师的工资要比在村级小学工作的民办教师高一些，一个月能发15元，但并非按月发放，很多时候是一年发一次。

高建民老师：回到街道来，我还是个民师，街道的民师比农村的民师补贴高一些，一个月15元，农村的民师一个月也就10块左右。有时候一年给一次。

“旱涝不保收”的民办教师职业，给高建民老师带来了不小的经济压

力，以致工作几年之后，他还要依靠在粮管所[①]工作的哥哥接济过活。高老师说，“我们家的经济来源就我自己，生活比较艰苦，吃的也比较简单。工资一个月15块钱，还不按时发，我还没田地。我哥当兵回来，1976年分到粮管所工作，那时候粮管所是好单位，收公粮。我们还没分家的时候，他就补贴给我点”。

（二）转为公办教师的不确定性加剧了民办教师的择偶困难

虽然有转正的机会，但民办教师要经过严格的选拔考试，才有可能转成公办教师。1977年，W县共有5646名民办教师，1984年以来，经过严格的资格审查和文化考核，W县先后有2896名民办教师转为公办教师[②]，其他民办教师分别在1978年和1982年两次整顿教师队伍时被辞退。彭宇老师回忆道，“我们那时候转正考试，要求可高了，转正相当难。我连续考了三次才考上的。很多民办教师是没有转正的，没有转正的要么回家务农，要么外出打工”。

这些社会地位高但经济收入低，且没有身份保障的乡村教师在婚恋市场上大都处于被动的地位，鲜有公职人员愿意嫁给民办教师。

在民办教师中，像高建民老师这样没有责任田的是很少的。所以，有类似高建民的情况的老师在民办教师群体中是最难找对象的一类。最后，在亲戚的多次牵线介绍下，高老师终于在1982年（24岁的时候）结婚了。和其他大部分民办教师的配偶一样，高老师的爱人也是本地农民。

高建民老师：粮管所、供销社，那时候是最好的单位。我哥（在粮管所工作）比我好找对象，一介绍一个准。老师（民办教师）的工资低，能

① 粮管所是地方人民政府粮食职能部门设立在农村人民公社、乡、镇等基层的一种收购公粮、统购粮，并供应给该地区居民粮食及油料等物资的综合机构。

② 1984年，127名35岁以下、具有10年以上教龄的优秀民办教师转为公办教师；1988—1999年，经过考试录取、学习培训，共录用了1343名民办教师为公办教师；1992—2000年，共有1426名民办教师经过考试、量化计分、考核直接录用为公办教师。

不能转正还不一定。那时候，民办教师的配偶大部分是农村的，也有一部分家庭条件好一点的（民办教师）找了有工作的，但少。

二、婚姻关系缔结

（一）鉴于狭窄的交往范围，只能通过介绍成婚

在计划经济时代，国家有严格的城乡户籍制度，使得乡村教师很难走出本乡镇，只能在相对封闭且传统的乡村社会中生活。通过亲戚朋友的介绍，他们与同乡的农民相识并缔结婚姻，择偶范围一般仅限于本村庄或本乡镇。

新中国成立以后的相当长时期里，相对封闭的人口政策致使城乡居民双向流动的机会较少。以民办教师为主体的乡村教师，除了偶尔到县城开会跑趟远门之外，和日出而作、日落而息，成年累月守着几块黄土地的农民一样，几乎是足不出户。[1]“亦师亦农”的他们，除了教书就是干农活，没有时间接触学校和田地以外的人，交际范围很窄。

乡土社会是个男女有别的社会[2]，在计划经济时期，“男女授受不亲”的传统思想影响尤甚。此种环境中，青年男女的恋爱和婚姻缔结受到限制。通常情况下，婚姻的缔结需要男女双方以外的亲戚或媒人从中撮合。

同时，20 世纪五六十年代的农村地区，受到家庭经济情况的制约和重男轻女思想的束缚，适龄儿童中入学的男孩多于女孩。随着年级的升高，农村女童的辍学率逐渐上升，回家务农的人数增多，到了高中阶段更是如此。所以，这一时期农村的青年中，有正式工作的适龄女性非常少，民办教师群体更是以男性为主。正如高建民老师所言，“当（民办）老师的男的多一些。因为‘重男轻女’的观念，家里不让女孩上学。1978 年，我

① 王献玲 . 中国民办教师始末［M］. 北京：知识产权出版社，2007：173-174.

② 费孝通 . 乡土中国［M］. 北京：北京出版社，2005：65.

们高中班一共有50多人，只有8个女生。（50多人中）有百分之五六十当民师了”。

在这样的性别生态中，乡村男教师大多通过亲戚或媒人介绍的方式，与没有正式工作、在家务农的农村女性结婚，就出现了我们所称的“一头沉”家庭结构。

以新寨小学为例，该校共有11名教师，其中4名民办转公办的教师，他们的配偶都是没有工作的当地农民。

土岗小学的彭万里老师与其爱人也是经人介绍认识的，其爱人是隔壁县城的农民，和彭老师所在县只有一河之隔，离得比较近。和高建民老师一样，彭老师也是属于“一头沉”家庭，爱人一直没有正式工作，在家务农。彭万里老师回忆道，“那时民师的配偶大部分都是农民。我之所以1984年（23岁）才结婚，就是因为当时没有人（有工作的女性）能看得上我，最后家里催得没办法了，经人介绍，找了我的爱人。那时（民办）老师有个一两千块钱就很不错了，那都是高工资了。所以，民办教师在农民中找对象很好找”。

（二）简单化的成婚过程

经亲戚或媒人介绍后，民办教师就进入了成婚的阶段。20世纪70年代，豫南镇的婚嫁习俗是男方要给女方买当时流行的“三转一提”，即自行车、缝纫机、手表、手提录音机。到了20世纪80年代，流行“三大件”，即电视机、冰箱、洗衣机。不管是“三转一提”还是“三大件”，来自农村家庭的民办教师都负担不起。但民办教师的爱人一般不会因此而拒绝婚事，因为夫妻二人都来自农村，且彼此知根知底。民办教师的婚礼大多办得简单。

1982年，高建民老师和来自农村的爱人结婚时，只买了几块布料送给她。结婚后经济条件稍微好些了，高老师才买了一台缝纫机。由于经济条件实在太差，高老师结婚当天连喜宴都没有办。高老师说，“我1982年结婚，也没请客。我爱人是农村的，没有工作。我结婚简单，就买点响（鞭炮），扯三四尺布，扯的布还没做，把布料给她，她自己去做。那时候也没什么要求，自行车、收音机都没有。结婚后，我才买了缝纫机”。

彭万里老师结婚时也比较简单。20 世纪 80 年代初，需要经过生产大队批准、公社登记后才能结婚。彭老师和爱人在办理好结婚登记后，买了几斤猪肉和馍馍（馒头），带了两套新娘穿的新衣服，就到女方家把爱人娶回了家。那个时候，家庭条件好一些的，可以给女方买手表、收音机、自行车。如果男方家里没钱，女方也不会强求。女方的嫁妆也比较简单，彭老师结婚时，爱人从娘家带了一个柜子、一个箱子和一张小书桌作为嫁妆。

彭万里老师：1984 年，那时候登记要开证明，不开证明不行。婚礼比较简单，弄点馍馍弄点肉，给女方买两套衣服就行了。你要有（钱），就给女方买块手表，那时候还是比较俭朴的，经济没有现在这样富裕。女方嫁妆也比较简单，一个柜子、架子、箱子或者小书桌。

三、拮据的生活

民办教师自任教开始，就具有双重身份：既是教师，也是农民。有人形象地称之为“教书的农民”或“耕地的教师”[①]。新寨小学的赵登庆老师在下午放学之后，还要赶回家中收萝卜，以免晚上霜冻后萝卜被冻坏。张文斌老师在教书之余，还承担着全校的体力劳动，如修葺房屋、修剪花草等。张老师的爱人也是没有工作的农民，被聘到学校的食堂给学生们做营养餐。

民办教师是以农民身份履行教师职责的人，他们在村里也有自己的责任田，经常要“亦师亦农”地生活。20 世纪 80 年代以前，民办教师的报酬来源较为稳定，通过记工分、分口粮的方式获得，且不用干农活，此外

① 王献玲．中国民办教师始末［M］．北京：知识产权出版社，2007：174.

还有一部分乡镇政府的补贴。但实行家庭联产承包责任制后，乡村教师的报酬不再依据工分制发放，乡村教师的收入来源就开始不稳定了。

民办教师的入职方式大多是由亲戚朋友或生产大队推荐，推荐的标准是“有知识、有学历的文化人”。在20世纪六七十年代，教师是相对比较受尊重且有稳定收入来源的职业。与公办教师不同，作为兼具农民和教师双重身份的民办教师，除了有固定的工资收入，还有工分可以拿。而且国家每年都会进行民办教师转正的考试与选拔，民办教师是有可能转为公办教师，从而成为国家正式的干部的。所以，这个时期的民办教师，具有一定的优越感。正如彭万里老师所言，“那时候还比较想当民师，因为民师比较固定，有工资，不用操心，干的比较单一。再者，民师有可能可以转正，有盼头。那时候，老师顶一个半劳动力，当民师还是比较吃香的”。

但到了1978年，实行家庭联产承包责任制以后，家庭不再依靠工分而分得口粮了，开始耕种自家的“一亩三分地”获得收入。由此，民办教师的工资收入不再稳定如初。为了维持生计，作为家庭主要劳动力的民办教师，要承担起耕种责任田的工作。“在校校长要质量，在家老婆要产量”的工作与生活日常，使得民办教师往往顾此失彼。倘若把更多的精力放在种地上，就很难集中精力从事教学工作。不少民办教师常年在家庭与学校间两头跑，身体素质明显下降。在取消农业税之前，民办教师还要同农民一起被征收各种税费、附加费，这使得本就拮据的家庭生活更加难以为继。包产到户之前，彭万里老师既有工资又有工分，家庭经济还算宽裕。但包产到户后，他的生活就开始拮据了，什么事情都要自己来，既要教学又要耕地。

彭万里老师：1978年之后，分田到户了。每家每户都要承包责任田，不再吃大锅饭了。我们民办教师的苦也来了，因为没有工分了，吃不上公家饭了，只能靠自己种地。没有转正之前，那段时间是最艰苦的，工资很低。包产到户后，国家每个月补18块5毛，再加上乡里统筹一部分，一年就是1000多块钱的工资。我们信阳这边是大别山区，没有平原，能用的耕地很少。包产到户后，我一个人就只有7分田，一家人有2亩多，收成不够吃的。只靠工资肯定不够花，幸好自己还有点责任田，还可以自己搞点养殖业，养鸡、养猪。那时候我们（民办教师）都要一边当老师，一边承包责任田，得养家糊口，非常辛苦。平时该上课就上课，农忙的时候，早晚都在家干，种地、栽秧……星期天再搞点养殖。

由于身份的特殊性，民办教师的待遇问题长期得不到妥善解决，经常与公办教师同工不同酬，缺乏基本的社会保障。在同一所学校，民办教师与公办教师承担着相当的教学工作，但经济待遇相差悬殊。据统计，至1995年底，全国中小学公办教师人均月工资约为380元，而民办教师人均月工资超过300元的省份屈指可数。在一些省份，大量的民办教师人均月工资尚不足100元。[①] 这让原本被劳作和教学搞得身心疲惫的民办教师教学的积极性更受挫。彭万里老师说，"（我们）比正式老师待遇差，正式老师一个月200多元，我们一个月100多元，其中国家补助18块5毛，其他的都是村里给的。民办教师工资和公办教师差100多块钱一个月"。

第四节　日常开支与家庭责任

"亦师亦农"的民办教师承袭着乡土社会的行为准则与价值观念，养育子女方面包括将子女养大成人、为子女完成婚嫁、为子女偿还贷款、代子女养育孩子等，而民办教师的日常开支也主要用于以上名目。作为土生土长的本地人，民办教师的社会交往范围较为狭窄，主要在本村庄范围内活动。

① 杨春茂.民办教师与公办教师何以依旧同工不同酬［J］.瞭望新闻周刊，1996（39）：35.

一、主要开支

本章前文提到的彭万里老师育有一儿一女，大女儿在W县的一所私立学校任教；小儿子出生于1987年，已经结婚并有两个女儿，都还不到上学年龄。小儿子和儿媳妇常年在浙江打工，每年只回家一两次，所以养育两个孙女的重担就落在了彭万里老师夫妇身上。彭老师一家的经济来源主要是他的工资收入，养育孙辈给他们夫妇带来了极大的经济负担。为了减轻彭老师的经济压力，彭老师的爱人到土岗小学厨房帮忙“烧火”，每天中午给全校师生做饭。彭老师感叹道，“平时都是两个孙女花钱，都是花我的工资，我也不会跟儿子要（钱）。他给我，我也不要，给了我，到头来还要给他”。

最令彭老师头痛的是儿子的房子问题，儿子现在已经30岁了，到了而立之年，尚未有自己的房子，这让彭老师夫妇伤透了脑筋。为儿子攒钱买房，就成了彭老师当下的头等大事。彭老师希望能在信阳市区买房子，目的是给孙女创造一个更加良好的受教育环境。这无疑给他带来了更大的压力。“我儿子准备这两年在信阳市买房子。作为父母，谁不想让自己的孩子在更好的环境中生活？我也是这样。他打算买一个100多平方米的房子，现在信阳的房价五六千块1平方米，买下来得60多万，先把首付款付了，需要大概20多万。我工作这么多年，手里多少有点（钱），我全部拿出来（给他）。剩下的房贷，我们俩（彭老师和儿子）一起还。”

彭万里老师夫妻二人过惯了省吃俭用的生活，很少花钱。彭万里老师说，“除了日常吃喝、买衣服，其余的就是日常的消费。日常消费也不得了，手机费、电费，都是自己交。我爱人在学校帮忙，一个月就是千把块钱，一年万把块钱，现在家里主要靠我的工资。我儿给我钱，我也不要，要了以后也是给他。每个月3000多块钱，多少能结余点，一年能结余一两万块钱。这就是真真实实的家庭花销”。在农村地区，人情礼节是日常开支的大头。尤其是儿子不在家里，彭老师更是承担起了整个家庭在豫南镇的所有人情往来。“平均每年随礼得几千到万把块钱。我们的礼都比较大，少点的就是200元，多点的，有上千的。大头的花费都是礼，要没有大礼，那些小礼几千块钱就够了。这些都是大头的开支，因为我儿子和女儿都不在家里，平时村里的人情往来都不用他们俩管，都是我和我爱人去。”

彭万里老师的日常开销里，有很大一部分是照看两个孙女，此外还要省吃俭用，攒钱给儿子在信阳市买房，并兼顾乡村人情往来的开销。彭老师践行着乡土社会的行为准则与价值观念。当问及彭老师“给儿子看孩子是不是理所当然”时，彭老师笑着说：“那没办法啊，他们（儿子和儿媳妇）到外面去了，反正看孙女也不耽误工作，谁让我是他爹呢！”

1957年出生的赵登庆老师，豫南镇新寨村人，1978年初中毕业后被生产大队请回母校新寨小学担任民办教师，1996年参加W县组织的民办教师转正考试，转为公办教师。赵老师的家庭是典型的“一头沉”家庭结构，妻子是农民，种着家中一亩多的农田，家中所有的经济开支都依赖赵老师的工资。平时，赵老师穿着朴素，大都穿着一套老式的中山装，很少买衣服。他有一个专门的工资本，记录着参加工作至今的每一笔工资和支出。

表2-2　赵登庆老师月支出明细表

单位：元

类目	房贷、车贷	饮食	物业、水电费	礼金	医药费	交通	服装	话费	共计
金额	1500	600	450	300	300[①]	50	40	25	3265

赵老师有一儿一女，均已成家立业，从事的都是教师职业。赵老师已经贷款给儿子买了一套县城的小区房，自己和妻子在村里住老房子。从表2-2可以看到，赵老师每个月的支出最主要的是和儿子一起偿还房贷和车贷，每个月需要向银行偿还1500元的贷款。其次，每个月的花销还包括

① 2014年赵登庆老师生了一场大病，花费2万元。

家庭饮食600元，替儿子交付物业和水电费450元，礼尚往来的礼金300元，和妻子两个人的医药费300元，每个月去几次县城的交通费50元，服装费40元，话费25元。

可以看到，赵老师每个月的必需消费为1315元（饮食、礼金、医药、交通费、服装费、话费），而替儿子偿还贷款和交付物业、水电费则需要花费1950元，占据月工资3272元[①]的59.60%。当看到赵登庆老师列的支出明细表时，我深表诧异，也很心疼赵老师，但赵老师很乐观地说道，“大家都这样，为人父母的都希望自己的孩子能过好，自己辛苦一点没关系。我平时基本不买衣服，现在穿的这双鞋都已经买来七八年了。我的这套衣服（中山装）也都穿五六年了，没换过”。

赵登庆老师和其他千千万万的中国农民一样，鼓励子女进城买房。有学者称之为“农村家庭支持子女城市化”[②]，而因买房所背负的贷款则由父母和子女一起偿还，目的就是希望自己的子女在城市里有体面的工作，不再过父辈、祖辈那般贫苦的生活。

除了要帮儿子偿还贷款，民办教师还要帮助子女照看孩子。新寨小学的四位民师转正的老师中，赵登庆和张文斌两位老师已经有了孙女，他们经常带着孙女来学校上课，边上课边照看孙女。1962年出生的张文斌老师，1980年成为民办教师，1996年转正为公办教师。和赵登庆老师一样，张老师的家庭结构也是“一头沉”，妻子是当地农民，没有正式工作，在家务农之余，在新寨小学食堂给全校师生做饭。张老师的儿子和儿媳都在豫南镇第二完全小学任教，白天无暇照看孩子，就把照看孩子的任务交给了张老师夫妇。张老师平时生活也是省吃俭用，总是把好吃的、好用的留给孙女，从不吝啬。

① 此为2016年11月份赵登庆老师的到手工资，不含绩效工资。

② 贺雪峰. 农村家庭支持子女城市化［N］. 中国社会科学报，2016-11-02（6）.

可以看到，民办教师除了基本生活消费，几乎没有什么个人消费项目，大部分的开支用来帮子女养育孩子，他们想通过自己的微薄工资和存款帮助子女过上更好的生活。

新中国成立以来，一直到改革开放初期，我国的经济发展处于相对缓慢的阶段，人民群众的生活水平、消费水平普遍不高。尤其是在乡村地区任教的教师，还因为生计利用闲暇从事体力劳动和服务，如干农活、打木器、干小买卖等。经济条件的限制，使得他们不能充分享受现代社会较高层次的精神生活，如旅游、观看较高水平的文体表演、参加各种文化沙龙等。[①]

民办教师是典型的“亦师亦农”身份。作为农民，民办教师过着“日出而作，日入而息。凿井而饮，耕田而食”的生活。作为教师，他们要担负起教书育人的职责。虽然享受着村里发放的薪酬，但我国农村教师的工资水平普遍不高，以致很多农村教师家庭经济状况基本处于“温饱有余、小康不足”的水平。

民办教师不仅要用这些微薄的工资承担起“一头沉”家庭需要的所有经济开销，更要为子孙打算，这使得他们的生活更加拮据。贺雪峰把这种为子女操心的现象称为农村父母需要为子女履行的“文化义务”，即将子女养大成人、为子女完成婚嫁[②]。同样，民办教师也要对子女履行这种文化义务，只不过他们为子女操心的内容并不限于这两类，还包括为子女偿还贷款、代子女养育孩子等。

二、礼尚往来

阎云翔在《礼物的流动——一个中国村庄中的互惠原则与社会网络》中谈到，礼物馈赠是人类社会中最为重要的社会交换方式之一。义务性的

① 郑新蓉．论教师社会地位及法律地位［J］．教育研究与实验，1998（1）：35-40.

② 贺雪峰．农村家庭代际关系的变迁：从“操心”说起［J］．古今农业，2007（4）：1-3.

礼物来往维系、强化并创造了各种社会联结。[①]在乡村社会中，礼物来往最主要的表现形式则是礼尚往来，尤其是礼金的流动。同样，礼金的流动是乡村教师在乡土社会中建设并维系社会关系网络的重要途径，是体现乡村教师社会关系亲疏的重要表现形式。所以，研究乡村教师的礼金流动状况，可以更好地理解和诠释乡村教师的社会交往关系结构的代际差异。需要说明的是，这里讨论的礼金流动主要是以红白事为主的非年节性的仪式性人情，主要包括婚丧嫁娶、考学入伍、建房等事件中的送礼、收礼、吃酒等活动[②]带来的礼金流动。

张报国老师，1963 年出生于新寨村，1979 年高中毕业后，本想参军报效祖国，但在村支部书记的劝说下，留在了新寨小学做民办教师。张老师回忆说，主要是因为当时民办教师在村里、乡里都有地位，除了每月 18.5 元的工资，还有工分。做民办教师，是这一时期很多青年比较理想的职业选择。

张老师与当地一位农村女性结婚后，组建了典型的“一头沉”家庭。婚后育有一女一儿，大女儿已经结婚并在隔壁县城任教，小儿子大学毕业后在重庆工作。妻子由于没有正式工作，就去了深圳打工。张报国老师基本上一个人在家里生活。

作为本地人的张报国老师与村里人的关系非常融洽。笔者第一次去新寨小学的时候，校长陈朝林说他擅长社交，社会活动比较多。居住在新寨小学的一个多月，笔者对村委会、村民、离退休老教师的访谈，都是张老师帮忙联系的。在新寨村这一相对封闭的社会活动空间里，村民交往的对象就是村里村外的这些人，基本上是“抬头不见低头见”，大家相互熟识。“张”姓在新寨村是大姓，很多村民与张老师是亲友。在这样亲密的关系

① 阎云翔．礼物的流动：一个中国村庄中的互惠原则与社会网络［M］．李放春，刘瑜，译．上海：上海人民出版社，2000.

② 贺雪峰．论熟人社会的人情［J］．南京师大学报（社会科学版），2011（4）：20-27.

网络中，张老师经常作为“知客”主持、出席各种红白喜事活动，向亲戚邻里送的礼金不管是频次还是金额都不少。张老师算了一笔细账，填写了每个月收入和支出明细表，每个月在人情礼节方面至少有1500元开支；在礼金往来范围方面，主要集中在豫南镇，尤其是新寨村。

张报国老师：日常饮食500块钱，抽烟800块钱，有时候还不够；服装100元，很少；化妆品没有；宽带费50元；移动通信费150元；交通费80元；子女教育费没有；车贷、房贷没有；礼金有时候有，有时候没有，平均算下来每个月至少1500元；医疗费忽略不计，我有医疗卡；电费一个月100元，水费20元；其他的，如修车费等，100元。这样算下来，每个月我都“财政赤字”，每个月都不够花。我自己养活不了自己。这还不算请客，来客人、过年、亲朋好友在一起聚聚，一年下来得一万多。

新寨小学的赵登庆和张文斌老师也是民办转公办的教师。两位老师不像张报国老师那般健谈，虽然也参与村庄的公共事务，但不像张报国老师那般频繁。所以赵登庆和张文斌老师的礼尚往来情况，更能代表普遍的民办教师群体的社会交往特征。两位填写每个月的礼金都是几百元（见表2-3），在问及两位老师礼金流动方向时，两位老师都表示，都是本村的亲戚朋友，一般都是每个人200块钱的礼金，基本没有村外的人情关系。

表2-3　新寨小学几位民办教师的月礼金情况表

姓名	张报国	张文斌	赵登庆	王晓燕
月礼金	1500元	500元	300元	500元

王晓燕老师平均每个月的礼金开支也是500元左右，包括红白喜事、庆祝生日和乔迁宴请等方面的礼金。但每个月的随礼金额是不一样的，有的月份人情往来多，随礼的次数就多一些。正如高建民老师所言，“每个月的开支，都用于日常生活，还有人情礼节。亲戚朋友都在附近，打招呼

就去，礼有两把[①]。随礼，看事儿多少。9月份，有老人过寿的、娶媳妇的、生孩子的、搬家的，送了五六份礼。我的份子礼都小，就二百”。

对民办教师的随礼人群进行分析后发现，民办教师一般是为父母的白事和孩子的喜事“还礼”。所谓还礼，就是民办教师的父母一般已经过世，在为父母办白事时，亲朋好友都来随了礼。当这些亲朋好友为其父母办白事时，民办教师再进行“还礼”。五六十岁的民办教师的子女一般都已经成家立业、结婚生子。当为子女随礼的亲戚朋友办喜事时，民办教师也要进行“还礼”。

虽然民办教师需要还礼的地方很多，但每次随礼的钱数并不是太多。高建民老师说，“我父母过世的时候，好多亲戚朋友都随礼了，这几年白事的随礼主要是还父母过世时的礼。此外，我的儿子、女儿都结婚了，也有孩子了，当时办婚礼、孙子周岁，我们都办酒席了，邻居们也都随礼了。现在他们（儿子、女儿）都不在家，我也要还（礼）”。

第五节　文化娱乐生活

文化娱乐生活是乡村教师的日常生活内容，尤其是精神文化生活的重要组成部分。一定时期的文化生活的产生是一个比较复杂的社会过程，受到各方面因素的影响，如当时的政治、经济、社会、文化以及个体的心理特点等。在计划经济时代，文化娱乐生活的产生与表征形式，主要是由计划经济体制中特定的生产方式、生活方式及价值观念所决定的。这一时期，人民生活水平普遍不高，大部分农村家庭尚处于温饱线以下，一般都在集中力量搞生产、奔生计，在精神文化层面还没有太多的诉求。同时，

① 两把，方言，对随礼次数的模糊称谓。

与城市相比，农村地区的基础设施建设不完善，文化与娱乐资源都比较贫乏。在乡村社会文化娱乐生活贫瘠的情况下，国家的社会主流文化对乡村教师的文化生活产生了非常明显的影响。红色主旋律成为这一时期全国流行的主流文化。乡村教师在文化生活方面的具体表现包括：崇拜的人物多为毛主席等政治领袖和雷锋等时代英雄，欣赏的歌曲多为红色旋律主题歌，阅读的书籍多为国家提倡的传统名著和催人上进的文学作品。

一、人物崇拜

笔者在走访一些民办教师的家庭时，发现很多老师家中的堂屋（客厅）悬挂着毛主席的画像，画像旁边挂着“横刀跃马定天下，全心全意谋民福”，“翻身不忘毛泽东，致富全靠共产党”等对联。

张报国老师说：“我们那个年代都是崇拜毛主席，他带领我们开创了新中国，给了我们农田，我们特别感谢他。1976 年毛主席逝世的时候，我们哭得特别厉害，有的人都哭成泪人了。当时想着，毛主席走了，国家怎么办？我们怎么办？”通过对张报国老师的访谈，我们可以看到，毛主席等国家领袖是 20 世纪五六十年代出生的民办教师群体的主要崇拜对象，甚至是精神寄托。高建民老师崇拜毛主席的理由是“崇拜他的文韬武略”。

除了伟大领袖，民办教师群体的崇拜人物还有这一时期国家所推崇的时代英雄，以及在保家卫国的战争尤其是抗美援朝中牺牲的革命英雄，如雷锋、邱少云、黄继光等。彭万里老师年轻时崇拜的人物是雷锋，在对彭老师进行访谈时，彭老师非常动情地拍着笔者的肩膀说，“王博士，你还年轻，要多帮助其他人，就像雷锋一样。那时候我们流行一句话，学习雷锋好榜样”。受雷锋的影响，彭老师自 1979 年参加工作以来，经常帮助亲朋好友，这一点受到了同在土岗小学任教的叶保国老师的称赞，“彭老师经常对我们年轻人说，学习雷锋好榜样。雷锋是他非常崇拜的人物，也影响了他的行为”。

二、名著阅读

豫南镇的民办教师是在“文化大革命”末期开始任教的。这一时期的乡村社会并没有太多的书籍供乡村教师阅读，而且民办教师群体一般是在豫南镇接受教育，很少受到城市流行文化的影响。所以，乡村教师的书籍阅读、歌曲欣赏还是在豫南镇这一封闭的农村社会环境中进行的。受当时主流文化的影响，乡村教师的阅读书目以《钢铁是怎样炼成的》和《红楼梦》《三国演义》《水浒传》《西游记》四大名著等为主，其中《钢铁是怎样炼成的》在乡村教师群体中最为流行。

《钢铁是怎样炼成的》是苏联作家尼古拉·奥斯特洛夫斯基于 1933 年完成的一部长篇小说。小说描写了在苏联共产党的教育培养下的保尔·柯察金，在艰苦的生活考验和斗争中，从一个饭店的小伙计变成一位坚强的革命者的成长历程。小说问世不久，即被翻译到中国，一直到现在也深受中国读者的喜欢。新中国成立初期《钢铁是怎样炼成的》的畅销，有社会政治、审美心理等方面的原因，主流意识形态的倡导是该书畅销的重要原因，这本书与新中国对民族现代革命历史的表述逻辑、叙事倾向相吻合。① 同时，这部小说为中国青年树立了学习的榜样，保尔就是在一个极其艰难的环境中成长起来的，他对革命的坚定信仰、身残志坚的生活态度、不向困难低头的精神和勇气，都鼓舞着青年群体的斗志。所以，《钢铁是怎样炼成的》在乡村教师群体中比较受欢迎。

本章前文提到的赵登庆老师在回忆刚刚任教的阅读经历时，记得最清楚的就是《钢铁是怎样炼成的》。“那时候，农村没有什么娱乐活动，而且也就那几本书：《红楼梦》《三国演义》等四大名著，还有《钢铁是怎样炼成的》。”

四大名著是除《钢铁是怎样炼成的》外广受民办教师群体喜欢的书目。

① 方长安，户松芳.《钢铁是怎样炼成的》在新中国“17 年”的传播研究［J］. 广东社会科学，2006(4)：154–158.

如有的老师最喜欢《三国演义》,“崇拜刘备的仁德礼政及诸葛亮的智慧”;有的老师最喜欢《水浒传》,因为“那时候的人有情有义”;有的老师最喜欢《红楼梦》,因为“与社会现实相通”。

流行音乐方面,在民办教师群体中传唱较多的歌曲是红色革命歌曲、俄罗斯民歌,如《小白杨》《十送红军》《伏尔加船夫曲》《莫斯科郊外的晚上》等。

随着我国改革开放的不断深入,港台音乐开始流行。20 世纪 60 年代末出生的民办教师,尤其是女性民办教师在崇拜的人物和喜欢的歌曲方面开始有了改变。1967 年出生的刘霞老师崇拜的人物是邓丽君,因为她喜欢邓丽君的歌曲,所以在“崇拜的人物”一栏中填写了邓丽君。在访谈刘老师时,刘老师谈到,“我参加工作的时候刚刚改革开放,港台歌曲逐渐开始流行,挺好听的,比如《小城故事》”。也有的老师填写的最喜欢唱的一首歌是《一剪梅》。见表 2–4。

改革开放之后,民办教师的阅读时间依然比较少,主要是他们“亦师亦农”的身份所致。20 世纪 80 年代以后,我国农村地区开始实行家庭联产承包责任制,分田到户,民办教师既要教学,又要务农,基本没有时间阅读。正如赵登庆老师所言,“改革开放‘大包干’后,我们都有了自己的田地,上完课就回家种地了,也没时间看书。那时候民师都有农田,都要回家干活”。

表 2–4　民办教师群体的文化生活状况

编号	性别	出生年份 / 年	工作时间 / 年	最喜欢读的一本书及喜欢的原因	最喜欢唱的一首歌及喜欢的原因	年轻时崇拜的人物及崇拜的原因	现在崇拜的人物及崇拜的原因
1	男	1960	1978	《三国演义》,崇拜刘备的仁德礼政及诸葛亮的智慧	《小白杨》,崇尚奉献精神以及乡愁	毛泽东,崇拜他的文韬武略	习近平,“人民对美好生活的向往,就是我们的奋斗目标”

续表

编号	性别	出生年份/年	工作时间/年	最喜欢读的一本书及喜欢的原因	最喜欢唱的一首歌及喜欢的原因	年轻时崇拜的人物及崇拜的原因	现在崇拜的人物及崇拜的原因
2	男	1961	1978	《弟子规》，让我们学会怎样做人	《十送红军》，让我们铭记历史，珍惜当今	爱迪生，他的发明让人类实现了梦想	毛泽东
3	男	1961	1979	《钢铁是怎样炼成的》	《我爱你中国》	雷锋	—
4	女	1961	1981	《钢铁是怎样炼成的》	《爱拼才会赢》	毛泽东、周恩来	妈妈，她对子女无私的爱和奉献
5	男	1963	1979	《水浒传》，因为以前的人有情有义	《小白杨》，儿子是军人	邱少云，他是战斗英雄	很多，他们是中华民族之灵魂
6	女	1963	1984	《钢铁是怎样炼成的》	《让我们荡起双桨》	李清照，有才气	—
7	女	1967	1983	《三国演义》，很喜爱诸葛亮这一人物角色	《小城故事》，具有年代感	邓丽君，很喜爱听她的歌曲	毛泽东，一代伟人
8	女	1968	1983	《红楼梦》，与社会现实相通	《一剪梅》，好听	老师	—

第六节　坎坷的转正之路与退休前的生活

转成公办教师、和公办教师同工同酬是每一个民办教师的梦想，但转正之路非常坎坷。近几年，民办教师群体正在进入退休高峰期。临近退休，绝大部分学校体恤民办教师的辛劳，每学期分给他们的工作量较小。除了承担教学任务，“亦师亦农”的民办教师主动承担起了学校的“脏乱重”的体力活，比如修葺房屋、修剪树枝、砌墙补洞等，站好退休前的最后一班岗。不少民办教师已经儿孙满堂，他们也会把孙子（女）带到学校照看，在学校享受天伦之乐。

一、坎坷的“民转公”之路

从任教第一天开始，“民办教师转公办”（简称“民转公”）就成了民办教师梦寐以求的目标，他们希望与公办教师同工同酬，获得同样的社会保障与工资待遇。但“民转公”的道路极其艰辛，即使付出巨大的努力，也不见得能够获得公办教师的身份，因为转正指标不多而且要求严格。有的民办教师等了半辈子，才转成公办教师。在这漫长的等待过程中，他们一方面以低廉的工资支撑着我国的农村教育事业，另一方面也面临着随时被辞退的可能。漫长的转正岁月中，个中滋味，也唯有民办教师自己才知晓。阻挡民办教师转公办的“荆棘”有很多，比如年龄门槛、文化考试等。

为提高教师队伍整体素质、提升教育质量，1978 年以来，W 县先后进行了多次民办教师整顿活动。

1978 年和 1982 年的两次民办教师整顿，“通过调整及严格的考试，将一部分政治、文化素质较差的民办教师予以辞退。同时，对继续留用的民办教师，分别发给了‘任用证’和‘试用证’”，主要目的是把生产大队聘用的代课教师转为民办教师，并清退不合格的民办教师。

彭万里老师的转正之路非常坎坷，1979 年被九江生产大队聘为代课教师后，1982 年转为民办教师，做了 12 年的民办教师后于 1994 年转为公办教师。之所以前 12 年没有转为公办教师，一是因为每年的转正名额实在太少，竞争过于激烈；二是因为在“文化大革命”期间接受中小学教育时基础知识学得不扎实，再加上 1984 年结婚后育有一儿一女，无暇准备考试，导致每次“民转公”的考试分数都不理想。经过多次考试，彭老师终于在 1994 年通过了民办教师转公办的考试，转为公办教师。

彭万里老师：我是1994年转正的。前面几批我都没有转成，因为分到下面的名额太少了，择优录取。转正的前提是你考试要考高分，考试内容有语文、数学、专业知识。我一般每年都参加考试，有的民师比我年轻，记忆力好，就考上了。参加十几年的考试，我都不抱希望了，想着转不上就回家种地了，谁知道1994年的时候考上了！我转正的时候是33岁，还算好的。有的老师干了二十多年民办教师，赶到最后一批才转正。我们县到2000年才全部转完。

在“民转公”过程中，不少地区都规定了“转公办”的年龄限制，一般在40岁至50岁。[①]一旦超过了这个年龄，那么民办教师的转正之路就会更加坎坷，甚至遥遥无期。

二、退休前的岗位坚守

在转正之前，民办教师都是以“亦师亦农”的身份工作与生活的，他们大多等了大半辈子才如愿转为公办教师，这一刻他们算是“苦尽甘来”了。在田野调查时，民办教师转公办的这一代乡村教师的幸福感是最高的：一方面他们如愿转为公办教师后有了正式的国家干部身份和稳定的收入；另一方面他们在未来几年陆续进入退休年龄，退休金解决了他们退休后的养老问题。此外，最重要的是，民办教师群体已经开始步入老年阶段，他们正在履行或已经完成了对子孙的“文化义务”，现在正在享受天伦之乐。经历了跌宕起伏人生的民办教师，终于迎来了幸福的一刻。

笔者在田野调查中发现，很多“民转公”的乡村教师，年龄都在50岁以上，他们的课时量是全校教师中最少的。年龄渐长带来的视力和身体素质下降，使得他们教书力不从心，所以分配给他们的课时量较少。除了兢兢业业完成教学工作，他们最主要的任务就是照看孙子（女）。

---

① 王献玲．中国民办教师始末［M］．北京：知识产权出版社，2007：201.

彭万里老师就快要退休了，他每周有十二三节课，平均每天3节课，是全校课时量最少的老师。每天早上，两个孙女和彭老师夫妇一起到学校，夫妇二人轮流看着她们：彭老师没课的时候看着两个孙女，有课的时候就把孙女们交给他的爱人；彭老师的爱人起火做饭时，彭老师就看着孙女们。

彭万里老师：现在没什么事了，就带带孙女，教教课。现在的课也不多，一个星期十二三节课，大约一天3节。现在教五年级数学。从18岁开始干起，干了一辈子老师。我们学校的校长和老师都比较照顾我，现在学校也就我年龄大了，眼花了，看不清东西了。学校现在也只有我一个老教师了，其他都是年轻老师，给我分配的工作比较少。每天，我把两个孙女带到学校来，她们自己玩，我该上课就上课，该（批）改作业就（批）改作业。中午在学校吃一顿，吃完把她们送回去，然后我再来，照常上课。吃完饭她们奶奶看，就相当于她们奶奶上午来这做一顿饭，吃完饭就回家。下午我在学校（继续上课）。

在新寨小学的四位民办教师（已经转正）中，有两位老师（赵登庆老师和张文斌老师）都已经有了孙女。赵老师和张老师经常带着孙女来学校上课。上课时，就让孙女自己在校园里玩耍，等到下课后，就和孙女一起玩耍，其乐融融。正如赵登庆老师所说，“现在这个状态我挺满意的。虽然以前做民办（教师）的时候，工资非常低。刚开始的时候，总感觉心理不平衡，毕竟我们把一辈子奉献给了教育事业。但后来想想，我都转正了，还要什么呢？现在挺心满意足的，每天上上课，看看孩子（孙女），下下地（种庄稼），很充实”。

的确像赵登庆老师所言，民办教师把一辈子都奉献给了我国的农村基础教育事业，为农村孩子撑起了一片蓝天。他们在转正前经历过“亦师亦农”身份，最后通过各种方式如愿转正、进入国家公办教师之列，可谓是“苦尽甘来”。在临近退休的岁月中，民办教师依然兢兢业业地履行教学职责，站好最后一班岗。

此外，有着“亦师亦农”身份的民办教师，他们承袭着农民的劳动能力，不仅在工作之外耕种着自己的责任田，而且承担着学校建设的工作。在田野调查中，笔者经常可以看到民办教师转正的乡村教师不但放学之后回家干农活，而且他们中的很多老师都主动承担起了学校“脏乱重”的体力活。新寨小学陈朝林校长说，“张文斌老师是个民办教师（转正的教师），他自己家里有地（责任田），下班之后要回家干活。你看，学校里的很多体力活，比如修缮房屋、铺路、给花草树木施肥浇水等，都是张老师自己做”。

第七节　代际互看：民办教师眼中的“代际差异”

不同代际群体之间的互看，是代际研究中具有重要研究价值的内容。田野调查中，民办教师群体、中师生教师群体、新生代教师群体对彼此的社会生活评价不一，且各具特色。为使三代乡村教师的代际互看更具参照性，本书研究选取了土岗小学，对该学校的不同代际乡村教师的相互评价进行研究。

之所以选择土岗小学，是因为它具有典型代表性。土岗小学地处国道旁，是豫南镇距 W 县城最近的村级小学。该校共有 13 位教师，其中民师转正教师 3 人，中师生教师（含中专学历教师）2 人、新生代教师 8 人（其中特岗教师 6 人、全科教师 2 人，均为女教师）。

民办教师认为他们这一代与中师生教师、新生代教师的社会生活具有不同的特点，并对后两代教师持有不同的评价，主要表现在教育素质、婚恋观念、消费方式和娱乐生活方面。本节将以土岗小学的民办教师转正的彭万里老师为例，探讨民办教师群体对其他两代教师群体社会生活的看法。

一、民师眼中的“教育素质”差异

彭万里老师是土岗小学三位民师转正教师中的一员，从1979年至今，一直在土岗小学任教，已有几十年的教龄，见证了土岗小学的发展变迁。对于全校在职教师的教育教学工作，彭老师有自己的看法。彭老师认为，现在整个豫南镇乡村学校教师的整体构成是：年轻教师越来越多，其中特岗教师占大多数，女性教师偏多；中师学历的教师成了乡村学校的校长与骨干，领导着即将退休的民办教师和越来越多的特岗教师。

（一）对新生代教师的评价

对于以特岗教师为主的新生代教师，彭老师一分为二地看待，且分群体而论。彭老师认为，总体而言，学历方面，2010年以来招聘的特岗教师和全科教师学历水平比较高，一般为本科或专科学历；知识基础方面，这些教师是刚毕业的本科生或专科生，知识储备足以胜任乡村小学的全科教学工作，“知识都没问题”，“教个农村小学是绰绰有余的”；信息技术素养方面，特岗教师和全科教师都是20世纪80年代末以后出生的年轻人，有着良好的信息技术素养，“是我校最会玩电脑、用电脑的老师”。

彭万里老师：现在的年轻老师都会用电脑，而且用得非常好，我们学校凡是要在电脑上弄的材料，都是他们在做。他们真的很厉害，我就不行，中师生教师也不行。而且他们学历都很高，都是本科、大专毕业的，学校都还挺好的，比如，有河南师范大学的，有郑州师范学院的，都是好的师范大学。这样的学历在农村学校教书，都没什么大问题，因为他们的知识基础在那里放着，就看他们愿不愿意教书了。

虽然彭老师对新生代乡村教师有着充分的肯定，但他也认为一些年轻老师应更刻苦地研究教学。首先，最近几年的年轻教师总体教学水平有待提高，尤其是非师范类院校毕业的新生代乡村教师有时欠缺教学技能和教学方法。其次，年轻教师在学校时间较少，经常上完课就回家。近几年招聘来的特岗教师和全科教师的家庭经济条件较好，来自农村的乡村教师较少，土岗小学的 8 名特岗教师和全科教师均来自县城，大多数家住县城。最后，彭老师认为，土岗小学的这 8 名青年教师由于年龄和招聘批次的不同，在教育教学态度方面也存在着差异。具体而言，前几批招聘来的特岗教师总体素质比较高，后面来的特岗教师工作积极性稍显不足。

虽然彭老师对新生代教师的教学态度有一些意见，但对此他也持积极态度，认为“底子都是好的，只要上点心，就能干好”。

（二）对中师生教师的评价

对于中师 / 中专学历的同事，彭万里老师的评价非常高，认为其中一些老师是全校“最能干”的老师，主要是因为他们教学经验丰富、教学成绩突出、教学态度认真负责。

叶保国老师出生于 1978 年，毕业于潢川师范学校，1998 年被分配到豫南镇第一完全小学，后调至土岗小学任教，随后任该校校长。鲁长久老师出生于 1976 年，毕业于潢川县职业中等专业学校，1995 年毕业后被分配到土岗小学任教，现任该校副校长。

在彭老师眼中，叶保国校长是一位特别能干的校长。虽然叶校长已经举家搬迁到县城，但他周一到周五都住在学校，是全校唯一住校的老师，除非家里有急事需要处理，才偶尔在工作日回家。彭老师对叶校长的评价非常高，叶校长被调到土岗小学任教后，从教导主任升为校长，把一所破败的村小建设成为全镇的绿色文明学校。土岗小学已经成了豫南镇的“明星学校”，每次上级领导来豫南镇检查工作时，土岗小学都是第一个检查对象。

彭老师认为，叶校长和鲁校长在中师和中专教育学习时培养了全面的师范素养，可以说是多才多艺。“字写得特别漂亮，标准的小楷。也会画画，山水画、人物画都会。每年豫南的艺术节，都是叶校长和鲁校长亲自出马，叶校长写一幅书法，鲁校长画一幅山水画。而且叶校长还亲自指导学生唱歌，每年的艺术节，我们学校的节目，尤其是唱歌类的节目，都是拿名次的。”

问及叶校长和鲁校长为什么会这么有干劲儿时，彭老师认为，因为他们都来自本地，而且当年能考上中师/中专的都是全镇的佼佼者，尤其是叶校长在1995年是以全镇第一名的成绩考上潢川师范学校的，在豫南曾经轰动一时。由此可以看到，叶校长和鲁校长的“能干”和取得的“成绩”是必然的，因为他们“底子非常好，都是拔尖的”。在彭老师看来，叶校长和鲁校长这样的中师/中专生都来自农村，从小吃了不少苦头，知道读书的意义，所以他们就“非常下劲”。

彭万里老师：他们都是来自农村的，都是土岗（村）的，素质都特别高。那时候考上中师，不得了啊！都是全镇的第一名、第二名才能考上。你看，叶保国校长考上潢师那年，全镇都认识他了，名气不小。他不好好干，也对不起这个名声啊。而且他们都吃过很多苦，都是农村娃，如果不好好教书，不好好干，村里人也不同意啊。

二、民师眼中的“婚恋观念”差异

豫南镇已经出现了几起因为男方承担不起高彩礼导致不欢而散的事件。为了研究民办教师群体对乡村教师婚恋状况的态度和看法，本书依然以土岗小学为例，探讨彭万里老师对这种社会现象的看法及评价。彭老师认为，中师生教师现在已经成家立业了，不存在婚恋难的问题，而且中师生教师结婚时不流行要彩礼、买车买房，所以他们结婚时比较俭朴。而以特岗教师和全科教师为主的新生代教师的婚恋状况，是彭老师主要关注的话题。

土岗小学的8名特岗教师和全科教师均为女教师，且都来自县城，没有一个豫南镇本地的教师。2016年第一次调研时，土岗小学只有6名特岗教师，均是单身。在2018年初第四次田野调查时，4名老师已经结婚，1名老师已经有了男朋友，而朱一帆老师31岁，依然还是单身。朱一帆老师之前有过一个男朋友，也是本镇一所村小的特岗教师，但到了谈婚论嫁时，因为彩礼，最后两人不欢而散。

谈到乡村教师的择偶状况，彭老师认为，乡村男教师不好找对象，女教师则成了婚恋市场上的“香饽饽”，而且女教师的择偶标准较高。据彭老师介绍，土岗小学女教师的配偶一般是在县城的各个行政单位工作，如卫生局、公安局等（见表 2–5）。

表 2–5 土岗小学新生代乡村教师婚恋状况

序号	姓名	性别	出生年份/年	入职时间/年	入职方式	婚姻状况	配偶工作
1	余晓慧	女	1987	2012	特岗	已婚	公务员
2	李丽芬	女	1989	2014	特岗	已婚	公务员
3	欧阳娟娟	女	1988	2014	特岗	已婚	公务员
4	郭采娜	女	1992	2014	特岗	已婚	公务员
5	向丽	女	1990	2016	全科	已婚	公务员
6	冷玉倩	女	1991	2016	全科	已婚	经商
7	朱一帆	女	1986	2011	特岗	未婚	—
8	张丽	女	1991	2015	特岗	未婚	无

对于高彩礼现象，民办教师普遍比较反感。张文斌老师的儿子是豫南二中的老师，两年前结婚时，也因彩礼问题有过波折。高建民老师谈到高彩礼现象时，也非常愤愤不平，认为择偶的主要标准不应只看男方的经济条件。

三、民师眼中的“消费方式”差异

当问及彭万里老师“你们学校里的几类老师，谁最幸福”时，彭老师脸上露出了满意的微笑说，“肯定是我们这些马上退休的民师，其次是特岗，最后才是中师”。在彭万里老师看来，在土岗小学，生活压力最大的是中师生教师，即将退休的民办教师是压力最小的，而特岗教师还未承担起家庭和工作的重担。

民办教师马上面临退休，教学工作压力已经分到年轻教师身上。大部分民办教师已经评上了“小学高级”职称，他们的工资基本上是学校里最高的。而且绝大部分民办教师的子女已经成家立业，很多民办教师已经开始享受天伦之乐。虽然要为子女履行“文化义务”，但民办教师每个月三四千块钱的工资也足以让他们的生活过得比较殷实，不至于捉襟见肘，甚至每个月还有存款。彭万里老师已经评上了“小学高级”职称，2017 年 9 月的实发工资达到了 3591.24 元，在土岗小学 13 位教师的工资中排名第二。工资最高的是民办教师转正的彭宇老师，9 月实发 3741.64 元（见表 2–6）。一个月 3500 元以上的工资，在乡村地区已经属于非常高的收入了。彭万里老师说，“我现在任务完成了，没啥压力。现在咋说呢，像我这样的家庭压力小，就过得舒服点，家庭压力大的就过得没那么快活”。

在彭老师看来，正值中年的中师生教师，不管是经济压力还是工作压力，都是乡村学校所有教师中最大的。彭老师说，“像叶校长那样的，上有老，下有小，还有自己的负担，还要还房贷”。中师生教师一般是四十来岁的年龄，家里既有老人需要赡养，也有子女需要照拂。而且中师生教师一般出生于农村家庭，他们要负担起没有工作和社会保障的父母的衣食住行。为了让子女享受优质教育资源，越来越多的中师生教师选择在县城贷款买房，每个月要偿还的房贷也是一笔不小的开支。同时，他们还有很多社会关系需要维系，人情礼节开销较多。凡此种种，都给中师生教师带来了非常大的经济压力。虽然身为土岗小学的校长，叶保国老师 2017 年 9 月的实发工资仅有 2734.29 元，经济负担非常大。

表 2-6　土岗小学 2017 年 9 月教师工资信息表

姓名	入职身份	实发工资[①]/ 元
叶保国	中师	2734.29
鲁长久	中专	2526.60
余晓慧	特岗	2447.59
彭万里	民师	3591.24
宋美娟	民师	3451.99
彭宇	民师	3741.64
李丽芬	特岗	2006.38
欧阳娟娟	特岗	2006.38
郭采娜	特岗	2006.38
朱一帆	特岗	2030.71
张丽	特岗	2006.38
向丽	全科	1608.20
冷玉倩	全科	1608.20

彭老师认为，特岗教师是全校教师中最“无忧无虑”的。虽然他们每个月的收入只有 2000 元左右，但他们没有家庭经济负担，而且他们的家庭经济条件一般相对较好，不像民办教师和中师生教师那样家庭负担重，特岗教师的父母一般有正式工作和稳定收入，暂且不用赡养老人。结婚后的特岗教师也是如此，因为结婚的花费，包括买车、买房，大多是父母承担。彭老师说，“特岗教师大多是小女孩，现在无忧无虑，大部分没有结婚或刚结婚不久，她们负担小些。结婚了也无忧无虑，家里啥事都不用过问的，都是老人（父母）操心”。

① 此外，土岗小学的教师还享受每个月 300 元的乡村教师生活补贴，每学期发一次。

四、民师眼中的“娱乐生活”差异

彭万里老师对年轻老师的文化生活的总体评价是娱乐方式单一。在彭老师看来，乡村学校中，“最文艺”的教师就是中师生教师，因为他们在中等师范学校接受过音乐、美术、体育等的训练，在唱歌、绘画、运动方面都有比较广泛的兴趣和爱好。如叶校长和鲁校长在接受中师和中专教育时都培养了全面的师范素养，可以说是多才多艺。但这几年招聘来的特岗教师和全科教师，文化生活比较单调，大多空闲时间用来看手机、打游戏，很少参加运动，也没有什么兴趣爱好。

彭老师认为，年轻的特岗教师和全科教师，虽然都是本科、大专学历，但很多老师都是非师范生，在大学期间没有接受过严格的师范训练，以致很多年轻教师无法承担起绘制板报的工作，既不会绘画，也不会书法。据彭老师观察，年轻的乡村教师平时基本足不出户，很少参与集体活动或社交活动，一般都在网络中消遣时光，文化生活单调。

第三章　中师生教师的生命轨迹与社会生活

为研究20世纪八九十年代毕业的中师生教师群体的社会生活状况，本书从67名在1982—1999年期间入职的乡村教师中选取了8名在不同时期入职的乡村教师，包括中等师范学校发展初期、中后期培养的中师生教师，力图使这一群体更加立体化、多元化，避免同质性、刻板化。具体信息如表3-1所示。

表3-1　本书研究选取的中师生教师基本信息表①

序号	姓名	入职方式	性别	出生年份/年	中师入学时间/年	入职时间/年	毕业学校	所学专业	现工作学校
1	徐新城	中师	男	1965	1982	1985	信阳师范学校	普师②	中心学校
2	陈功乐	中师	男	1967	1983	1986	信阳师范学校	普师	中心学校
3	陈学文	中师	男	1968	1984	1987	潢川师范学校	普师	第一完全小学
4	张志贤	中师	男	1968	1985	1988	信阳师范学校	普师	春榜小学
5	胡玉贤	中师	男	1977	1994	1997	固始师范学校	普师	中心学校

① 需要说明的是，陈学文、徐新城等老师曾在豫南镇的多所村级中小学任教多年，本书所用材料均为其在村级学校任教时的经历及感受。

② 普师，专业名称，指的是中等师范学校（进入21世纪后，这种学校被并入或升为大专、本科院校）中的普通师范专业。该专业的学生基础知识面较广，区别于音乐、美术、体育等加强班学生。

续表

序号	姓名	入职方式	性别	出生年份/年	中师入学时间/年	入职时间/年	毕业学校	所学专业	现工作学校
6	叶保国	中师	男	1978	1995	1998	潢川师范学校	普师	土岗小学
7	陈朝林	中师	男	1983	1998	2001	潢川师范学校	普师	枣寨小学
8	刘贤江	中师	男	1983	1999	2002	潢川师范学校	音乐理论	中心学校

第一节　家庭与学业

中师生教师群体的童年生活与中小学教育恰好是在“文化大革命”末期和改革开放初期度过的。他们的童年生活不再像民办教师童年时期那般贫穷，生活条件有了改善，但依然来自农村贫寒家庭。为了缓解家庭经济压力、尽快反哺家庭，学习成绩优秀的他们放弃了读高中、考大学的机会，转而报考了毕业就有工作的中等师范学校。

一、出身于贫困的农村家庭

（一）相对贫困的家庭经济条件

1982 年至 1999 年就读中等师范学校的教师群体，一般出生于 20 世纪六七十年代，也有小部分出生在 20 世纪 80 年代初。随着社会经济的发展，我国农村居民的经济收入有了整体提高，人民生活也有了较大的改善。与民办教师群体的童年与求学时代相比，中师生教师群体童年与求学时代的家庭经济条件有了一定改善，但家境仍比较贫困。

我国自 1958 年实行有计划地控制城乡人口流动政策，农村与城市有着严格的界限，很少有农村人口向城市流动。这也使得这一时期的绝大部分农村家庭结构比较完整，农村儿童与父母、祖辈都生活在同一个地理区域内，形成了“依家而居”的生活模式。而中师生教师群体的童年，正是生活于户籍制度改革前的“完整家庭结构”中[①]。

虽然中师生教师和民办教师一样，都是土生土长的本地人，但由于入职方式不同，他们的居住地点发生了变化。按照“定向分配”的原则，中师生毕业后拿着“就业报到证”到所属乡镇报到。各乡镇中心学校根据全镇学校教师的缺口统一分配，哪个学校缺老师，中师生就被分配到哪里。这就出现了中师生教师“跨村任教”的普遍现象。正如1999级中师生刘贤江老师所言，“毕业时开有公函，就是报到证。把报到证交给单位，单位就可以给你分配工作了。我毕业的时候，第一站学校是我自己的母校。那时候都有报到证，但像我这样能回到自己母校工作的，很少，得看机会。如果那一年（母校）缺老师，你申请后，就给你分到母校，但大多数时候，是到外村工作”。中师生教师依然是在所属乡镇内工作，只不过任教学校不在自己的村庄而已。

参加工作之初，中师生教师一般居住在学校中，居住地点从民办教师的“依校而居”变成了“以校为家”。徐新城老师是信阳师范学校恢复招生后的第一届中师生。1985年分配工作时，徐老师被分配到了方沟中学任教。由于离家较远、交通不便，徐老师自参加工作开始，便一直住在学校中。徐老师说，“1985年毕业时，我被分到了方沟中学。那时候交通不方便，方沟还没有架这个桥，我们都是蹚着河过去的。当时初中学生住校，家远一点的小学生也住校，就我一个老师住校，因为我不是方沟（村）的，家离得比较远。1987年，我被调到了老山学校，老山条件很艰苦，交通很不便。在那里我也住校。”中师生教师成家立业后，就搬出了学校，在镇上

① “完整家庭结构”的参照群体是新生代乡村教师。户籍制度改革之后，随着外出务工人员的增多，新生代乡村教师的家庭结构出现亲子分离，留守儿童家庭出现。

或县城买房居住，他们的居住地点发生了变化，从“以校为家”到“依城而居”。豫南镇的中师生教师很少住在村庄中，大部分都在豫南镇上或W县城居住，每天往返于学校和家庭之间。

（二）跟着民师读中小学

20世纪八九十年代入读中等师范学校的中师生，他们在村级小学接受教育，而他们的老师正是那些高中毕业或肄业，甚至是初中毕业的民办教师。村级小学师资水平有限，导致中师生教师群体中小学的知识基础相对薄弱。

1965年出生的徐新城老师来自凉亭乡前进村。前进村办村级小学——前进小学，该小学共有5个年级，徐老师小学就读于此。前进小学共有5名教师，均为本村的民办教师，少数是高中毕业，大部分是初中毕业，这些教师操着一口标准的W县方言教了徐老师5年。徐老师的小学阶段正值“文化大革命”时期，他和其他学生一样，学到的知识很有限。由于前进村没有初中，徐老师小学毕业后，到了隔壁大山村的大山学校读了3年初中。

徐新城老师：我是凉亭（乡）前进村人，上学比较晚，7岁上的学。小学在前进村上，上了5年。我们前进村没有初中，只有小学，我去了邻村的大山学校读了3年初中。大山学校也是一所村级初中。我上的初中是3年制，之前都是2年制。

比徐新城老师小三岁的陈学文老师，现任豫南镇第一完全小学的校长。陈老师1968年出生于豫南镇方沟村，是第三届中师生，1984年以全镇第一名的成绩考上了潢川师范学校。陈老师的小学和初中都是在方沟村的村办学校就读，方沟学校是一所既有小学又有初中的八年一贯制学校。陈老师说，“我们那时候上的是方沟（学校），就是现在的方沟小学。那个村里有个陈家湾子，姓陈的有600多人，整个村子有1000多人。那时候办联中，联中就是每个村都有一所中学。大队办初中、小学，公社办高中。

我初中也是在方沟（学校）读的”。

作为一所村级学校，方沟学校的师资力量非常薄弱，上课的均为初中毕业或高中肄业的民办教师，知识水平较为有限。受到老师教学水平的影响，陈学文老师在初一初二时，数学一直学不会，甚至不知道什么是“反证法”，直至初三遇到了高中毕业的数学老师付振超，才知道“反证法”的概念和用法。从中可以看出，中师生教师群体在小学和初中阶段所接受的教育质量参差不齐。

陈学文老师：在方沟学习的时候，那里的老师全部都是民师，没有一个正式的（在编）老师。那时候好多民师是初中毕业的，民师的教学水平有限。初三毕业那一年，分下来几个老师，一个是陈贵喜老师，教我们英语，他是高中毕业生。我的一个数学老师付振超老师，现在在凉亭教学，他也是高中毕业。除他俩外，还有一个老师也是高中毕业。初三那一年，高中毕业的（老师）就有了。教初一初二的老师，没有高中毕业的，都是初中毕业或高中没上完的。所以，联中的时候，师资确实比较差。我上初一初二时，搞半天都学不会（数学）。后来到初三，做题做错了，付振超老师问我：“反证法你知道吧？”我问：“什么叫反证法？”学了初一初二都不知道什么叫反证法。付老师是高中毕业生，他才晓得反证法。

英语学习更是如此。陈学文老师就读的方沟学校师资水平有限，一直没有英语老师，导致在该校就读的学生一直没有接触过英语课程。直到1983年，陈学文老师就读初三时，方沟学校来了一位懂英文的陈贵喜老师，陈学文老师才开始学习英语。

陈学文老师：那时候我不会英语，学校都没有英语老师。20世纪80年代的英语老师都在街上的完全小学工作，我们那个联中都没有英语老师。代教英语的老师上午学，下午再去教我们，边学边教。我那时候根本就不会英语。到初三的时候，陈贵喜老师教我们英语，他现在是豫南二中的校长。他毕业时到我们学校教英语，我正好上初三，他教了我一年英语。我初一初二都不会英语，到初三学一年，天天背英语单词，考了70多分，满分100分。

二、早日工作减轻家庭负担

“报师范，有稀饭”，这是豫南镇第一完全小学校长陈学文老师常说的一句顺口溜，解释他当初为什么报考师范。这句顺口溜所表达的，正是20世纪八九十年代的农村籍初中生报考中等师范学校的主要原因，即中师毕业后就能定向分配回到家乡任教。

陈学文老师个头比较高大，自读书时就喜欢打篮球，一心想报考体育院校。但陈学文老师来自农村家庭，在五个兄弟姐妹中排行老二，家庭经济比较困难。陈老师就读初三时，大哥在读高中。农村家庭里有两个学生读书，无疑给家庭带来了非常大的经济负担。听到初中班主任董建华老师的一句“报师范，有稀饭”，陈学文在初三填报志愿时，放弃了儿时想报考体育院校的梦想，转而报考了能直接分配工作的潢川师范学校，只为减轻家庭负担，早日回报家庭。

陈学文老师：1984年，那时候农村小孩报中师，毕业后可以定向分配。我的老师是董老师，报名时，董老师问：“报什么呢？”我问哪儿有体育学校，我想报体育学校，因为我个子比较高。那时候学生也少，我记得上初三那一年，我们方沟初三整个年级才30多个学生。初二稍微多一些，有四五十人，初一也是有四五十人。农村家庭都困难，到初三的时候，好多都不上了，能坚持下来把初中上完都不错了。我兄弟姐妹好几个，我是老二，那时候我哥在上豫南高中。当时董老师说，“报师范，有稀饭”。我就报了中师了。

等到入学时，陈学文发现潢川师范学校1984级7班的50多个同学，其中40多个男生都是来自农村家庭，大家报考中师的目的都比较一致：毕业后有正式工作，能减轻家庭负担、反哺家庭。正如陈学文老师所言，

“我们潢师1984级7班有50多个同学，只有10多个女生。那10多个女生大都是家庭条件相对较好的。像我们这样的，父母都是在农村干活的，考上师范的女生还是少一些的。和我们一般条件的女孩，好多都不上学了。当时选择中师的学生很多都家庭困难”。

可以看到，中师生在入学时，就明确知道自己的职业定位和发展方向，即他们是毕业后当教师的一批人，不存在找工作的后顾之忧。特别是对于那些出生在农村家庭的中师生来说，通过中师教育，他们就能早日工作，减轻家庭负担。

三、百里挑一上中师

田野调查时，我经常能听到乡村教师和教育行政管理干部提起“最优秀的学生考中师”这句话。的确如此，20世纪八九十年代，中等师范学校教育受到了农村籍初中生的青睐，有研究表明，师范学校城乡招生的比例是1∶9，即200名学生中，20名来自城市，180名来自乡镇。[①] 这一时期出现了“一类学生上中专（含中师），二类学生上高中”的现象。为了向农村学校输送优秀的师资力量，中等师范学校录取学生的主要标准就是学业成绩，考取中师的一般为本乡镇学习成绩排名的佼佼者。考试通过之后，学校还要进行标准严格的入学体检，如果体检不过关，也不能入读中师。

（一）成绩优异是前提

田野调查时，每次和豫南镇中心学校的陈功乐校长聊到他在中师的求学经历时，他都抑制不住内心的喜悦和激动。出生于1967年的陈功乐老师，1983年以凉亭乡第一名的成绩考上了信阳师范学校就读普师专业。1983年，参加中招考试前，所有学生要参加一个预备选拔考试，预选过后

① 韩淑萍. 从“荣耀”到“不甘”：农村学生选择中师教育的社会学分析［M］. 北京：知识产权出版社，2012：67.

才有资格参加正式的中招考试。

陈功乐老师：我老家是凉亭乡的，我初三考高中、中专的时候，离（中师入学）考试还有三个月，必须要参加预选。比如这一届学生有100个，只有50个能参加考试。在凉亭上学的时候，我都是第一名，我们那一届就一个班，有64个人。我有一个亲戚在W县一高工作，让我去一高参加中考，一高有8个班，每个班有60人，共有将近500人，我预选也是第一名。我们前几届的中师生，都是各乡镇的第一名。

陈功乐老师在凉亭乡就读时，每年都是全乡第一名。1983年，信阳师范学校在W县招收了60名中师生，陈老师以凉亭乡第一名的成绩被录取。而这一年，W县的初中生有6688人，信阳师范学校在W县的录取率仅为0.9%。没上中师的学生三年后参加高考时考上大学的寥寥无几，因为成绩最优秀的学生早已被信阳师范学校录取。像陈校长这样的中师生，一般都是各所初中的“尖子生”。正如陈功乐老师所言，“1983年那一年，信师（信阳师范学校）在W县招了60人，我排10～20名。我们这一届的很大一部分优秀学生都上了中师”。

正如时任潢川幼儿师范学校办公室负责人的老师所言，“当时，中师招生分两类：统招生和分配指标生。统招生就是中考成绩在全县前十名的，并报考我们学校的考生。其他的都是分配指标生，我们把招生指标分配到各县教育局，教育局再分配到各个乡镇。比如豫南镇，如果有三个指标的话，报考我们学校的，就要前三名，按照成绩录取。基本上就是掐尖儿的，把中考的前几名都录取到我们学校了。所以，当时有不少的人才被我们录取了”。

“考不上师范的才读高中”，这是陈学文老师在回忆20世纪八九十年代“中师热”时说的一句话。可以看到，这一时期的初中生对报考中等师范学校争先恐后，中师成了成绩优异学生的首要考虑对象。而能考上中师的初中生是学习成绩最拔尖儿的，考不上中师的初中生就读高中、考大学。那个时候，考中师的难度要远高于考高中，学生对上中师当老师的热情要高于上大学，因为中师毕业就能分配工作。正如陈学文老师所言，“那时候高考考大学的少得很，大家都不想上高中，因为上高中还不一定能考上大学，上了大学也不一定能找到工作，还不如直接上中师，毕业就有了工作”。

陈学文老师在方沟学校就读时，每次考试都是全年级第一名。1984 年，陈老师以方沟学校第一名的成绩被潢川师范学校录取。而当年，豫南镇共有 4 人被录取为中师生，陈老师是其中一员。被录取的这 4 人，均是各所学校的第一名。陈老师清楚地记得，“当时方沟（学校）就我一个考上，老山（学校）刘洪才一个考上。老完小（豫南镇完全小学）有个‘戴帽初中’，那年考上了两个。雷山（初中）那年没有（考上的）。那一年整个豫南走了 4 个”。

W 县教育局师训办的负责人代老师，是 1979 年考上潢川师范学校的。1979 年潢川师范学校在 W 县仅录取了 100 人，而当年 W 县初中毕业生人数高达 14861 人，潢川师范学校在 W 县的录取率仅为 0.67%，可以说是百里挑一。她说：“我是 1979 年考上潢师的，那时候潢师是中专，当年全县就考取 100 人，都是出类拔萃的。”

（二）体检标准高要求

除了对文化课成绩的要求高，中等师范学校在招录初中生时，有着非常严格的身体条件要求，甚至有面试的环节，以甄选优秀的生源，为农村中小学输送优质的师资队伍。

河南省教育厅《关于 1983 年河南省中等师范学校招生工作意见》规定：中师招生除文化考试、政治审查、体格检查外，还必须进行面试。体格检查规定，年龄在 17 周岁以下的男性考生身高不低于 150 公分（旧单位，即厘米），女性考生身高不低于 145 公分应视为合格。招收的新生（含小学民办教师）都要经过面试和体检，发现有口吃、重听、高度近视、五官不正、身体畸形等生理缺陷的，不予录取。① 可见，中等师范学校对中师生的选拔条件非常严格。

正如刘贤江老师所言，“录取的时候要体检，体检不过关，就没法入学。是否有传染病、身高、体重，都要检。那时候要求很严，听说前几届（体检），有几个个头太低的男生都没被录取，还有口吃的，也没被录取。为什么要体检呢？就是看看你适不适合做教师这个职业”。

（三）中师生源逐渐走下坡路，但依然受到普遍欢迎

到了中等师范学校教育的后期，尤其是 20 世纪 90 年代中后期，随着教育观念的改变、经济条件的逐渐改善，报考中师的农村学生不再络绎不绝，报考高中而后考大学则成为很多人的首要选择。这一时期的中等师范学校学生虽然仍然定向分配，但报考热度已经没有 20 世纪 80 年代以及 90 年代初期那么高了。中等师范学校的数量、招生规模开始下降，招生的标准开始放宽，出现了体育、音乐、计算机等专业的自费生，即考试分数没有达到公费生（高分正取生）标准的考生，也可以通过缴纳学费的方式入读中师。到了 20 世纪 90 年代中后期，入读中等师范学校的学生学习成绩不再是最拔尖的那一批。

正如叶保国老师所言，“那时候，成绩好的学生更倾向于上高中，不再上中师、中专了，中师质量就已经走下坡路了。而对初中学校的考评，也不再侧重中师、中专录取率了。中师教育面临着质量下降的状况。1999 级是最后一批（包分配的中师生），从那以后，中师不包分配了，中等师范渐渐退出历史舞台”。

通过信阳师范学校、潢川师范学校两所学校在 1982—1999 年这十余年间的招生情况，可以看到中师教育生源的变化趋势。随着乡村教师的需

① 潢川幼儿师范学校 . 潢川幼儿师范学校校志［EB/OL］.（2011-03-23）［2017-12-26］. http：//www.hcyrsf.cn/Article/xxjj/201103/56.asp.

求量逐渐增大，国家关于中等师范学校的政策发生变化，以及农村家长和学生对于中等师范学校、普通高中态度的转变，信阳师范学校和潢川师范学校的招生规模和生源质量发生了变化。以潢川师范学校为例，1982 年该校招收普师专业学生仅为 160 人，均为公费生；但到了 1994 年，普师专业学生规模已经扩大至 331 人，并开始招收幼师和美术这两个专业的自费生，招生人数分别是 40 人、41 人。

虽然 20 世纪 90 年代中后期的中师生生源质量没有 20 世纪 80 年代和 90 年代初的好，但学校依旧是按照全科教师的标准对学生进行培养，毕业生完全可以胜任乡村小学的教学工作，并且受到乡村小学普遍欢迎。

第二节　中师学习经历

20 世纪 80 年代和 90 年代初，在严格的入学选拔制度下，学习成绩最优秀的初中生考上了中等师范学校，当时考上中师相当于毕业后有了就业保障。中师生带着这份荣耀在中等师范学校中接受三年严格的专业培养。

一、带着荣耀求学

20 世纪 80 年代初到 90 年代末培养的中师生，是在“定向招生、定向分配”的就业制度下求学、工作的，而且定向就业目标是“面向农村、面向小学”。在这样的就业制度和培养目标的指引下，中师生在入学之初便知道毕业后的职业性质和工作地点，即“从哪里来回哪里去”。这一批中师生，是在严格的遴选标准中脱颖而出的，他们从考上中师那一刻起，就被赋予了荣耀的身份，因为他们有了非农业户口和国家教师身份。

1995 年，叶保国老师以豫南镇第一名的成绩考上了潢川师范学校。考第一名本来就是一件值得庆贺的事情，更何况是考上了毕业就能分配工作的中师。这一年，为了庆祝叶保国考上中师，叶家摆了两天的酒席，宴请亲朋好友。当时流行在电视台点电视剧、在广播站点歌，叶家也是如此。叶保国老师说，“当时我们家请了两天客，好多亲朋好友在电视台点电视剧、在广播站点歌表示庆贺”。

刘贤江老师，1983年出生于W县豫南镇春榜村，1999年以音乐特长生的身份，考取了潢川师范学校音乐理论班，是潢川师范学校最后一批包分配的中师生。刘贤江老师的中考分数是440分，本可以凭借高出豫南高中[①]录取线120分的成绩进入该校重点班就读，但因“师范生是一种荣耀”“毕业就可以就业”“户口可以转为非农业”等，他最后放弃了进入高中重点班的机会，选择了到潢川师范学校就读。

刘贤江老师：因为当时都想上师范，上师范是一种荣耀。更重要的一点是，当时上师范，就意味着能就业。那时候上中师，户口问题就能解决了，工作问题也能解决了。在很多人看来，没有哪条路比这条路更好。

从选择就读中师的那一刻起，刘贤江老师就清楚地认识到，毕业以后就要回到自己的家乡任教。在三年的中师生涯中，潢川师范学校非常明确地要把音乐理论班的学生培养成为能够从事农村小学音乐教学工作的教师。对于“农村小学音乐教师”这一职业标签，刘贤江及他所在的音乐理论班的同学都非常认可，并以此为目标进行日常学习。

刘贤江老师：我们毕业是定向的，不存在你想去哪里就能去哪里，我们都知道，从哪里来，就要回哪里去。比如，我们从豫南来，最终就会回到豫南去。我们还没有入学就知道，我们将来的就业会怎么样。

① 豫南高中，是豫南镇高级中学的简称，后停办。

二、系统的师范教育培养

20世纪80年代初至90年代末，在“面向农村、面向小学”这一培养目标的指导下，中等师范学校对师范生的培养非常严格且精细，目的就是培养能够快速适应农村学校实际需要的教师，以解决乡村教育师资短缺的问题。本节以潢川师范学校为例，阐释20世纪八九十年代中等师范学校对中师生的师范教育培养方式。

首先，锻炼学生的演讲与语言表达能力。潢川师范学校规定每个班级每周都要举办一场演讲会，且演讲主题当场公布，即兴演讲，每个学生都要按照指定主题上台演讲5分钟，极大地锻炼了中师生的口才和胆量。演讲主题有“现行教育存在的问题”“如何管理好一个班级”等，都是与中师生毕业后从事的职业息息相关的主题。出身农家的刘贤江老师，描述了第一次上台演讲时的情景：“在潢师第一次上讲台，现在还记忆犹新。班长喊我名字，让我上台讲一下。我和班长说，‘我不说，我写行不行？我用粉笔在黑板上写’。大家在下面‘哈哈哈’笑起来了。班长说不行，非得逼着我开口。太多太多次的演讲，历练了我的胆量，以后当老师站讲台时从来不会胆怯，都是那时候练出来的。”

其次，培养“三字一画”与普通话等师范生基础素养。潢川师范学校的每个师范生都有一块小黑板，每天都要练“三笔字”：一篇钢笔字、一篇毛笔字和一黑板粉笔字。每个学期，学校都要举办“三笔字”大赛，以激励中师生提高书写的基本素养。在这样的环境中，中师生都你追我赶，投入异常激烈的竞争中。一旦在比拼中落伍了，就会有极强的羞耻感。刘贤江老师非常激动地回忆道，“在那个环境中，你学不好是很丢人的。我们每个星期都要评比一下，包括班里评比、学校评比。你不能写太差呀，太差的也给你晒一下，丢人呀”。

除了“三字一画”，普通话也是中师生必须掌握的技能，如果普通话达不到学校要求的等级，就不能顺利毕业。为了达到学校对普通话水平的要求，从未说过普通话的中师生们费了不少力气。1984 年入学的陈学文老师，在家乡一直说豫南镇本地话，带有浓厚的地方口音。为了学好普通话，陈学文老师买了一本字典，每天背 300 个字，在字典上查好拼音，再在本子上誊写一遍，然后反复进行背诵、练习。经过两个月的集中学习，陈学文老师才通过了普通话考试。由于 W 县人地方口音比较重，很多 W 县籍的中师生因为普通话不过关而延期毕业。

再次，通过全科教师的培养模式，提高学生在音乐、体育、美术等方面的技能和兴趣。中等师范教育的培养目标是农村中小学教师。所以，中师生的一切学习都是围绕着“农村中小学教师”而开展的，且学习内容非常有针对性。刘贤江老师所属的音乐理论班，培养目标就是把学生培养成农村中小学音乐教师。在这一培养目标的指引下，他们学习的内容就是农村音乐教师日常实用的知识和技能，目的就是能教中小学生。除了基本的音乐知识和技能，学校不会开设高深的课程，中师生能弹奏基本曲目、识别曲谱即可，因为回到农村学校后，只需要培养中小学生基本的音乐素养。对此，刘贤江老师的表达则更为直接，“只需要达到钢琴一级、二级[①]的基本要求，九级、十级都是专业水平，我们不需要学这么深入。会开谱、会弹奏一些曲子就可以了，因为回来专门表演钢琴的概率非常低，所以学校也不让你接触这些高深的知识。学校的目的很简单，就是培养将来能教农村中小学生音乐的人”。虽然课程不深，但从表 3-2[②] 可以看到，中等师范学校的课程类别非常丰富多样。

① 钢琴考级共分为十级，一级最低，十级最高。

② 潢川幼儿师范学校 . 潢川幼儿师范学校校志［EB/OL］.（2011-03-23）［2017-12-26］. http：//www.hcyrsf.cn/Article/xxjj/201103/56.asp.

表 3-2　河南省中等师范学校音乐专业课程表（1985 年）

课程			一年级课时		二年级课时		三年级课时		学时总数
			上	下	上	下	上	下	
文化必修课	政治		2	2	2	2	2	2	198
	语文	文选与写作	5	5	4	4	4	4	432
		语文基础知识							
		教师口语	—	—	1	1	1	1	63
		写字训练	1	1	—	—	—	—	36
	数学		2	2	2	2	—	—	142
	心理学		2	2	—	—	—	—	72
	教育学		—	—	2	2	—	—	70
	体育		2	2	2	2	2	2	198
	电教基础知识		—	—	—	—	2	2	56
	小计		14	14	13	13	11	11	1267
专业必修课	音乐基础理论		2	2	—	—	—	—	72
	和声初步		—	—	2	2	—	—	70
	歌曲作法		—	—	—	—	2	2	56
	视唱练耳		2	2	2	2	2	2	198
	音乐欣赏		2	2	2	2	—	—	142
	合唱与指挥		—	—	2	2	2	2	126
	声乐		1	1	1	1	1	1	99
	钢（风）琴		1	1	1	1	1	1	99
	歌曲弹唱		—	—	—	—	2	2	56
	手风琴		—	—	—	1	1	1	46
	舞蹈		2	2	2	2	2	2	198
	小学音乐教材教法		—	—	—	—	2	2	56
	小计		10	10	12	13	15	15	1218
周必修课总计			25	25	27	28	26	26	2591
周选修课（含自习）总计			6	6	5	4	4	4	485
周课时总量			30	30	30	30	30	30	2970
教育实践（周）			—	—	1	—	—	8	—

注：一年级上、下，二年级下，三年级上的上课时长均为 18 周，二年级上为 17 周，三年级下为 10 周。学时总数 = 课时 × 周数，如政治：18×2+18×2+17×2+18×2+18×2+10×2=198。

最后，通过严格的毕业考试，严把质量关。中等师范学校除了在招生时严把质量关、培养过程严格管理学生外，在学生毕业时要求也非常严格。中师生完成学校要求的实习环节后，需要完成一篇毕业论文并参加毕业考核。其中，毕业论文一般是围绕教师专业发展等话题进行写作。刘贤江老师在2002年毕业时，所写的毕业论文就是《如何做一名合格的音乐老师》。由此可以看到，从入学之初到毕业论文写作，各个环节均是围绕培养具备良好素养的师范生进行的。与毕业论文相比，中等师范学校的毕业考核显得更加严格。刘贤江老师所在的1999级音乐理论班的毕业考核分两类，即文化课考核和专业课考核。文化课考核就是考教育学、心理学、语文、数学等文化知识。而专业课考核包括专业技能和理论知识，其中专业技能是与音乐教学相关的技能，如声乐、乐器表演；理论知识主要包括音乐理论各方面，如音乐基础、简谱的使用和书写等。只要毕业考核不及格，就不能按时拿到毕业证。

通过培养程序可以看到，中师生接受三年严格的师范教育培养后，习得了全科教师的基础知识，具有较高的师范素养。不管中师生被分配到哪个学段、教授哪个学科，均表现出较强的教学能力，在很短时间内就成为学校的教学能手，甚至成长为骨干教师。中师生的全科教学能力得到了广泛认可，被赞誉为“吹拉弹唱”样样都会的“万能”教师。这也成了一代中师生的自信来源之一。正如刘贤江老师所言，“我们上师范的时候，重点是培养师范能力。可以毫不客气地说，我们学到的很多东西，包括敢于站在讲台上，都是在师范学的。中师虽然不像大学那样教授高深的文化，但是让我们学会了如何做一名小学老师，尤其是培养了我们的教学技能。我们现在的思维方式、口才、与人交流的能力，包括教书的勇气，都是那个时候培养的”。

第三节　教师职责与教育信念

中师毕业后，中师生就带着报到证返回了自己的家乡，开始了他们的乡村教师职业生涯。中师生凭借过硬的专业知识和良好的师范素养，得到了农村学生和家长的一致肯定。在教育教学工作中，他们扮演着乡村学生的激励者、鞭策者角色，经常忆苦思甜，激励并帮助乡村学生实现大学梦。中师生教师是兼具家国情怀的一代教师，除了履行好教书育人职责，还经常为乡村学生、乡村教育的未来担忧。

一、攻坚克难当老师

20 世纪八九十年代，我国的农村教育事业仍处于缓慢发展阶段，基础设施建设、师资水平提升等都有很长的路要走。这一时期到农村学校任教的中师生过得非常艰苦。但他们并没有因为教学条件艰苦而退缩或辞职不干，而是迎难而上，认真履行教书育人的职责。

徐新城老师于 1985 年从信阳师范学校毕业后，被分配到了方沟学校初中部工作。刚去方沟学校的时候，那里交通不便，从镇上到学校之间有一条河，而过河没有桥，平时都要蹚着河往返。当时的方沟学校没有校舍，学校就建在陈氏祠堂里，平时上课都在祠堂。初中部有 10 多位老师，只有徐新城老师自己住校。到了夜晚，徐老师在祠堂里不免心生恐惧。但是在这样艰苦的条件下，徐新城老师依然兢兢业业，做好教学工作。

徐新城老师：1985 年毕业时，我一下子被分到了方沟学校初中部，在那里教了 2 年。那时候交通不方便，根本没有架这个桥，我们都是蹚着河过去的。我在方沟工作时，方沟的校舍在祠堂里，祠堂里比较禅（方言，吓人的意思），我一个人在这里面住。我还要蹚着河过去买菜。小学和初中都分开了，小学 10 多位老师，中学 10 多位老师。但一到放学，就剩下我一个人了，他们都回家了。那时候很孤独，就我自己。那时候中学有 100

多个学生，这些学生的安全都要我负责，所以说，很辛苦。去了老山学校之后，住校的老师多一些，但交通更不方便，没有公共交通，就只能骑自行车。我当时去的时候，当教导主任、团支书、司务长，带学生做操。司务长，就是学生把米拿来，我给米称重，发饭票给学生。

由于工作业绩突出，1987年，徐新城老师被调到老山学校任教，并任教导主任。与方沟学校相比，坐落在大山中的老山学校，工作条件更为恶劣，是豫南镇最偏远的学校之一。1988年，徐新城老师到豫南镇第一中学工作，从一名普通老师干起，一直干到教导主任、主管教学的副校长。2003年，由于教学、管理工作成绩突出，他被教育局调到了豫南镇第一完全小学任校长，2013年被调至豫南中心学校任副校长，主管全镇师训工作。

20世纪八九十年代毕业的中师生，除了极少数被分配到城市、县城或乡镇所在地任教，大多数被分配到偏远的乡村小学任教。20世纪八九十年代，我国农村教育事业基础设施落后，教学环境相对较差。当时绝大部分乡村学校的教师是民办教师，经过专业师范教育训练的公办教师非常少，教学水平参差不齐。中师生教师在任教之初，即成为乡村学校的骨干力量，对于提高乡村学校的教育教学质量有着至关重要的作用。中师生教师并没有抱怨任教环境的恶劣，而是以饱满的工作状态全身心地投入教育教学工作中。凭借突出的教学成绩和管理能力，他们中的大部分一步步地走上了管理岗位，并迅速成为农村学校的中坚力量。

二、"万金油"教师备受欢迎

中师生教师接受了严格的师范教育训练，被很多老师称为"万金油"。他们"吹拉弹唱"样样都会，有的老师甚至成为所任教农村学校历史上第一个开设音乐（体育、美术）课的科班出身教师。多才多艺的中师生教师，打破了原有教师只能教授文化课的传统，为乡村学校带来了新的活力，并受到了学生的喜爱和欢迎。如潢川师范学校1999级音乐理论班的中师生刘贤江老师，他毕业后到雷山中学任教，成为该校建校历史上第一位专业的音乐教师，他所教授的音乐课成为全校学生最喜欢的课程。再如信阳师范学校1982级普师班的徐新城老师，他参加工作后运用所学的直观教学法进行教学，带学生到野外郊游，在体验中亲近大自然。在同校的民办教师看来，这种将学生带到野外郊游的做法非常荒谬，他们担心孩子"被带坏了"。可见，民办教师和中师生教师的教育理念有非常大的差距。徐新城老师说："刚刚参加工作的时候，学校里好多老师是民办教师。和民办教师相比，我们在专业知识、教学方法、教学技巧方面，都比他们好。他们都没受过专业训练，我们至少知道怎么讲，题目怎么做。我们还会直观教学，带学生去郊游。直观教学，我们在中师学过，就在课堂上用起来了。虽然我们比较严肃，但学生比较喜欢我们，我们'吹拉弹唱'都会。"

1983级的中师生陈功乐，在信阳师范学校就读时学习的是普通师范专业，毕业后被分配到了豫南镇任教。虽然进入中师时的培养目标是农村小学教师，但陈功乐和他的很多中师同学被分配到了农村中学任教，他们可以胜任所在学段各学科的教学工作，对音乐、体育、美术这"小三科"的教学工作更是得心应手。这使中师生教师受到了广大家长、学生的欢迎。"那时候我的专业是普师，什么都学。毕业之后直接分配工作，分到高中教高中，分到初中教初中，分到小学教小学。不管分到哪个学段，都是优秀老师。本来中专只能教小学，但是我们毕业之后如果分到初中就教初中，而且都是全科，什么都能教。缺英语老师就教英语，缺语文老师就教语文，缺数学老师就教数学。我教过语文、历史、数学、物理，音乐、体育、美术也教，兼职的。过去我们毕业的时候，就是'革命同志一块砖，哪里需要哪里搬'，不存在挑肥拣瘦的现象。我们被分到哪个学校都是'扛大梁'，都是一个人上好几个班的课，整个学校的课都可以上。"

与土生土长、没有走出县城学习的民办教师相比，具有中师学历的乡村教师可以说是新中国成立以来第一批走出本村并在县城或地级市接受过系统教育，且具有正规师范专业背景的乡村教师。虽然只是到过县城或地级市，但他们有了见识世界、开阔视野的机会。

20 世纪八九十年代入职的乡村教师，一般为中等师范毕业生，他们在中等师范学校接受了全科教师的系统培养，练就了一身“吹拉弹唱”样样都会的好本领。与年龄较大的民办教师相比，年轻有朝气、具备全科素养的中师生经常被冠以“文艺青年”的称号。

潢川师范学校音乐理论班毕业的刘贤江老师是雷山中学建校以来第一位专业的音乐教师，他不仅承担全校各年级的音乐教学工作，还组织了学校的多个文艺活动，给乡村学校带来了前所未有的欢乐，更受到了全校学生的欢迎。刘老师如是说，“我自认为是当时全校最受欢迎的老师，所有学生都喜欢我的课。原因很简单，那时候学生学习非常枯燥，最喜欢的课就是音乐课。比如我提着录音机去班里，如果是上初二（2）班的课，路过初二（1）班门口时，学生都会站起来鼓掌，因为他们以为我是去自己班上音乐课”。

随着改革开放的深入，港台音乐和流行文化逐渐从城市席卷农村，而将流行元素带入乡村学校的，恰恰是这一时期在城市接受教育的中师生。可以说，中师生教师是改革开放后引领乡村学校时尚风潮的第一批乡村教师，为乡村学校带来了前所未有的朝气。刘贤江老师时常教学生当时的流行音乐，尤其是民歌和校园歌曲。刘贤江老师说，“为了上音乐课，2002 年我自己花了 200 多块钱买了一个录音机。我们教的主要是民歌和校园歌曲，比如《同桌的你》《睡在我上铺的兄弟》《山丹丹花开红艳艳》《在水一方》《鸿雁》。我记得当时最流行的就是《再回首》和《背包》。因为学生学习比较枯燥，所以音乐课就比较受欢迎。那时候每个同学都有一个歌词本，他们最喜欢的就是上音乐课。所以说，我那时候最受欢迎”。

三、鞭策学生学习

陈学文老师对自己的儿子和学生，都是采取忆苦思甜的教育方式，经常给他们讲述自己的人生经历和感悟，尤其是讲述在方沟学校读初三时挑灯夜读时的情景。他经常把自己没有接受过大学教育的遗憾，讲给儿子和学生们听。在陈老师的谆谆教导下，他的儿子考上了北京市的一所重点大学，并攻读博士学位。

陈学文老师：对孩子就是采取忆苦思甜的教育方式，把我以前的经历给他讲一下。我上学的时候，方沟还没有电，每天点煤油灯，后来用罩子灯。家庭条件好一点的才用罩子灯，罩子灯下面是个腿，中间装煤油，上面有个灯头。这个灯有什么好处呢？早上去学校的时候，拿着罩子灯，可以照亮去学校的路。放学时，再拿回家。走路时，就当路灯了，还防风。每当你学习时，都必须要下劲的。我和他说的意思是，你可以玩，但你如果想取得成绩，肯定要下劲。如果你不下劲，白白地玩，学不到东西。我天天在电视上看“快乐学习”，其实我觉得学习这个东西，并不是能快乐地学到的。只是说，你学到知识之后，可以感到乐趣。但本身学习就不是快乐的事情。再聪明的人，学习的过程都是非常艰苦的。

豫南镇中心学校副校长徐新城老师，1982 年以凉亭乡中学毕业考试第一名的成绩考入信阳师范学校。20 世纪 80 年代就读初中时，徐新城老师一心想报考高中，考上一个好大学。但由于家庭条件太差且家庭姊妹众多，最终还是报考了毕业后可以分配工作的中等师范学校，学了普师专业。1985 年，徐新城老师作为第一届定向分配的中师生，被分配到了隔壁乡镇豫南镇任教[①]。在对徐老师进行访谈时，徐老师还时常流露出对当年没有报考高中的遗憾和不甘。虽然有遗憾和不甘，但徐老师一直勤勤恳恳地干好本职工作，为的就是通过自己的教学，让更多的农村孩子走出大别山

① 据徐新城老师所言，1985 年分配工作时，凉亭乡的教师名额满员，他只能到邻近的豫南镇任教。

区。“我自己没上过大学，我就得让我的学生们树立起上大学的理想，帮他们上好大学。”

中师生教师是通过中考进入本地的中等师范学校，通过“免费—分配”体制回到本乡本土，也是计划经济师范教育办学体制的最后一批农村教师。[①] 由于家庭经济因素，他们放弃了上重点高中和大学的机会，而选择了免费的中等师范教育，毕业后再返回家乡任教。在当时，考上中师意味着拿到了“铁饭碗”且获得了非农业户口，但初中毕业读中师这一选择，也给很多中师生留下了没能就读重点高中、大学的遗憾和不甘。

他们是从现在任教的土地上走出来的，已经实现了阶层的向上流动，即从农民转变为社会地位较高、经济收入稳定的教师。作为集“荣耀”与“不甘”于一身的中师生教师，他们以帮助农村贫困学生考上好高中、进入好大学为使命，扮演着让农村学生摆脱农村贫苦生活、走向城市现代生活的激励者的角色。中师生教师作为土生土长的本地人，与村庄和村民有着天然的基于血缘和地缘的联结。绝大多数中师生教师，除了认真履行教书育人的职责，还关心学生的未来和发展，他们不仅把所从事的教师职业当作一份职业，更多的是把这份职业视为帮助农村贫困孩子走出大山、走出农村、出人头地的一项事业。他们不单单为了教学业绩和薪酬，更多的是对生他养他的乡村、对和他们有着千丝万缕的血缘和地缘关系的子孙后代负责，他们有着强烈的家国情怀。

他们对自己孩子和学生的教养方式，也是非常独特的。与高中教育、大学教育失之交臂，这对于中师生教师而言是一辈子的遗憾。他们经常对子女和学生讲述自己接受中小学教育时所受的苦，并动情地讲述没有上过大学的遗憾。

---

① 郑新蓉 . 共和国五代乡村教师代际特征研究［J］. 贵州师范大学学报（社会科学版），2016（3）：120-127.

虽然中师生教师群体因为选择中师留下了一生的不甘和遗憾，但他们的确是现任乡村教师中最具家国情怀的一代教师，他们用自己的人生经历激励农村学生学习，并时刻关注农村教育走向，时刻关心着未来谁教农村孩子的问题。面对“铁打的营盘，流水的兵”的农村教师队伍现状，尤其是青年教师频繁的职业流动，中师生教师群体担心这种情况会对农村学生的身心发展和学习产生不利影响。面对农村教育的现状，如农村生源日益减少、教师流动性大、高素质教师欠缺等，中师生教师群体深表担忧。正如刘贤江老师所谈到的那般：“青黄不接已经开始显现，未来几年，这种青黄不接将是断崖式的。这一批老教师退休后，后面的很难接上，四五十岁的教师现在非常少。现在集中在两头，要么是老教师，要么是特岗教师。50岁以上和35岁以下的最多，怎么办？”

可以看到，中师生教师始终以帮助农村学生走出农村、考上大学为己任，在日常教育教学工作中扮演着乡村学生学习的榜样和鞭策者的角色，帮助了一批又一批的农村学生通过教育走出农村，改变了农家子弟的命运。同时，他们也具有极其强烈的家国情怀，为农村教育和国家的未来发展担忧。

四、就业后的人生选择

用“春风得意马蹄疾，一日看尽长安花”这句诗来形容初中毕业生被中师录取那一刻的欢喜之情最恰当不过。乡里乡亲争相祝贺，对未来的期许集于十五六岁的少年身上。正如陈功乐老师所言，“那时候只有全乡镇第一名或第二名才能考上中师，考上中师的都是出类拔萃的。考上之后，十里八村的亲戚都来我们家祝贺。那时候我才15岁，非常自豪”。

这种荣耀和喜悦之情，一直延续到中师三年的学习生活中。但中师生走上工作岗位后，因高等教育逐渐普及，大学生越来越多，不少中师生教师也会因错过大学梦而心有不甘。

在心有不甘的情况下，很多中师生就开始有了通过继续考学的方式改变自己命运的想法。但能考上的是极少数，绝大部分继续留在乡村学校任教。

（一）极少数考走转行

面对心理落差，中师生群体的第一反应就是要继续读大专、本科、研究生。当时在农村学校掀起了一股中师生考研的热潮。大专学历相对比较容易，可以通过职后培训或进修的方式获得。但在20世纪八九十年代，本科教育和研究生教育的录取人数较少，考试难度大。最主要的是，中师生在中小学时英语基础较差，入读中师后大多没有再学英语，导致在考本科和研究生时难度大。所以，考取大学和研究生的中师生人数是非常少的。能考上大学和研究生的中师生，现在大都成了各个领域的佼佼者。

陈学文老师：我有一个伙计。他1984年被分到双沟教书，1986年W县有个进修班，开封教育学院派几个老师在进修班培训英语。他就跑到W县学英语。1987年我和他一起到双沟教书，他非常聪明，也很努力。他后来考上研究生了，就是因为他到W县进修英语，当时中师生大都英语基础差。他现在是民法学的权威。

1984—1989年，在双沟学校任教的中师生教师中备考研究生的并非仅有这一人，还有陈学文老师、李学辉老师、杨学顿老师。这四位中师生教师相约一起复习，报考政法类的研究生。之所以四人都报考政法专业，是因为政法专业是文科专业，不用考数学，只需要准备政治、英语和专业课就可以。虽然文科专业考试相对比较容易，但毕竟要考英语，英语对于中师生而言是软肋，中师生在中小学时英语基础差，而且中师阶段并不学习英语这门课程。所以，虽然这四位老师一起报考政法专业，但最后被录取的仅有两位。

（二）工作岗位上的无奈与坚守

没考取大学、研究生的中师生，大多继续在家乡任教，在亲朋好友的关心和帮助下逐渐走出失落。他们在自己的工作岗位上兢兢业业，认真从事教书育人的职业，并逐渐成为乡村教师队伍的中坚力量。

1978年出生的叶保国老师，在1995年以豫南镇第一名的成绩考上了潢川师范学校，1998年被分配到了豫南镇第一完全小学任教，教一年级语文。第二年，叶老师就外出进修专科和本科，先后在信阳教育学院和河南教育学院拿到了专科和本科学历，而且是自费攻读学位。叶老师尝试了两次考研，第一次没有考上，第二次虽然被录取了，但因为是自费，叶老师选择了放弃。

叶保国老师：我当时也试了两把考研，第一次报的是重庆师范大学大学教育专业、高等教育专业，但英语没过。第二次报的是云南师范大学思想政治教育专业，过线了，但是自费。自费要花几万，所以没有去读研。

虽然考研失利给一些中师生教师带来了不小的挫败感，但他们毕竟是以优异的成绩考上中师的。初中毕业入读中师后，在学校严格的师范教育培养机制中，他们习得了非常多样且精湛的教学技能，琴棋书画、舞蹈样样都学，很多中师生在这些方面都颇有造诣。中师生教师在自己的工作岗位上坚守与奋斗，为国家农村教育做出了巨大贡献。

第四节　过渡型的家庭结构

改革开放之后，我国的政治、经济和文化等领域都发生了巨大的变化，教师的地位也发生了根本性的转变。随着以经济建设为中心路线的重新确立，青年群体的婚恋行为也在日益“去政治化”，开始追求自主婚恋，以社会和经济地位为基础的“门当户对”观念在悄然兴起。

由于国家需要和个人需要，在20世纪80年代初至90年代中期，整个社会掀起了持续的“中师热”现象。① 能考上中等师范学校的初中生，有包分配的工作，户口也转为非农业户口。

虽然 20 世纪八九十年代教师的社会地位有了显著提升，但乡村教师经济地位的提升速度却比较缓慢。乡村教师经济地位的高低，直接决定了乡村教师婚姻关系缔结的难易程度。这就出现了不同时期中师生教师群体择偶状况和家庭结构的变化，即前期在以男性为主的乡村教师性别生态中，乡村教师经济地位较低、择偶状况不甚理想，家庭结构仍然沿袭“乡村教师与当地农民”结合的“一头沉”结构。随着经济水平的提高，乡村教师的经济地位逐渐提高，与此同时，中等师范学校招生规模不断扩大，中师生教师群体中女性教师逐渐增多，这都为乡村教师提供了更加多元的择偶空间。这一时期的中师生教师群体择偶状况逐渐好转，出现“双职工”家庭结构，且以夫妻双方均为教师居多。

一、前期中师生：多为“一头沉”家庭

在豫南镇，有将近五分之二的中师生教师的配偶没有正式工作，多在家务农。这种“乡村教师与当地农民”结合的“一头沉”家庭结构，在 20 世纪 80 年代普遍存在。之所以会出现这种现象，主要是因为，一方面，20 世纪 80 年代我国的乡村教师工资水平普遍较低，不足以养家糊口，乡村教师经济地位不高，在婚恋市场上具有较为明显的劣势。如陈功乐老师 1986 年刚参加工作时，每个月的工资仅有 46 元，1987 年转正后提高至 54 元，这份工资在乡镇范围内属于中等收入。另一方面，20 世纪 80 年代我国农村地区具有事业编制的工作人员较少，加上中等师范学校的招生数量较少，导致这一时期的乡村教师择偶的空间不大。所以，此时出现了男性

① 韩淑萍 . 从“荣耀”到“不甘”：农村学生选择中师教育的社会学分析 [M] . 北京：知识产权出版社，2012：3.

中师生教师和女性农民结合的普遍现象。

陈功乐老师：我们那个年代中师生教师的对象没有工作的居多。当时农村有工作的人比较少，所以男中师生教师找农民的很多。原来上师范的学生太少了，我们头一届只有40人，第二届60人，后来发展到100～200人。当年，没有选择的余地，有工作的女性很少，大多没有工作。

作为第一届中师生，徐新城老师的配偶是豫南镇卫生院的一名医生，这在他这个年龄段的中师生教师中实属罕见。徐老师之所以能找到在卫生院工作的爱人，是因为他当时被调动到镇上的豫南初级中学工作，有了更多选择。

二、中后期中师生："双职工"家庭渐多

随着改革开放的逐步推进，属于私人生活范畴的恋爱和婚姻日益得到重视和保护，青年男女的婚恋自主权有了明显的增强。

这一时期，我国的人口政策开始松动，城乡之间开始有了频繁的交流，人们也逐渐摆脱以单位为基本组织框架的生活方式。随着交际范围的扩展，乡村教师在自由流动中，不再囿于"本村本乡"的地域限制，县域范围内不同乡镇之间的连理关系越来越多，开始出现"本地男教师+外地媳妇"的婚配方式，配偶职业开始多样化。

家庭结构方面，乡村教师从"一头沉"家庭结构为主逐渐转变为"双职工"家庭结构为主，且配偶职业开始多元化。一方面，中师生教师的社会经济地位与在婚恋市场中的地位同步提升。另一方面，随着中等师范学校招生规模的扩大，越来越多的女性进入中师生行列，这也为中师生教师提供了更加多元的择偶空间。所以，中师生教师群体的配偶也从以农民为主演变成以事业单位职工为主，而且双方均为教师的家庭占多数。豫南镇中心学校领导班子共有9名成员，均有丰富的乡村教学经历。其中，中师生教师的配偶不再只是农民身份，大部分都有正式的职业，且职业类型多

样，既有新华书店经理，也有教师和医生，而配偶为教师的占据多数（见表 3–3）。

表 3–3　豫南镇中心学校领导班子基本信息及家庭情况

姓名	出生年份 / 年	毕业学校	工作时间 / 年	入职方式	职务	配偶职业
陈功乐	1967	信阳师范学校	1986	学校分配	校长	新华书店经理
张泽厚	1957	潢川师范学校	1973	学校分配	副校长	教师
徐新城	1965	信阳师范学校	1985	学校分配	副校长	医生
刘贤江	1983	潢川师范学校	2002	学校分配	工会主席	教师
胡玉贤	1977	固始师范学校	1997	学校分配	会计	教师
赵建设	1980	信阳师范学校	2001	学校分配	办公室	教师
陈宏斌	1984	潢川师范学校	2008	公开招聘	会计	公务员
吴晓强	1957	高中	1975	民师转正	会计	农民
邹中文	1962	初中	1979	退役安置	支部书记	农民

这一时期的婚姻关系缔结的方式依旧主要是介绍成媒，不同于上一代乡村教师的"媒人介绍"，中师生教师则是以"熟人介绍"为主，尤其是中师同学的介绍。改革开放初期，我国大中专毕业生依旧延续的是计划经济体制下"统包统配"的就业政策[①]。"乡来乡去，镇来镇去"则是中等师

① 在 W 县调研时发现，20 世纪 80 年代初期到 90 年代末，尤其是 90 年代末时，并非全部中师毕业生都统一分配工作。中师生内部也存在着身份的差异，有正取生和自费生之别。

范毕业生的就业方式，即“从哪里来回哪里去”。所以，中师生教师的社会交往圈子得以扩大到整个县城，各个乡镇都有中师同学，这样就为跨地区择偶提供了便利条件。

在豫南镇进行田野调查时，笔者发现这种熟人介绍成媒的婚姻关系缔结方式特别普遍。如刘贤江老师毕业于豫南镇雷山初级中学，他从潢川师范学校毕业后，被分配到了豫南镇任教。工作后，中师同学给刘老师介绍了现在的媳妇孙老师。同在豫南镇任教的陈朝林老师，潢川师范学校毕业后，经过中师同学的介绍，认识了在紧邻 W 县城一个镇工作的徐老师。以下是在对陈朝林老师进行访谈时，他说起的谈婚论嫁的过程：“2010 年的正月十五，我的一个在十里中学教书的中师同班同学，把她的同事介绍给我，也就是现在的媳妇。我们见了三次面就结婚了。第一面看看合不合适，聊聊天，然后谈了有两个小时。走之前就相互说一下，然后我问我那个同学，对方还愿意继续交往不。如果愿意继续交往，再继续交往。”

三、门当户对的婚姻缔结

1978 年改革开放后，青年群体自我意识、主体意识全面觉醒，在恋爱婚姻家庭领域，“我的感情、我的婚姻、我的生活我做主”已成不可阻挡之势。[①] 随着社会的进步、经济的发展，青年群体的婚姻关系缔结的经济成本也在不断提高。

20 世纪八九十年代，中师生教师的婚礼非常简单，而且女方对男方的彩礼要求也不高。徐新城老师和陈功乐老师都是经人介绍与爱人认识，并在 1990 年结婚。两位老师的家庭经济情况都比较困难，他们的爱人的家庭情况也差不多。所以，在这样家庭经济条件相当的情况下，两位老师结

① 张华．中国青年恋爱婚姻家庭［M］// 沈杰．中国改革开放以来青年发展状况研究．北京：人民出版社，2015：235-236.

婚时的仪式都比较简单，办了酒席就算结婚了。

徐新城老师：我 1990 年结的婚，结婚比较晚，都 25 岁了。我和她在一起的时候，工资比较低。最先开始时，我在方沟教书，一个月工资是 42 元。到了老山，47 ～ 48 元一个月。到豫南初级中学，涨到了 60 多元一个月。当时，我家属的工资也是 60 多元一个月。三个月不吃不喝，才能买一辆自行车，而且是便宜的“飞鹰”牌自行车。我和我家属谈恋爱时，我的家庭情况她知道，我都和她讲了。她是街上的姑娘，听别人介绍，我教书可以，比较有才。我家里条件较差，所以我结婚的时候，没给什么彩礼。那时候也没车送，她到我家的时候，有两个送亲的，从街上走到我老家，有 8 里地，硬走过去的，走了 1 个多小时。我们在家里办的婚礼。

陈功乐老师：我是 1990 年结婚的，我爱人是中专毕业的，她考的是技校，相当于现在的职业技术学院。中专分配工作时，父母在什么单位工作，你就分到什么单位工作，接他们的班。她毕业时，父亲在新华书店工作，她也就去了豫南镇新华书店工作了。新华书店在豫南镇中心学校的对面。我喜欢看书、买书，所以经常去新华书店看书。我们也是经人介绍的。她原来的老师，就是我所在中心学校的校长。那时候我没有给彩礼。我爱人家庭比较困难，我家庭也比较困难。她是一个非常通情达理的人。我们就这样结婚了。

这些年，按照 W 县的婚嫁习俗，结婚时男方向女方提供的结婚必需品发生了很大的变化。20 世纪 70 年代流行“三转一提”，80 年代是“三大件”,90 年代又出现“新三大件”[①]，而到了 2000 年左右开始流行“有房、有车、有饭店婚礼”。除此之外，结婚所需的彩礼金额也逐年攀升。

2010 年结婚的陈朝林老师，出生于 1983 年，是潢川师范学校毕业的中师生，配偶是一名乡村教师。在结婚时配偶就没有要求房子，结婚花费

① 彩电、双门冰箱、摩托车。

大概在5万元，而当时一般的结婚成本为10万左右。“结婚之后，没有盖房子。我老家是朱堂村的，我的房子是翻新的房子，1997年和1998年就盖了两层房。结婚统共花了5万左右吧！我媳妇娘家在彩礼方面没怎么要。”陈朝林老师说。2006年结婚的刘贤江老师也表示，“那时候彩礼要得很少，大概一两万块吧，而且结了婚又带过来了”。

由上述可以看到，与上一代乡村教师相比，中师生为主的乡村教师群体的婚恋成本虽然在逐渐提高，但是与当时社会普遍流行的婚姻关系缔结成本相比，乡村教师的结婚成本不算太高。

通过民办转公办的乡村教师与中师生教师的婚姻缔结方式的对比可以看到，两代乡村教师有着不同的婚姻模式，尤其是20世纪90年代前后入职的中师生教师与民办教师有着显著的差异。民办转公办的乡村教师配偶多是农民，而中师生教师则呈现出一种相对封闭的婚姻网络状态，即大部分中师生教师的配偶是与自己学历相当的公办教师。他们大多在相对封闭的教育系统内，通过熟人介绍或自由恋爱等方式，与同事或同学缔结婚姻。

第五节　生计、人情和消费

20世纪80年代初至90年代末，乡村教师的主要来源是定向分配的大中专毕业生，且以中等师范学校培养的中师生为主体。而中师生从入学开始就具有国家承认的干部身份，经过三年的中师求学生活，再返回乡村后，就成为正式教师。同时，他们的婚姻关系缔结方式及配偶职业都发生了很大的变化，出现越来越多的“双职工”家庭，并具有了稳定的经济收入。由于有了“干部身份”和双职工的“稳定收入”，中师生教师群体对土地的依赖也就越来越弱。乡村教师从土地和课堂的两栖，越来越多地变为农村课堂和城市生活的两栖[①]。由此，他们也就成了乡村教师群体中的第一批“走教”教师，即工作日在学校教学，休息日回乡镇（县城）居住。

与民办教师群体不同，中师生自毕业开始，就有了国家教师身份，并拿到了非农业户口。中师生自离家外出求学开始，便离开了农田，虽然他们的父母还有土地，但毕竟所组建的家庭大多是“双职工”家庭，已经可以不再依靠土地的收成过活[②]，双职工的家庭结构使他们的经济收入水平远高于上一代的民办教师，也使得他们有了一定的经济基础能够在县城买房。

有着丰富的教学经验和阅历的中师生教师群体，大都成为各所学校的教学骨干力量，甚至有很多走上了学校和教育行政管理部门的领导岗位。正处于事业发展上升期的他们，日常消费开支主要是家庭生活必需开支和养育子女、还房贷、社会交往。现以陈朝林、刘贤江两位老师的日常开支为例，详细论述。

一、为生计而奔波

现为新寨小学校长[③]的陈朝林老师，他的妻子在豫南镇第一完全小学任教，已经有两个儿子，其中大儿子已上幼儿园，小儿子刚出生。为方便工作，陈朝林老师一家四口平时就住在学校，周末才回到朱堂村家中居住。他已经在县城按揭买了一套小区房，贷款 17 万，15 年还清，每个月需还贷款 1500 元，这是陈朝林老师每个月最大的一笔开支。

① 程猛．教师与土地：贺疃村三代农村教师口述史［D］．北京：北京师范大学，2012.

② 程猛．从“一村之师”到“一校之师”：H 村三代农村教师口述史［J］．上海教育科研，2016（4）：30–33.

③ 访谈时间为 2016 年 11 月，当时陈朝林老师任新寨小学校长，现在已经调至枣寨小学任校长。

表 3-4 陈朝林与刘贤江老师的日常月开支明细

单位：元

姓名	房贷	养育子女	礼金	医疗费	交通费	饮食	服装	物业、水电费	手机通信费	宽带费	化妆品	其他[①]	共计
陈朝林	1500	1260	500	500	400	0	300	100	100	42	20	1250	5972
刘贤江	2200	500	500	100	600	500	400	50	48	30	50	700	5678

陈老师之所以没有写饮食开销，是因为新寨小学所有老师在工作日可以和学生一起在食堂吃午饭，早晚饭以及周末和家人一起吃，也没有计算在内。从表 3-4 中可见，陈朝林老师每个月子女养育和家庭生活必需开支共计 2722 元[②]。此外，陈朝林老师在“其他”栏目中写了 1250 元。在追问“其他”是指什么时，陈老师说这笔是请同事、朋友吃饭的费用。这笔“其他”和每个月 500 元的礼金，可以归为“社会交往”的费用，共计 1750 元。

再看刘贤江老师的开支，刘贤江老师的妻子在豫南镇第一完全小学任教，育有一儿一女，分别上学前班和小学三年级。刘老师 2017 年 5 月份在县城贷款 45 万买房，按揭 30 年还清，每个月需要还房贷 2200 元。按照同样的划分方式，刘贤江老师每个月在家庭生活必需开支和子女养育方面共需 2278 元。刘老师在“其他”栏目中写的 700 元，同样为和同事、朋友吃饭的费用，这笔费用和礼金 500 元一起，可以算入“社会交往”一栏，共计 1200 元。(见表 3-4)

① 其他，指机动支出，主要是同事、朋友聚会的支出。

② 其中，家庭生活必需开支包括：医疗费 500 元、交通费 400 元、服装 300 元、物业及水电费 100 元、手机通信费 100 元、宽带费 42 元、化妆品 20 元，共计 1462 元。

对两位老师的月开支进行分类整理后，可以发现，中师生教师的月开支可以分为三类，即家庭生活必需开支和子女养育、房贷、社会交往。其中，家庭生活必需开支和子女养育占据了支出的最大比例，其次是房贷，接着是社会交往（见表 3–5）。家庭生活必需开支和子女养育是已经成家立业的中师生教师必需的生活开支。房贷是乡村教师为了过上城市生活、使子女获得优质教育资源所需要的开支。家庭生活必需开支和子女养育、房贷成为他们最主要的开支，给他们带来了很大的负担。

表 3–5 陈朝林与刘贤江老师的月支出分类明细表

姓名	家庭生活必需开支和子女养育		房贷		社会交往		共计 / 元	打卡工资[①] / 元
	金额 / 元	占总支出百分比	金额 / 元	占总支出百分比	金额 / 元	占总支出百分比		
陈朝林	2722	45.58%	1500	25.12%	1750	29.30%	5972	2171.97
刘贤江	2278	40.12%	2200	38.75%	1200	21.13%	5678	2204.67

再以土岗小学校长叶保国为例，叶保国老师的妻子为豫南二中教师，现借调至 W 县二中任教。夫妻俩已经有两个孩子，一个孩子读小学，另一个孩子即将满 5 个月。叶老师一家已经搬到了县城居住。调查时，叶老师倾吐了他平时的烦心事，即工资不够日常生活开支。

叶保国老师：我们 2006 年结婚，2009 年买的房，在县城买的。我们买的房是国税局家属院职工的集资房，没有房产证，一共花了 32 万，房子有 180 平方米。当时我们只有 4 万块钱，其他都是借的，家里老爷子贴了 1 万。借款到今年才还清，现在没房贷了。前房主就住了 3 年，工作调动，调到信阳去了，我们就一下子全款盘下来了。我是每天都来回家和学

① 打卡工资，是指两位老师于 2017 年 10 月 24 日实际收到的工资。

校，家里有一个小孩（小儿子），还小。我孩子（大儿子）中午回家吃饭，家里现在忙不过来，准备找一个保姆。各种开支加起来，生活成本太高了。

二、为社会交往消费

除了家庭生活必需支出和养育孩子、还房贷，中师生教师在社会交往方面的花费也很大。社会交往所蕴含的社会意义较为复杂，土生土长的中师生教师需要通过请客吃饭、礼尚往来的方式进行社会交往。

与“生于斯，长于斯，学于斯，教于斯”的民办教师不同，20世纪80年代至90年代入职的中师生教师，打破了这种传统的世代“耕读”的乡村教师生活方式。他们虽然出生、成长并且求学在本村本乡，但经历了三年城市化的中师学习，与乡土社会之间的关系不再如民办教师那般紧密，社会交往方式也发生了很大的变化。

虽然绝大部分的中师生教师来自农村，但凭借“双职工”家庭的稳定经济收入，他们有机会走出村庄，成为第一批在乡镇乃至县城购房居住的乡村教师。研究发现，中师生教师群体虽然居住地点发生了转移，但这并不意味着他们切断了与村庄之间的社会关系。毕竟他们是土生土长的本地人，与村庄、乡镇有着难以割裂的地缘关系。1983年出生的刘贤江老师从潢川师范学校毕业后，就回到了豫南镇任教。在父亲的帮助下，刘老师在豫南镇街上有了一套自建的两层小楼，成为刘氏家族第一个从春榜村①搬到豫南镇街上居住的人。

从春榜村搬到豫南镇街上后，刘贤江老师的社会交往范围从村庄扩大到了整个乡镇。同时，刘老师在潢川师范学校学习期间，认识了很多来自信阳市各个县区的中师同学。与民办教师相比，中师生教师的社会交往范围发生了很大的变化。对刘贤江老师的礼金流动方向进行分析后发现，刘

① 春榜村，位于豫南镇东南部，是刘贤江老师的家乡。

老师每年礼尚往来的范围以豫南镇为主，辐射中师同学。具体而言，刘老师 2002 年参加工作后，先后在雷山中学、骆宾小学、九江小学、赛山小学、李寨小学、土岗小学任教，2015 年起担任豫南镇中心学校工会主席，他在豫南镇的社会关系网络可以说覆盖豫南镇的各所学校。所以，在社会交往对象方面，以关系较好的中心学校的同事、村小校长、部分关系要好的老师和直系亲属为主。除此之外，在参加工作初期，很多中师同学陆续结婚生子，刘老师也要送礼金表示心意。

通过三个月的田野调查，笔者发现，村小的校长之间交流很多，他们常在一起聚会。正如陈朝林老师所言，“我们一般都是找几个玩得比较好的，而且是年龄差不多的朋友，一起吃个饭、喝个酒、吹个牛，偶尔唱个歌、打个牌。平时晚上也没什么事儿，就出来聚一下。经常走动，感情才能好”。中师生教师之间的“经常走动”，便是为了达到交流感情的目的。而豫南镇的消费水平比较高，所以，这种礼尚往来的聚会性支出占据了中师生教师开支的很大比例。

除了同龄朋友、同事之间往来产生的消费，乡村教师也有宗族亲戚间的消费和开支。在相对封闭的宗族社会，土生土长的乡村教师非常看重养他育他的这片土地上的宗亲关系。豫南镇宗族观念浓厚，在一个相对封闭的熟人社会中，人与人之间有着千丝万缕的宗亲联系。这里在新中国成立前就建有很多祠堂，如陈氏祠堂、黄氏祠堂、欧氏祠堂、骆氏祠堂、余氏祠堂、叶氏祠堂等。建祠较早的当数陈氏祠堂，它建成于光绪十年（1884 年）。除祠堂外，很多人数较多的姓氏还成立了民间性质的姓氏协会组织。

在宗亲社会里，亲密的共同生活中，各人互相依赖的地方是多方面且长期的，这些关系的维系需要一定的开支。

第六节　文化娱乐生活

改革开放之前，我国长期实行的是高度集中的计划经济体制，全国人民的物质生活相对贫瘠；在政治运动影响下的精神文化生活具有政治色彩，相对比较单调。改革开放之后，随着计划经济向市场经济体制的顺利过渡，多样化的文化交流对20世纪八九十年代入读中等师范学校的中师生产生了深刻的影响。多样化体现在人物崇拜、歌曲欣赏、书籍阅读三个方面。

一、人物崇拜

作为改革开放之后成长起来的青年一代，中师生教师群体生活在一个相对自由、开放的社会环境中，但绝大多数中师生教师依然崇拜毛泽东、周恩来等老一辈政治领袖。之所以有这样现象的出现，部分原因是W县是革命老区，中师生很小就接受红色文化教育。中师生教师对毛泽东、周恩来等革命领袖的崇拜更客观且理性，如“喜欢毛泽东的聪明机智”，“他很有本事，很了不起”，“太有才了”，再如有老师崇拜周恩来是因为“敬佩他的人格及智慧”。

与民办教师群体相比，中师生教师出现了崇拜邓小平、朱镕基、习近平等新一代国家领导人的现象。此外，中师生教师中开始出现基于个人兴趣的人物崇拜，如有老师提到之所以喜欢著名书法家启功先生，是因为“喜欢他的字，欣赏他的人格和教学风格”。除此之外，还有因为喜欢《孙子兵法》而崇拜孙武的；也有崇拜演员成龙的，因为他敬业、爱国等。

通过对中师生教师群体的崇拜对象的分析可以发现，20世纪七八十年代出生的中师生教师群体依然以崇拜国家领导人、政治领袖为主，比较关心时政和国家发展，但也有很多老师是基于个人发展和兴趣爱好选择崇拜人物。

二、多元的音乐偏好

改革开放后，从西方国家、我国港澳台地区流传而来的流行音乐逐渐增多。出生在20世纪七八十年代的中师生，恰好处于流行音乐风靡全国的时代，流行音乐对中师生的影响颇深。这一时期，中师生在音乐欣赏方面，已经打破了民办教师群体年轻时的贫瘠与单调，流行音乐逐渐进入正处于青年时代的中师生群体，他们欣赏音乐的风格从过去的以红色旋律为主，演变为红色、励志、怀旧、家国情怀多元并存。

20世纪七八十年代出生的中师生，一般都是在初中阶段学习成绩优异甚至是名列前茅的学优生，大多因家庭经济压力，选择中等师范教育，与大学无缘。在后来的考研浪潮中，大部分中师生教师名落孙山，留在家乡继续任教至今。中师生喜欢的歌曲中，有很多歌曲表达了他们的心声，如《酒干倘卖无》《爱拼才会赢》等。正如《爱拼才会赢》的歌词，“一时失志不免怨叹，一时落魄不免胆寒，哪怕失去希望，每日醉茫茫，无魂有体亲像稻草人，人生可比是海上的波浪，有时起有时落，好运歹运，总嘛要照起工来行，三分天注定，七分靠打拼，爱拼才会赢”，体现了闽南人热爱拼搏的精神，告诉我们面对迎面而来的每一个困难，必须发扬艰苦奋斗的精神，不低头，努力拼搏。这首歌曲传达的艰苦奋斗的精神，得到了中师生教师的认同与喜爱。

此外，*Five Hundred Miles* 这首歌表达了面对失败的内心挣扎，也与中师生教师的考研失利等的情感有或多或少的关联。《从头再来》则阐释了经历失败后不言输、重新来过、继续奋斗的励志精神，更是符合中师生教师的心理状态。叶保国老师说，“我比较喜欢《从头再来》这首歌，我曾经考研两次都没考上，当时正好刘欢这首歌流行，唱出了我的心声：此处不留爷，自有留爷处！考研考不上，我就好好当老师”。正是《从头再来》这首歌，帮助叶保国老师从考研失利的阴霾中慢慢走出来的。

除了励志的歌曲，有的中师生教师还喜欢怀旧歌曲，如《萍聚》《朋友》

等，以表达对同学情的怀念、对朋友情与同事情的珍惜。

抒发对祖国的热爱、对家乡的热忱的歌曲，也深受中师生教师群体的喜爱，反映了他们希望祖国昌盛、家乡更加美好的家国情怀。有的老师最喜欢的歌曲是《今天是你的生日》。

三、阅读贴近自身经历

在兴趣和阅读爱好方面，中师生教师也表现出了多元取向，而且阅读习惯更加贴合自己的人生经历。

20 世纪八九十年代的中师生教师是在“面向农村、面向小学”的培养目标的指引下培养出来的全科教师，他们除了具有较高的文化素养，在音乐、美术、体育、书法等方面也培养了一定的兴趣和爱好。参加工作之后，中师生并没有丢掉在中师培养的兴趣爱好，而是逐渐把这些兴趣爱好变成他们的日常生活方式。笔者在对多所学校进行田野调查时发现，很多接受过中师教育的老师，书法特别好，也写得一手漂亮的硬笔字。还有很多老师在素描、简笔画、油画上颇具功底。在田野调查期间，笔者经常被邀请参加中师生教师组织的唱歌和书法活动，在活动中可以看得出这些中师生教师都是接受过专业训练的。

在日常阅读方面，中师生教师涉猎的书籍比较广泛，包括文学作品、促进教师专业发展的书籍等。中师生教师阅读的文学书籍多贴近他们的人生经验和生活实际，如《廊桥遗梦》，“将旅行者的孤独与爱情写得淋漓尽致”；《苏菲的世界》，“看了之后让人保持好奇心”……

值得关注的是，有很多老师最喜欢看的书是《平凡的世界》，因为它“很贴近现实生活”，“内容让我很感动，很现实”。《平凡的世界》这本书之所以深受中师生教师的喜欢，是因为这本书讲述的故事和年代恰好和他们的童年生活、求学经历相吻合。《平凡的世界》是一部全景式地表现当代城乡社会生活的长篇小说，体现了生活在那片土地上的人对生活的不屈抗争。它通过复杂的矛盾纠葛，刻画了社会各阶层众多普通人的形象。劳动与爱情、挫折与追求、痛苦与欢乐、日常生活与社会的冲突……这些线索纷繁地交织在一起，深刻地展示了个体在大时代历史进程中所走过的艰难曲折的道路。《平凡的世界》中的人物形象、故事情节，让中师生教师产生了极大的共鸣。正如叶保国老师所言，“看这本书时，我仿佛看到我自己也在其中”。

表 3–6 为中师生教师群体的文化生活状况。

表 3–6　中师生教师群体的文化生活状况

编号	性别	出生年份/年	工作时间/年	最喜欢读的书及喜欢的原因	最喜欢唱的歌及喜欢的原因	年轻时崇拜的人物及崇拜的原因	现在崇拜的人物及崇拜的原因
1	男	1971	1991	《三国演义》，故事情节好	红军长征歌曲	关羽，重义气	—
2	男	1972	1991	—	《爱是你我》，有积极向上的冲动	毛泽东，聪明机智	习近平，正义
3	男	1974	1993	《读者》	《酒干倘卖无》	毛泽东，他很有本事、很了不起	邓小平、朱镕基，他们能看出问题的实质，敢于突破，敢于改革，不畏首畏尾
4	男	1975	1997	《廊桥遗梦》，将旅行者的孤独与爱情写得淋漓尽致	《军港之夜》，抒情	岳飞、毛泽东，爱国	岳飞、毛泽东，爱国
5	男	1976	1995	《易经》，顺其自然	《萍聚》，表达了同学情、朋友情、同事情	孙武，喜欢《孙子兵法》	毛泽东，一代伟人
6	男	1976	1995	《读者》	《爱拼才会赢》	乔丹，爱拼	乔丹，爱拼
7	男	1978	1997	《小学教学》，同行可以互相探讨	《爱拼才会赢》，拼了不管结果怎么样，算赢了自己	毛泽东，太有才	习近平，太有才

续表

编号	性别	出生年份/年	工作时间/年	最喜欢读的书及喜欢的原因	最喜欢唱的歌及喜欢的原因	年轻时崇拜的人物及崇拜的原因	现在崇拜的人物及崇拜的原因
8	男	1978	1998	《围城》	《今天是你的生日》	张瑞敏	习近平
9	男	1979	2000	《老人与海》	《我爱你，××》，我爱我的家乡	成龙，他敬业、爱国	启功，喜欢他的字，欣赏他的人格和教学风格
10	女	1980	2000	《飘》，励志	《父亲》，传达了爱	刘德华，演技好	习近平
11	男	1981	2000	《西游记》	《朋友》	—	—
12	女	1981	2000	《平凡的世界》，很贴近现实生活	《我爱你，××》，赞美了我的家乡，歌词和旋律优美	周恩来，敬佩他的人格及智慧	周恩来，敬佩他的人格及智慧
13	女	1981	2000	《平凡的世界》，这本书的内容让我很感动，很现实	《我爱你，××》，赞美了我的家乡，歌词、旋律都很美	周恩来，崇拜他的智慧	周恩来，崇拜他的智慧
14	男	1983	2001	《苏菲的世界》，看了能保持好奇心	*Five Hundred Miles*，表达了面对失败的内心挣扎	阿尔伯特·爱因斯坦，“只有科学才是永恒”	阿尔伯特·爱因斯坦，“只有科学才是永恒”
15	男	1983	2002	《红楼梦》	《从头再来》	鲁迅	—
16	女	1984	2001	《读者》	《匆匆那年》	—	—
17	女	1985	2003	《教育周刊》	《老师》	习近平	习近平

同时可以看到，随着国内外文化的交流，中师生教师群体的阅读视野开始国际化，世纪之交前后入职的中师生喜欢的文学作品中有外国的文学作品，如《老人与海》(美国)、《飘》(美国)、《苏菲的世界》(挪威)。

第七节　冷暖自知的教师职业

随着国家对乡村教育越来越重视，乡村教师的工资待遇也有了较大幅度的提高。在中师生教师群体看来，虽然乡村教师的职业稳定性好，但工资收入还是与日常开支不匹配，生活压力大。

一、经济收入较低

笔者在调研中经常听到乡村教师提起工资太低，不足以养家糊口。在很多乡村教师看来，虽然乡村教师职业体面，但工资收入过低，其中滋味也只有自己才能体会。为研究乡村教师对职业的态度，本节借鉴德国社会学家马克斯·韦伯对社会分层的划分标准，即把社会分层分为三个维度：财富和收入（经济地位）、权力（政治地位）、声望（社会地位）。[①]研究表明，在经济地位、政治地位和职业声望三个指标中，乡村教师职业声望高，经济地位较低。

经济地位方面，近几年国家对乡村教师的扶持力度越来越大，相继出台了《乡村教师支持计划（2015—2020年）》等多项政策，乡村教师的工资待遇也在不断提高。但与其他职业相比，乡村教师的经济收入依然存在差距。

为此，笔者在进行田野调查时，请乡村教师评价自己所从事的职业在本乡镇所有职业中的社会地位，并进行层级的排序。[②]通过调查发现，乡村教师眼中的自己所从事的职业社会地位较低。如刘贤江老师对豫南镇各类职业的社会地位进行了排序，由高至低依次是：乡镇政府和各站所的公务员、个体户、大型的养殖专业户、医生、乡村教师、农民、待业人员。

---

① 宗刚，李盼道，孙晨晨．改革开放以来我国职业声望排序及变迁研究［J］．北京工业大学学报（社会科学版），2016，16（2）：11-17.

② 在田野调查时，笔者采用“自评法”研究乡村教师对社会地位的感知情况。

陈朝林老师对豫南镇各类职业的社会地位进行排序的结果和刘贤江老师的具有较高的一致性。陈朝林老师把全镇各类职业的社会地位和经济地位分为十档，一档最高，十档最低，乡村教师处于经济地位第七档，经济地位低于公务员、商人和打工者等。

由此可以看到，当谈到乡村教师的社会地位的几个维度时，因生活和家庭压力较大，中师生教师更关心经济地位状况。

二、面对改变与挑战信心不足

很多中师生教师认为自己过着与世隔绝的生活，在封闭的社会环境中，基本的社会交往能力在逐渐退化。尤其是在边远山区的村小、教学点任教的乡村教师，由于交通和网络的不便，基本很少外出，也不清楚学校外面发生了什么变化。在相对封闭的乡村学校时间长了，一些乡村教师不敢走出乡村、走入城市，担心无法适应高竞争压力的城市环境。

正如刘贤江老师所言，他已经习惯了生他养他的豫南镇，在这里工作了十几年，对这里的环境非常适应，一旦走出豫南镇，就感觉不适应，甚至感觉自己已经与世界有了隔阂："马湾小学的李强老师（中师生）经常说，我们就是被历史淘汰的一批人，和现代社会不接轨的一群人。我经常说，我们今天走出豫南，可能会有点恐慌。我对豫南镇这个环境非常适应，我走出这个地方，就感觉有点不适应。为什么不适应？因为我和世界确实有点隔阂。"之所以会出现这般不适应的现象，是因为像刘贤江老师这样的乡村教师，一般都生活在乡村学校和乡村社会，与外界的连接比较少，去县城的机会都非常少，正如刘老师所言，"现在去W县，都是去办完事就回来了，很少逗留"。

刘老师还担心，"现在对老师的考核越来越严格了，随着时代的发展，未来不知道怎么变。到时候，不知道我们还能不能适应新时代的发展"。

第八节 代际互看：中师生教师眼中的“代际差异”

中师生教师认为他们这一代与民办教师、新生代教师的社会生活具有显著的代际差异，主要表现在教育素质、婚恋观念、生活与消费方式、娱乐生活等方面。本节将继续在土岗小学这一场域，选取具有代表性的中师生——该校校长叶保国老师这一个案，探讨中师生教师对于在同一所学校任教的民办教师和新生代教师的评价。

一、中师生教师眼中的“教育素质”差异

在教育素质方面，中师生教师具有天然的优越感，不仅因为他们是当时初中生中最拔尖的一批，基础教育素质较好，更因为他们在中等师范学校中接受的系统专业训练使得他们具有较高的专业素养，能胜任全科教学工作。在他们眼里，中师生教师是乡村学校中教育素质最高的一代教师。

叶保国老师作为土岗小学的校长，从一个教育管理者的角度对民办教师和新生代教师群体的教育教学工作给出了不同的评价。对民办教师的评价是：工作态度比较端正，但教学技术不达标；虽然观念传统，但任劳任怨。对新生代乡村教师的评价是：新招聘的乡村教师学历高、基础好，但工作积极性有待加强。

（一）民办教师“虽然观念传统，但任劳任怨”

叶保国老师认为彭万里老师、宋美娟老师、彭宇老师这三位民办教师存在着教育观念比较传统、教学方法不甚科学、信息技术不过关等问题，但他们在土岗小学工作了三四十年，培养了一批又一批的学生，做出了非常大的贡献。而且他们在教学工作中任劳任怨，积极参与学校的公共事务，态度非常端正。对于这一小部分民办教师，叶老师一般是秉承“课程少安排，干不动就去做行政”的理念给他们安排工作。

叶保国老师：说实话，有些老民师，已经不适合在教学一线了，他

们的教学方法太陈旧了，都是让学生死记硬背，没有新方法。而且对于电脑、手机一窍不通，多媒体也不会用。我们平时下通知，都是用微信，他们不懂微信，只能打电话一个个通知他们。不过这些都是小事。这三位老师都是土岗小学的功臣，在这里干了一辈子。他们现在年龄大了，干不动了，也没办法，我们也理解。所以，我就给彭万里老师安排了一些副课，比如体育、品德、科学等；或者让他负责学校的后勤工作，比如学校的基础建设。

大部分民办教师是在“文化大革命”期间接受中小学教育的，知识基础不够扎实，以致上课时有讲错知识点的现象发生。豫南镇中心学校的陈功乐校长在谈起民办教师的教育教学工作时，谈道：“我们在下去（到村小）听课时，有时会看到民办教师把知识点给讲错的现象，有的普通话不标准，是用W县土话讲课。他们都这样教一辈子了，也快退休了。”

（二）新生代教师基础较好，但教学积极性有待提高

与民办教师相比，中师生教师对新生代教师的教学评价相对较差，主要是认为新生代乡村教师的教学态度还需加强。土岗小学的13名教师中，有8名是“80后”和“90后”青年教师，占了全校教师总数的六成以上。如果这些年轻老师的教学态度不够积极，将会直接影响全校教育工作的正常开展和教学质量的提高。

在叶保国老师看来，青年教师的知识基础较好，但有些不是来自师范类专业，教学素质需通过入职后的教师培训加以提高。

叶保国老师：我们学校现有的特岗（教师），有些不是师范生，没有经过岗前培训，不知道怎么教。师范生接受的教育是系统的。教育学、心理学都是最根本的，非师范生都没有系统学过这些东西。

叶保国老师拿自己的教学态度与这些年轻的特岗教师相比，叶老师自陈，自己对待工作比较负责，因为是一校之长，要对土岗小学负起责任。虽然叶老师全家都在县城居住，但为了能更好地工作，他工作日都在学校

居住，除非有特殊情况才在工作日回家。而年轻教师有不少是上完课就直接回家了，较少参与学校的公共事务。中心学校的陈功乐校长认为，当时中师生毕业后就是“一块砖”，“哪里需要哪里搬”，对待工作认真负责，从不挑肥拣瘦；现在的年轻教师“更娇贵一些”。叶老师和陈老师都表示，希望民办教师和中师生教师群体认真负责的教学与工作态度能逐渐影响年轻老师，使年轻老师加深对乡村教学工作的认识，责任感加强，工作积极性提高。

二、中师生教师眼中的“婚恋观念”差异

民办教师已经进入退休年龄，中师生教师对于乡村教师婚恋状况的关注，主要集中于乡村青年教师。

20世纪七八十年代出生的中师生教师，一般在2000年左右结婚，那时候婚姻关系缔结方式主要是介绍成媒，以熟人尤其是中师同学介绍为主，夫妻双方均为中师生教师的较多，结婚手续比较简单。与中师生教师不同，随着交通快速发展，生活逐步便利，城乡交流逐渐频繁，新生代乡村教师尤其是1990年以后出生的乡村教师的婚恋对象的职业更多元，也有乡村教师选择与外地异性缔结婚姻关系，出现乡村教师夫妻两地分居现象。

新生代乡村教师中女性比例较高。土岗小学6位已经结婚的女教师的配偶均有正式工作，其中5位在县城某些职能单位做公务员，1位在县城做生意。有一位正在谈恋爱的张丽老师，她的男朋友在北京工作，经常周末或节假日去北京相聚。

对此，作为教育管理者的中师生教师深表担忧，认为两地分居容易出现家庭不和睦现象，而且也有导致乡村教师流失的风险。叶保国老师认为，“两地分居存在隐患。对于管理者而言，自然不希望出现这种情况。两地分居还容易留不住乡村教师”。中心学校的陈功乐校长说：“老师的配

偶在外地，这对乡村教育的影响很大。”

三、中师生教师眼中的“生活与消费方式”差异

在对比民办教师、中师生教师、新生代教师在生活与消费方式的差异时，叶保国老师用三句话来表达他的看法，即“民师最幸福，特岗最潇洒，自己最落魄”。

在叶保国老师看来，民办教师之所以是最幸福的教师，是因为民办教师马上退休了，工作、生活都比较圆满。工作上，评上了高级职称，工资是全校教师中最高的。由于年龄偏大、即将退休，民办教师承担的教学工作量也相应较少，工作压力很小。生活方面，很多民办教师的子女已经结婚生子，民办教师享受着天伦之乐，每天除了上课就是照看孙子孙女，过得不亦乐乎。

以彭万里老师与叶保国校长为例，彭老师 2017 年 9 月的实发工资为 3591.24 元，而叶保国校长的实发工资为 2734.29 元。对于彭老师而言，3500 多元的工资不仅够用，每个月还有很多结余。但对于叶校长而言，他有两个孩子，其中大女儿在县城上小学，小儿子尚在哺乳期，花费都非常大。而且叶校长正处于事业上升期，要经常性地应酬以维系社会关系，这也是一笔不小的开支。此外，叶校长还需要养车，还房贷，赡养没有工作、社会保障较低的父母。这些经济开支压得叶校长喘不过气来。

对于刚刚参加工作的青年教师而言，他们正处于“一人吃饱，全家不饿”的阶段。叶保国老师认为这些年轻教师是“最潇洒”的老师，因为他们还没进入“上有老、下有小”的人生阶段，还不需要承担家庭责任。

叶保国老师：民办教师的事儿基本办完了，他们就等着退休。他们的工资比较高，什么都算上，接近 5000 块钱，我们算下来接近 4000 块。年轻老师还是比较稳定的，收入虽不算高，但生活压力小。

四、中师生教师眼中的“文化生活”差异

中师生教师对于民办教师和新生代教师文化生活有着不同的评价，认为“民办教师马上退休了，没太多文化生活”，他们的生活主要围绕着儿孙及田地。而对于新生代教师的文化生活，中师生教师持有的态度和民办教师一致，认为现在的年轻教师较少读书与看报，参与集体活动也较少，以网络生活为主。

中心学校的陈功乐校长说，“以前（我们）都是晚上看会儿书，不看书夜晚睡不着觉。现在好多年轻老师是独来独往的生活方式，跟他人交流少。人与人之间的感情变得淡薄”。

为了培养全镇教师的读书习惯，陈校长在全镇乡村学校推广了“读名著，品经典，写感悟”的活动，帮助年轻教师提高文化生活质量和个人文学修养。“我们要求所有老师每年坚持写读书笔记，每年都要评选。我要引导他们读书、学习。”

第四章 新生代乡村教师的生命轨迹与社会生活

2002年最后一批定向分配的中师生入职后，W县的乡村学校出现了长达八年的乡村教师“招聘荒”。W县直到2009年实施“农村义务教育阶段学校教师特设岗位计划”，才开始大规模招聘教师补充到各乡镇教师队伍中。2009—2015年期间，招聘特岗教师是该县补充乡村教师的唯一方式。2010—2015年，豫南镇村级小学共招聘了65名特岗教师。[①]

随着W县民师转正教师逐渐进入退休高峰，每年招200人左右的特岗教师已经不能满足教师自然减员带来的缺口。2016年开始，为解决民办教师群体大规模退休带来的乡村教师数量短缺问题，W县开始面向全县自主招聘全科教师到各乡镇任教，每年招聘200名。2016年底，分配到豫南镇的全科教师有20人。

自2016年底开始，特岗教师和全科教师成为豫南镇乡村教师的主要来源，每年招聘特岗教师和全科教师的数量各为20人。

为研究新生代乡村教师的行为实践及价值观念，本

① 2009年招聘的第一批特岗教师，均被分配到了初级中学任教。2010年起，特岗教师才开始被分配到小学任教。

书依据性别、出生年份、入职时间、入职方式等，选取了若干名特岗教师作为研究对象（见表 4–1）。需要说明的是，因为笔者做田野调查时，全科教师刚刚进入招聘阶段，尚未入职，所以笔者未对全科教师进行研究。

表 4–1　本研究选取的部分新生代乡村教师基本信息表

序号	姓名	入职方式	性别	出生年份 / 年	入职时间 / 年	现工作学校
1	刘帝坤	特岗计划	男	1987	2010	庙头小学
2	李强	特岗计划	女	1987	2010	马湾小学
3	刘梓倩	特岗计划	女	1987	2016	新寨小学
4	朱玲玉	特岗计划	女	1987	2010	枣寨小学
5	付萍	特岗计划	女	1987	2012	新寨小学
6	余晓慧	特岗计划	女	1987	2012	土岗小学
7	蔡雅芳	特岗计划	女	1989	2012	春榜小学
8	曹江涛	特岗计划	男	1989	2015	马湾小学
9	李岚	特岗计划	女	1990	2016	新寨小学
10	邹慧霞	特岗计划	女	1990	2015	新寨小学
11	方军	特岗计划	男	1991	2013	雷山小学
12	戴延庆	特岗计划	男	1991	2015	马湾小学
13	熊瑶欣	特岗计划	女	1991	2015	春榜小学
14	管巧庆	特岗计划	女	1992	2016	新寨小学
15	夏倩玲	特岗计划	女	1993	2014	春榜小学
16	邹娜拉	特岗计划	女	1992	2016	枣寨小学
17	余霞洁	特岗计划	女	1993	2016	新河小学
18	李琳	特岗计划	女	1993	2016	枣寨小学
19	杨雪	特岗计划	女	1993	2016	赛三小学
20	李亚男	特岗计划	女	1987	2017	雷山小学
21	刘懿莹	特岗计划	女	1993	2016	龙寨小学

第一节　童年生活经历与教育经历

与民办教师、中师生教师群体相比，新生代乡村教师是在相对富裕甚至是衣食无忧的家庭环境中度过童年的。由于户籍制度和流动人口制度的改革，新生代乡村教师的父母多在外地务工，使得他们多数具有农村留守经历。他们在普及且有保障的农村基础教育环境中接受中小学教育，在高等教育大众化过程中普遍获得了比较高的学历，多毕业于地方师范院校。

一、相对富裕但多数具有农村留守经历

随着社会的发展，尤其是改革开放以来，国家经济快速发展，人民生活水平提高，我国经济地位显著提升，社会逐渐从相对封闭走向全面开放。由于户籍制度改革和人口政策松动，尤其是农村实行经济体制改革，大量的农村剩余劳动力得以从土地上解放出来。农民在改革开放之后有机会到城市务工，积累了农村家庭的原始财富和资本，为他们的后代，即“80后”和“90后”的青年群体创造了良好的物质生活环境。同时，农村家庭结构也发生了变化，农村儿童与家长出现亲子分离的现象，导致多数新生代乡村教师具有农村留守经历。

刘懿莹老师是龙寨小学的一位特岗教师，1993年出生于豫南镇双沟村。2004年父母外出务工后，刘懿莹姐弟俩在家和爷爷奶奶一起生活，她从小学四年级开始就过着留守儿童的生活。刘老师在回忆其童年经历时说，“我上小学四年级的时候，也就是2004年，我爸妈都去深圳打工了，我和爷爷奶奶在一起住。每次老头儿和我妈回来的时候，都带很多玩具、文具，我还记得爷爷奶奶经常给我零花钱。那时候不知道爸妈在外面干活挺辛苦的，就觉得有钱花很高兴。反正，从四年级开始，我们家里的条件就好多了，买了新电视，还有新沙发，最主要的是能吃饱肚子了。我们班好多同学的父母都出去打工了，还有出去做生意的”。从访谈可以看到，刘

老师的父母在其小学四年级时外出务工，给家庭带来了可观的经济收入，改善了家庭的经济状况。这使得刘老师的童年生活不再贫瘠，经常有零花钱、玩具。

方军老师，1991 年出生在信阳市新县的一个农村家庭。在他七岁时，父母就到北京做早餐生意，他就生活在老家的亲戚家。在北京工作的十几年时间里，方老师的父母通过努力，极大地改善了家庭的经济状况。方老师的童年生活基本是“不愁吃穿”。正如方军老师所言，“大概在 1998 年，我上小学一年级时，我爸妈就去北京做早餐生意了。从七岁开始，我就和大伯一起生活。我爸妈一年回来两三次吧。我每个月都有零花钱，都是我妈妈打给我大伯，大伯再给我”。

新生代乡村教师的童年生活受到我国的人口政策松动与户籍制度改革的深刻影响。改革开放初期，我国的人口政策由“严格控制”发展到“允许流动”，为农民寻求物质财富打开了迈向城市的窗口。[①] 1984 年，国务院颁布了《国务院关于农民进入集镇落户问题的通知》，允许农民“自理口粮”进入县镇。这打破了自 1958 年开始实行的有计划地控制城乡流动政策的禁锢，农民不再被限制在农村。世代束缚在农村和土地上的农民，可以自由进入城镇工作。同时，20 世纪 80 年代中后期逐渐发育起来的市场秩序被极大地破坏，乡镇企业与私营企业的发展受到极大冲击，乡镇企业吸纳农村剩余劳动力的能力大大降低。[②] 那时的农村青壮年，正是农村人口中文化程度较高的一部分，他们最有能力也最渴望向城镇转移，而事实上，也正是这部分人流动性最大。[③] 这些相对有文化的农村青年开始了跨地区流动。原本在“家门口”乡镇企业工作的农民转而走向城镇，务工地

① 尹德挺 . 流动浪潮下的人口有序管理［M］. 北京：中国社会科学出版社，2016：219-223.

② 刘玉照 . 市场转型理论的再思考［M］//. 李友梅，孙立平，沈原 . 转型社会的研究立场和方法 . 北京：社会科学文献出版社，2009：279-280.

③ 邵涡阳 . 中国青年人口：基本状况和特点［J］. 青年研究，1995（1）：21-25，10.

点也发生了从“离土不离乡，进厂不进城”到“离土离乡，目的是城市”的转变。

户籍制度的改革和人口流动政策的变化，使得外出务工的农村家庭收入有了显著的提高，父母通过辛苦的劳动，为后代换来了相对宽裕的生活环境，为“80后”“90后”的童年生活赋予了丰富的色彩。

虽然物质生活水平得到了显著提高，但是外出务工也导致了农村家庭结构的变化，使农村人口呈现“少儿化”“非正常老龄化”“女性化”的特征。[①] 农村家庭结构的城乡分割和亲子分离，使得1980年之后出生的农村儿童成为第一批留守儿童。新生代乡村教师因此普遍具有农村留守经历。

李琳老师1993年出生在一个普通农村家庭，如今在豫南镇枣寨小学任教。李琳老师在读小学一年级的时候，父亲去武汉务工，家里的大小事情都由母亲一人料理，还要抚养他们兄妹两人。李琳作为小女儿，从小就开始帮母亲分担家庭的部分事务：烧火做饭、捡牛粪、种庄稼。

李琳老师：小时候，我们家里条件不好，在我上一年级的时候，我爸就去了武汉打工。家里的农活都是我妈妈一个人干。我记得很清楚，小学一年级的时候，我跟着哥哥在村里上学，哥哥就像父亲一样照顾我。后来我长大了一点，我和哥哥就一起帮妈妈干活，包括种菜。我们家种的有黄豆、红薯。那时候放学回家，经常要帮忙砍黄豆、挖红薯。

这种童年留守经历，对于新生代乡村教师的教育教学工作和家庭教育观念产生了很大的影响。新生代乡村教师教授的学生大部分是留守儿童。童年留守经历的一致性，使得新生代乡村教师更能理解所教学生的处境，尤其是留守儿童与父母分离带来的情感缺失。家庭教育观念方面，新生代

① 谭克俭．人口持续流动状态下的农村人口结构变动研究：以山西为例［C］//张维庆．改革开放与中国人口发展：中国人口学会年会（2008）论文集．北京：社会科学文献出版社，2009：298.

乡村教师组建家庭、生儿育女之后，不希望自己的子女也成为留守儿童，从而塑造了他们“陪伴式”的家庭教养方式。

二、在普及且有保障的环境中接受基础教育

20世纪80年代中后期，随着《中华人民共和国义务教育法》的实施，我国的基础教育事业进入了普及且逐渐有保障的发展阶段，农村适龄儿童普遍可以接受义务教育。20世纪90年代末，我国开始实施高等教育扩招计划，高等教育的入学门槛变低，农村籍学生有了更多的机会接受高等教育。因此，新生代乡村教师普遍具有高等教育学历。同时，作为网络时代的“数字原住民”，新生代乡村教师是在计算机和互联网的环境中长大的，他们从小就对各种电脑技术运用娴熟。这便造就了他们具有天然的教育信息化素养。

付萍老师，1987年出生在豫南镇春榜村，现在任教于新寨小学。付老师先后在豫南镇的雷山小学、春榜小学、雷山初中和豫南高级中学接受中小学教育。上学期间，给她留下深刻印象的是：20世纪90年代时，教室里的学生人数特别多，很少有辍学的同学，而且老师每天上课都点名，但是这一时期的学校教育条件不是很好，尤其是教室和宿舍环境较差。由此可以看到，付萍老师在上小学时，正是《中华人民共和国义务教育法》颁布后普及九年义务教育阶段，该法要求每个适龄儿童都接受九年义务教育，可以说从这时候开始“人人有书读”。我国的农村基础教育逐渐步入普及且有法律保障的阶段。

付萍老师：（小学）一年级时，我爸把我送到了雷山小学上学，因为春榜小学还没有盖好。上了一年后，春榜小学修好了，我就搬回去了。那时候印象最深的是，春榜小学的教室到处都是窟窿，下雨的时候，脚下都是泥巴。有一年修建学校，我们就租了一个马场，那是一片好大的场子，我们就在里面上课。那时候，我记得我们班里的同学特别多，一个

班里有50多个。当时老师管得很严，班主任每天都要点名，而且还有校领导检查点名。我记得有一次，我们班有个男生没来上课，我们班主任找了一天。

虽然20世纪90年代国家正在普及九年义务教育，但农村学校的办学条件相较于城市而言还是比较落后的。直到初中的时候，付萍老师依旧是在办学条件不甚理想的环境下求学，寄宿制的初中学校里没有床且宿舍空间有限，学生要从家里带来竹箔[①]和棉被，教室白天用于上课，晚上供男生睡觉。

付萍老师：后来，我就去了雷山初级中学上了三年（2000—2003年）学。当时也是住校。那时候，我们要自己拿竹箔到宿舍。宿舍里有架子，中间是空的，需要铺竹箔。男生在班里睡觉，女生去宿舍里。有的男生起晚了，我们早上去班里还看到男生在竹箔上睡觉。我上学那三年都是睡竹箔。

三、在高等教育大众化中获得高学历

20世纪90年代末，我国开始实施高等教育扩招计划。高等教育入学门槛降低，使得农村籍学生有了更多的机会接受高等教育。而新生代乡村教师就是从这一时期开始接受高等教育的，他们普遍具有高等教育学历，但多来自地方师范院校。

2010年以来，分配到豫南镇27所村级小学的特岗教师的学历水平总体呈现出提高的趋势。2010年具有本科学历的特岗教师仅有28.57%，而到了2015年，本科学历的比例提高至78.95%。通过表4–2可以看到，近几年村小教师的学历水平在逐年提高。

① 竹箔，一种用竹子编织的凉席。

表 4-2　豫南镇 27 所村级小学特岗教师学历分布表（2010—2015 年）

年份 / 年	专科 / 个	本科 / 个	共计 / 个	本科学历比例 /%
2010	5	2	7	28.57
2011	6	4	10	40.00
2012	2	9	11	81.82
2013	1	7	8	87.50
2014	2	8	10	80.00
2015	4	15	19	78.95
合计	20	45	65	69.23

但从毕业院校的层次来看，新生代乡村教师大多来自地方师范院校，来自部属或省属重点院校的比例很低，仅有 1 人毕业于教育部直属院校北京林业大学，其他 64 人均毕业于地方院校，且以师范类院校为主。特岗教师毕业院校前几位（按人数排）分别是：周口师范学院（6 人）、信阳师范学院华锐学院（4 人）、河南师范大学新联学院（4 人）、信阳职业技术学院（4 人）、河南教育学院（3 人）、河南科技学院新科学院（3 人）、河南师范大学（3 人）、洛阳师范学院（3 人）、信阳师范学院（3 人)(见表 4-3）。

表 4-3　豫南镇村小特岗教师毕业院校一览表（2010—2015 年）

毕业院校	人数 / 个	毕业院校	人数 / 个	毕业院校	人数 / 个
周口师范学院	6	河南科技学院新科学院	3	商丘学院	2
信阳师范学院华锐学院	4	河南师范大学	3	新乡学院	2
河南师范大学新联学院	4	洛阳师范学院	3	许昌学院	2
信阳职业技术学院	4	信阳师范学院	3	郑州大学西亚斯国际学院	2
河南教育学院	3	黄淮学院	2	郑州工业应用技术学院	2

续表

毕业院校	人数 / 个	毕业院校	人数 / 个	毕业院校	人数 / 个
北京林业大学	1	焦作师范高等专科学校	1	郑州升达经贸管理学院	1
河南财经政法大学成功学院	1	开封教育学院	1	郑州师范学院	1
河南科技大学	1	南阳理工学院	1	中原工学院信息商务学院	1
河南科技学院	1	青岛大学	1	新余高等专科学校	1
鹤壁职业技术学院	1	商丘师范学院	1	安阳师范学院	1
华北水利水电学院	1	许昌职业技术学院	1	安阳师范学院人文管理学院	1
黄河科技学院	1	玉林师范学院	1	合计	65

县级层面，对 W 县 2009—2015 年招聘的 1609 名特岗教师的毕业院校进行统计表明，毕业院校（按人数排）前五位分别是：信阳师范学院华锐学院、信阳师范学院、南阳师范学院、周口师范学院、焦作师范高等专科学校。而毕业于河南省综合排名前十位的院校[①]的共计 84 人，占全部特岗教师的 5.22%。毕业于原“211 工程”院校的有 9 人，分别来自：郑州大学（3 人）、海南大学（2 人）、厦门大学（1 人）、贵州大学（1 人）、东北师范大学（1 人）、北京林业大学（1 人）。

表 4-4　特岗教师毕业院校前十位（按人数排）分布表（2009—2015 年）

毕业院校	人数 / 个	百分比 /%
信阳师范学院华锐学院	138	8.58
信阳师范学院	132	8.20
南阳师范学院	94	5.84

① 此排名参照中国校友会网 2016 年河南省大学排名总榜单。

续表

毕业院校	人数 / 个	百分比 /%
周口师范学院	82	5.10
焦作师范高等专科学校	74	4.60
信阳职业技术学院	73	4.54
洛阳师范学院	67	4.16
河南师范大学新联学院	64	3.98
许昌学院	51	3.17
安阳师范学院人文管理学院	49	3.05

表 4-5　毕业于河南省综合排名前十院校的特岗教师人数情况（2009—2015 年）

毕业院校	人数 / 个	百分比 /%
中国人民解放军战略支援部队信息工程大学	1	0.06
郑州大学	3	0.19
河南大学	17	1.06
河南农业大学	6	0.37
河南理工大学	2	0.12
河南师范大学	44	2.73
河南工业大学	4	0.25
河南科技大学	2	0.12
河南中医学院	1	0.06
华北水利水电学院	4	0.25

根据以上表 4-4、4-5 显示的数据，W 县来自信阳师范学院的特岗教师总人数排名第二，而来自信阳师范学院华锐学院的总人数则最多。据信阳师范学院招生就业处负责人介绍，信阳师范学院华锐学院原为信阳师范

学院的独立学院，属于全日制民办普通本科高校。由于高考招生录取分数和就业前景等因素，该校每年报考特岗教师并被录取的比例远高于信阳师范学院，特岗教师是该校毕业生就业的主渠道。

第二节　教学现状与教育信念

2006年，我国开始实施“农村义务教育阶段学校教师特设岗位计划”，“特岗计划”为面对严峻就业形势的大学生提供了新的就业方向。特岗教师的从教动机呈现出多元化的特点，喜爱教师工作是吸引毕业生从事乡村教师职业的主要原因，工作稳定、有编制也是重要的原因。“所教非所学”现象与学校基础设施不完善等给特岗教师的教学和生活带来一定困扰。边远村级小学、教学点的特岗教师在面对学生大都为留守儿童的教学情况时，采取“留守—陪伴”的教学方式，关注学生的身心健康发展。

一、走上乡村教师工作岗位

（一）严峻的就业形势

1996年，我国出台了《国家不包分配大专以上毕业生择业暂行办法》，高等院校毕业生就业不再包分配，就业模式从传统政府主导的计划分配过渡到以市场为主导的“双向选择、自主择业”模式。同期，我国进入了高等教育大众化时代。虽然高等教育入学机会逐渐增多，但大学生失去了“毕业即分配”的就业保障，面临着严峻的就业形势。

2003年毕业的大学生，是高等教育扩招后第一批不包分配的毕业生，面临严峻的就业困境。统计数据表明，2001年中国大学毕业生117.85万人，2002年145.11万人，2003年212.15万人，到2004年则高达280

万人。[①]

2006年，我国开始实施“农村义务教育阶段学校教师特设岗位计划”，打破了传统“县招机制”以地缘和亲缘关系为基础的招聘模式，面向全国范围招聘乡村教师，增强了招聘的透明性、公开度和自愿性。“特岗计划”为农村籍大学生提供了新的就业方向和大量的就业岗位。在特岗教师中，农村户籍教师比例较高，超过80%上大学前的户口类型是农业户口。[②]

（二）女性教师占比增大

与民办教师、中师生教师群体相比，新生代乡村教师女性占比日趋提升。豫南镇现任乡村教师中，民办教师群体中女教师仅有9人，占民办教师总人数的7.63%；中师生教师群体中女教师有19人，比例为28.36%；而新生代教师中女性有92人，占新生代教师总人数的87.62%（见表4–6）。可见，随着代际的更迭，教师性别构成由以男性为主逐渐转变为如今女性教师占绝对优势。

表4–6　豫南镇三代乡村教师性别比例表

教师群体	男教师		女教师		总数
	人数／个	比例/%	人数／个	比例/%	
民办教师群体	109	92.37	9	7.63	118
中师生教师群体	48	71.64	19	28.36	67
新生代教师群体	13	12.38	92	87.62	105

对2010—2016年豫南镇27所村级小学的新生代乡村教师的性别结构进行分析可以发现，女性特岗教师所占比例呈整体上升的趋势：由2010年的71.43%，提高到2015年的84.21%（见表4–7）。而2016年9月分配

① 郛大光.2003年中国大学毕业生就业状况分析［C］//2004年高等教育发展与财政政策国际研讨会论文集.［出版地不详：出版者不详］，2004：167.

② 郑新蓉，杜亮，魏曼华，等.中国特岗教师蓝皮书［M］.北京：教育科学出版社，2012：19.

来的 20 名特岗教师均为女性，同年 12 月，分配到豫南镇村级小学的 20 名全科教师也均为女教师。笔者走访乡村学校，很少见到年轻的男教师，如豫南镇土岗小学 8 名特岗教师全部为女性，春榜小学的 3 名特岗教师也全部为女性。

表 4-7　豫南镇村级小学特岗教师性别比例（2010—2016 年）

年份 / 年	男教师 / 个	女教师 / 个	共计 / 个	女教师比例 /%
2010	2	5	7	71.43
2011	3	7	10	70.00
2012	2	9	11	81.82
2013	3	5	8	62.50
2014	0	10	10	100.00
2015	3	16	19	84.21
合计	13	52	65	80.00

（三）从教动机多元

与中师生教师相比，乡村青年教师的从教动机更加多元复杂。笔者参与的一项全国特岗教师调查（2016 年）显示，接近七成的特岗教师是因为喜欢当老师而任教的，即 69.0% 的人表示“我喜欢当老师”，37.1% 的人表示是“为了支援贫困地区的教育”，同时，也有 28.7% 的人表示是因为“工作地点离家近”，22.6% 的人表示是“家里人的要求”，22.1% 的人表示是想“通过这种方式转为正式教师”。① 可见，热爱教师工作、支援贫困地区教育的初衷、工作地点离家近、家庭对自己的期盼、考虑未来的职业发展前景是青年群体选择乡村教师这一职业的主要原因。除此之外，“先工

① 北京师范大学“特岗计划”（2006—2015）执行及效果评估课题组．“农村义务教育阶段学校教师特设岗位计划”评估报告［R］. 北京：北京师范大学“特岗计划”（2006—2015）执行及效果评估课题组，2016：49.

作看看，再寻找其他机会”“没有找到其他满意的工作”等把特岗教师作为缓冲职业的占比为15%左右。由此可以看到，特岗教师的报考动机比较多元。

笔者对豫南镇新生代乡村教师的入职动机进行深入考察发现，新生代乡村教师群体从教动机多元，除了喜欢教师这个职业，工作稳定、有编制也是重要的原因。

家住外乡镇的李琳老师，2016年从河南财经金融学院国际经济与贸易专业毕业后，考上了光山县的特岗教师，被分配到豫南镇枣寨小学任教。李老师之所以考特岗教师，有部分原因是这个职业“稳定”，“假期比较多”，“有编制，老了之后有保障”，“工资是国家财政拨款”等。

（四）家庭经济背景较好，外地人较多

笔者对豫南镇2013—2016年27所村级小学的57名特岗教师的家庭背景进行了分析，发现特岗教师多来自街道、县城、市区，来自乡镇以下农村地区的比例较小（见表4-8），可以看出特岗教师的社会经济背景总体较好。W县教育局的行政管理人员、豫南镇中心学校及各村级小学校长普遍反映特岗教师的家庭经济情况较好，且呈现家庭经济水平逐年提高的现象。如豫南镇中心学校陈功乐校长认为，“他们（现任职的特岗老师）这一代，家庭大多是两个孩子，也有的只有一个。而且大部分特岗教师是县城里的，家庭条件好一些”。

表4-8　豫南镇27所村级小学特岗教师地域来源分布（2013—2016年）

年份 / 年	市区 / 个	县城 / 个	豫南镇街道 / 个	豫南镇以下的村庄 / 个	其他乡镇街道 / 个	其他乡镇以下的村庄 / 个	共计
2013	0	3	4	1	0	0	8
2014	1	5	1	1	2	0	10
2015	2	8	3	2	3	1	19
2016	1	8	5	3	2	1	20

地域来源方面，豫南镇的大部分特岗教师来自市、县或外乡镇，本镇教师较少。2013—2016 年分配来的特岗教师中，本镇教师人数分别为 5 人、2 人、5 人、8 人。除 2013 年，其他三年来自豫南本镇的特岗教师均不超过一半。

二、基础设施不完善带来的困扰

首先，住房方面。很多乡村青年教师并非本地人，在任教的乡村学校附近没有自己的房屋，所以只能住在学校里。而一些乡村学校尚未建设教师周转房，很多乡村教师只能住在学校由办公室改造的教师宿舍，或者年久失修的旧房。而边远地区的学校一般建设在偏僻的山区或林区，“前不着村，后不着店”，附近基本没有村民居住，这给住校的乡村教师带来了很大的安全风险。

豫南镇位于大别山区北麓，村小、教学点所在乡村地区虽海拔不高，但道路崎岖且狭窄，交通不便，这给在这些地区任教的乡村教师的工作和生活带来了很大的不便。春榜小学是该镇的一所村级小学，从镇上到学校的距离虽然不远，但道路并非柏油路，而是普通的乡间小道，道路狭窄崎岖，普通的电动车基本无法行驶在该路段上，经常看到电动车在沿途熄火的现象。春榜小学共有 3 名特岗教师，分别是蔡雅芳老师、熊瑶欣老师、夏倩玲老师，均为女性。熊瑶欣和夏倩玲两位老师为外地人，两个人一起住在学校里。

蔡雅芳老师：我刚来的时候，（宿舍）门是坏的，防盗窗也没有装，就这样的条件，我坚持住了一年。后来，门换了，防盗窗也安装了。屋里很潮湿，阳光照不进来。当时我买了一件新衣服，还没有穿，就放在屋里了。等我过了暑假再来，结果衣服发霉了，完全毁了。有一年我还在屋里中暑了。屋子夏天对着太阳晒，特别闷。房间里只有一个窗户，后面没有窗户，晚上也不敢开门、开窗。一开窗，虫就往屋里飞，好多虫子。我经常半夜起来打虫，晚上都睡不着。还要晚上起来打老鼠呢。

熊瑶欣老师：地面特别潮湿，下雨的时候还漏雨。外面下雨，里面漏水。鞋子都发霉了。住的时间长了，对人的身体不好。每隔两天，衣服都要拿出来晾一下，不然过两天衣服就会长毛。

夏倩玲老师：学校里没有风扇，我们都是自己带风扇的。虫子特别多。有一次，我还让学生一起帮我打老鼠！

可以看到，春榜小学没有教师周转房，老师们只能住在被教学楼遮住阳光且年久失修的平房里，夏天炎热，冬天寒冷。由于房屋破旧，经常有老鼠、虫子出没，给老师们的生活带来了困扰。虽然春榜小学建在春榜村村委会旁边，附近也有几户人家，但一到晚上村委会就没人工作，而这几户人家也都搬到镇上或县里居住了。一到晚上，周围只有熊瑶欣和夏倩玲两位老师了，学校里显得格外冷清。该校校长张志贤老师说，"我最担心的就是她们的安全问题，我们学校前不着村，后不着店，晚上基本没什么人。我就告诉她们俩，把大门和房门锁好，晚上别出去"。

其次，交通方面。很多山区贫困县地处偏远，交通不便利，从村小、教学点到县城的距离较远。若想去县城办事或购置物品，需要花费较长的时间，给教师的生活带来了极大的不便。由于没有便利的交通工具，很多老师周末宁愿待在学校里也不回家。春榜小学的住校老师，只有凑赶集的"双日子"，早起乘坐附近村民去镇上赶集的农家车，才能去镇上。而且这种赶集的"双日子"还要恰逢周末，老师们才会考虑回家一趟。受制于不便的交通，春榜小学的外地教师一两个月回不了家也是常有的事，蔡雅芳老师笑称："我都有点与世隔绝的感觉了。"

最后，生活基础设施方面。很多乡村学校地处边远山区，基础设施陈旧甚至不完备，经常出现停电停水停网的现象，给乡村教师的日常工作生活带来了很大的不便。春榜小学就经常停电，住校的老师们没法用电磁炉做饭，只能改为烧柴做饭。而且地处山区，自来水管道尚未通至春榜村，以至于老师们平时的生活用水取自地下水。熊瑶欣老师说，“这边经常停电，已经连续两周了，每周六、周日都停电，可能是在进行电力改造吧，连个饭都做不了。这边几个星期的停电次数比我们家那边一年还多。没有电就没有网络，手机也上不了网。白天停电，有时晚上来电。等来电，天都黑了，晚饭时间都过了”。2012 年入职的蔡雅芳老师谈道，“我那时候（2012—2014 年）还烧过柴火。我们用水都是用井水，靠电抽上来，没有自来水。一停电，就没电没水，不能做饭”。

网络方面，中西部地区的一些学校处于边远山区地带，通信基础设施不健全。在这些地区任教的青年教师的消息甚是闭塞，有的老师开玩笑说，自己已经和外界失去联系。在互联网已经成为新时代乡村教师的重要生活基础设施的当下，已经习惯于通过网络交流的青年教师突然间没有了网络，产生了很大的无助感。在豫南镇任教多年的叶保国校长谈道，“豫南镇没有信号的学校挺多的，其中好多都是山区学校。豫南镇西边好多山区，接打个电话，还要跑到学校的后山上，甚至山顶上才有信号。因为通宽带成本太高，通信公司都不愿意过来接”。

三、“所教非所学”现象较多

20 世纪 90 年代末三级师范教育转向两级师范教育后，补充的农村教师不再是定向分配的中师生，取而代之的是大学扩招后，面向全国范围招聘的大学生群体。乡村教师招聘新机制打破了传统“县招机制”以地缘和亲缘关系为基础的招聘方式的束缚，将县域内农村教师岗位的供需平台放大到全国层面，在“国标、省考、县聘、校用”的原则下，乡村教师队伍更加多元化，而不仅局限于本地人[①]。由于新机制的招聘条件对专业限制较

① 郑新蓉，王成龙，熊和妮 . 他们是中国教育百年现代化历程中最特别的一群人：中国新生代乡村教师调查［N］. 中国教师报，2015-09-09（3）.

少，且不再限于师范院校和师范专业，新机制下招聘到的乡村教师的毕业院校和专业较为多元，很多青年教师毕业于综合性大学或非师范专业，专业领域广泛。

豫南镇2015年招聘的34名特岗教师，毕业的院校均为地方师范院校或综合性大学，包括河南省内高校和省外高校，所学专业跨度较大，并不局限于师范类专业，除了英语、语文、数学、体育、美术、音乐、初等教育等师范类专业，还有财务管理、工商管理、国际经济与贸易、艺术设计、国际商务等非师范类专业（见表4–9）。

表4–9 豫南镇2015年入职特岗教师毕业院校、所学专业与任教科目表

编号	毕业院校	所学专业	任教科目	编号	毕业院校	所学专业	任教科目
1	郑州工业应用技术学院	财务管理	数学	10	郑州升达经贸管理学院	会计学	数学
2	郑州师范学院	初等教育	语文	11	安阳学院	金融学	语文
3	河南师范大学新联学院	对外汉语	语文	12	玉林师范学院	历史学大类	语文
4	安阳师范学院	对外汉语	语文	13	洛阳师范学院	数学类	数学
5	郑州升达经贸管理学院	工商管理	数学	14	邢台学院	体育教育	体育
6	河南科技学院	国际经济与贸易	语文	15	洛阳师范学院	舞蹈学	体育
7	青岛大学	国际商务	外语	16	信阳师范学院华锐学院	物理学	物理
8	许昌学院	汉语言文学	语文	17	信阳师范学院华锐学院	小学教育	数学
9	河南科技学院新科学院	汉语言文学	语文	18	信阳师范学院华锐学院	学前教育	数学

续表

编号	毕业院校	所学专业	任教科目	编号	毕业院校	所学专业	任教科目
19	郑州工业应用技术学院	艺术设计	美术	27	周口师范学院	英语	外语
20	郑州工业应用技术学院	艺术设计	美术	28	河南师范大学新联学院	英语	外语
21	郑州大学西亚斯国际学院	音乐表演	音乐	29	中原工学院信息商务学院	英语	外语
22	焦作师范高等专科学校	音乐教育	音乐	30	信阳师范学院华锐学院	英语	数学
23	郑州升达经贸管理学院	英语	外语	31	信阳职业技术学院	英语教育	外语
24	安阳学院	英语	外语	32	周口师范学院	语文教育	语文
25	郑州升达经贸管理学院	英语	数学	33	鹤壁职业技术学院	语文教育	语文
26	天津职业技术师范大学	英语	外语	34	新余高等专科学校	语文教育	语文

受制于地方编制不足的困境，农村学校教师数量相对有限，多数教师需要兼科任教，不少村小和教学点的教师需要包班教学，“所教非所学”的情况非常普遍，兼科甚至全科教学在乡村青年教师群体中是普遍现象。

因现代师范院校和综合性大学注重培养大学生的学科教育，所以刚毕业的大学生往往能够很好地适应某一学科的教学，但满足兼科任教的需要存在一定困难。兼科任教使得特岗教师容易产生教学适应难题，尤其是非音体美专业出身的年轻教师，在兼任音乐、体育、美术课程时通常是“现学现教”。

四、“留守—陪伴”的教育信念

随着城镇化步伐加快，农民进城务工现象愈加普遍。青壮年劳动力进城，使得农村家庭结构发生了巨大变化，父母与儿童出现亲子分离现象，留守儿童逐渐增多。在村小、教学点工作的乡村教师面对的大多是留守在家的儿童。村小、教学点的师资力量薄弱、教学水平有限，以及留守儿童缺乏父母的情感关爱，这些都导致留守儿童在学业成绩方面表现不佳。对于这些留守儿童，新生代乡村教师采取“留守—陪伴”的方式进行教育教学工作，关注他们的身心健康发展。

坐落于雷山村的雷山小学，是豫南镇最偏远的村级小学之一。雷山村位于三个乡镇的交界处，距离豫南镇政府 15 千米，从豫南镇政府驱车前往需要 25 分钟。雷山村曾经是豫南镇人口最多的村庄，雷山小学是豫南镇占地面积最大的村级小学，有 2400 平方米，学生人数最多时有 700 多人，教师也曾有 15 人左右。但几经变迁，雷山村的村民陆续外出务工，搬出了雷山。现如今的雷山村成为豫南镇人数最少的村庄，雷山小学也仅有 11 个学生、两个复式教学班[①]、4 名教师（接班教师 1 人、特岗教师 3 人）。

李亚男老师是 2017 年刚刚考到豫南镇的特岗教师，被分配到了雷山小学任教。李老师出生于 1987 年，2012 年从河南教育学院数学教育专业毕业后，先后在北京市、信阳市、W 县做过课外辅导教师、民办小学教师。来到雷山小学之后，满心期待且立志做出一番成绩的李老师，遇到了很大的教学困难：不管自己付出多大的努力，学生成绩提升不明显。对此，李老师逐渐改变了心态：先从学生生活中的困难入手，关心学生的健康成长，做好学生的陪伴者，在学生能专心投入学习之后，再提高教学难度。

李亚男老师：我一直很喜欢当老师。我家是邻镇的，离雷山很近，骑电动车也就 20 分钟。来了这个学校后，我很吃惊，虽然学校特别大，有两层楼，但学生只有 11 个。不管我怎么教，学生都不会。听陈老师（陈老师从 1980 年开始，一直在雷山小学任教）说，我们学校曾经很大，人数最

① 学前班和三年级合成一个教学班，一年级和二年级合成一个教学班。

多的时候有700多人，还有初中。但现在没落了，村里很多家庭都搬出去了。留下的这些学生，都是家庭存在困难的。我看着都心疼。

第三节　婚恋生活

一、新生代乡村青年教师的婚恋状况和婚恋观

前文已述，2006年“特岗计划”实施以后入职的乡村教师群体，女性教师所占比例逐渐升高，很多地区的女教师远多于男教师。这一失衡的性别生态环境中，新生代乡村教师的婚恋问题日益突出。2016年特岗教师抽样调查显示，2013—2015年入职的特岗教师中，单身占41.7%，已婚占35.9%，恋爱中占21.6%（见表4-10）。

仅从性别比例分析，乡村青年女教师应比男性教师面临着更大的挑战。由于新生代乡村教师“女多男少”，女教师在同行中寻找适龄婚恋对象的机会较少。与男性相比，女性的适婚年龄段较短，错过黄金婚恋年龄的大龄女教师面临着更大的婚恋压力。加之新生代乡村教师的工作普遍呈现工作量大、任务烦琐的特点，休闲时间较少，与外界交往的机会少。在这样的情况下，新生代女性乡村教师在婚恋市场上面临巨大的婚恋压力。

但近两年的田野调查发现，乡村青年女教师的婚恋状况明显较好，而男教师的婚恋难现象愈加凸显。调查显示，2013—2015年入职的特岗教师群体中，男教师的单身比例高于女教师，男性为47.8%，女性为38.6%。

表4-10　特岗教师婚恋状况的性别分布

婚恋状况	人数/个	占总人数百分比/%	男性/%	女性/%	30岁及以上男性/%	30岁及以上女性/%
单身	2439	41.7	47.8	38.6	32.2	12.1
恋爱中	1265	21.6	20.5	22.2	11.3	3.0

续表

婚恋状况	人数 / 个	占总人数百分比 /%	男性 /%	女性 /%	30 岁及以上男性 /%	30 岁及以上女性 /%
已婚	2101	35.9	30.9	38.4	55.9	84.3
其他	47	0.8	0.7	0.8	0.6	0.5

* 资料来源：2016 年特岗教师抽样调查数据。

调查显示，就 30 岁及以上群体看，男性单身比例仍达 32.2%，女性则为 12.1%。30 岁及以上男性中，43.5% 的人处于未婚状态，表明大龄男性特岗教师婚恋问题值得关注。尤其是婚姻市场上存在“择偶梯度”，即婚姻配对的“男高女低”模式，女性往往要求配偶的受教育程度、职业阶层和薪金收入与自己相当或高于自己。① 而研究表明，乡村女教师的收入和原生家庭经济状况普遍好于男教师，乡村女教师生活在乡镇、县区和地市的比例明显高于男教师，农村户籍的比例低于男性。② 故男性青年教师并非女性青年教师的优先择偶对象。

随着工业化和城镇化的快速发展，大量农村青壮年劳动力进城务工，农村地区不同程度地出现了“村庄空心化”现象，农村适龄青年越来越少。此种情况下，越来越多的乡村教师选择与在外地工作的异性婚恋。

调查显示，50.5% 的特岗教师与其配偶或恋人两地分居。以新寨小学为例，该校有 6 名特岗教师，其中有 4 名和爱人 / 恋人是两地分居的（见表 4–11）。如付萍老师 2013 年结婚后与爱人一直过着两地分居的生活，付老师的爱人先后在西安和青岛从事金融行业的工作。付老师夫妻一般暑假、寒假见面。付老师的爱人有时候一个月或两个月回来一次，付老师在暑假的时候去青岛，一般待两个月，开学再回来。平时，一般是通过打电

① 吴新慧 . 传统与现代之间：新生代农民工的恋爱与婚姻［J］. 中国青年研究，2011（1）：15–18，77.

② 郑新蓉，姚岩，武晓伟 . 重塑社会活力：性别图景中的乡村教师和学校［J］. 妇女研究论丛，2017（1）：5–20.

话或微信视频联系。

表 4-11 新寨小学特岗教师配偶 / 对象情况一览表（2016 年 12 月）

姓名	性别	出生年份 / 年	工作时间 / 年	婚恋状况	配偶 / 对象工作地	配偶 / 对象工作
方军	男	1991	2013	恋爱	豫南	特岗教师
付萍	女	1987	2012	已婚	青岛	金融相关
邹慧霞	女	1990	2015	已婚	北京	房地产
刘梓倩	女	1987	2016	已婚	西安	工厂
管巧庆	女	1992	2016	单身	—	—
李岚	女	1990	2016	恋爱	洛阳	—

二、程序复杂、花费高昂的成婚习俗

调查显示，新时代乡村教师对婚礼习俗越来越重视，越来越多的乡村教师选择程序复杂、花费高昂的婚礼形式。在 W 县，结婚的步骤繁多，包括见面、看家、订婚、开年庚、送彩礼、送日子、送头面嫁妆、结婚、回门等。这其中的每一个步骤都需要相应的花费，这无疑给乡村青年教师的家庭带来不小的经济负担和压力。

乡村教师及其配偶大多无法承担婚姻支付，在此种情况下，父母为子代的婚姻支付买单在当地成了普遍现象。调查发现，在当地，父母存在要为子女履行文化义务的价值观念，即父母认为抚育子女是其一生要完成的责任，既要将子女养大成人，又要帮助子女完成婚事，这一观念渐渐演变为“生儿子、买房车、娶儿媳、养孙子”。

第四节　社会交往方式

随着乡村教师相关政策的变迁以及乡村教师的代际更迭，我国乡村教师的来源发生了很大的变化。随着外地教师逐渐增多，以及乡土社会“熟人性”的变化，新生代乡村教师与本土本乡的乡村教师的社会交往方式也出现了很大的不同。

费孝通先生将我国传统乡村社会视为熟人社会，即乡土社会在地方性的限制下成了“生于斯，死于斯”的社会，常态的生活是终老是乡。[①] 而在师范教育体系从三级师范转变为二级师范之前，乡村教师的地域来源一般是本土本乡，很少有跨县甚至是跨乡镇的。在熟人社会环境下，乡村教师的社会交往集中于以学校为原点，辐射全村乃至全镇的交际网络。

随着城镇化的快速发展，农村人口大量向城市迁移，农村社会的异质性增强，乡村教师参与村庄公共生活的方式也发生了很大变化。21 世纪初，我国乡村教师的招聘机制发生了很大的变化，从传统以地缘和亲缘关系为基础的“县招机制”转型为以业缘为基础的面向全国招聘，从在县域范围内招聘教师放大到全国范围，乡村教师的来源地域分布变得广泛。[②] 而乡村教师身份的多元化和地域异质性，导致新机制招聘来的乡村教师与任教学校所处的乡村社会之间，出现了兴趣和品味以及共享经验的错位[③]。由此，新时代乡村教师与所在乡村社区间，乃至乡村教师个体之间的互动关系开始出现不同程度的疏远，我们把这种现象称为乡村教师的社会交往方式“原子化”。

① 费孝通．乡土中国　生育制度［M］．北京：北京大学出版社，1998：9.

② 王成龙．新生代乡村教师的文化困境与职业选择［J］．青年探索，2016（1）：84-89.

③ 贺雪峰．乡村社会关键词：进入 21 世纪的中国乡村素描［M］．济南：山东人民出版社，2010：234.

一、校园之外的人情礼节

继民办教师和中师生教师后，特岗教师逐渐成为中西部乡村教师队伍的主力军，在豫南镇更是如此。在“国标、省考、县聘、校用”招聘政策的影响下，“特岗计划”改变了原有本土本乡的教师来源方式，乡村教师的地域来源更加多元，很多都来自外乡镇、外县、外市甚至外省。他们的社会关系主要分布在“生我养我”的家乡和求学时所在的城市，人情礼节主要发生于任教学校之外。

特岗教师与村庄乃至学校之间的关系已然不是民办教师和中师生教师那般基于血缘、地缘的亲密关系，特岗教师基于业缘关系来到乡村学校任教，未与村庄、乡镇产生关系联结。由此，以特岗教师为主体的青年教师，他们的社会交往方式呈现出以基于业缘关系的任教学校为主阵地，跨过村庄和乡镇，延续原本基于血缘、地缘和学缘建构的关系的社会交往特征。在此，我们以特岗教师的礼金流动为例加以阐释。由于外地教师和本地教师具有地域来源方面的差异，其礼金流动也有不同，所以在此分类说明。

来自信阳市新县的黄翠翠老师，2012年从位于郑州的河南理工大学万方科技学院（现为郑州工商学院）毕业后，一直在新县的一家私营企业工作。2014年，黄老师考取了邻县W县豫南镇的特岗教师①。黄老师的生活轨迹就是工作日在学校，周五回家，周日来学校。工作时间她基本都在学校里待着，过着“三点一线”(教室、宿舍、餐厅）的生活。

在礼尚往来方面，黄翠翠老师随礼比较多的是朋友，黄老师还特别强调是“以前的朋友”，即在W县做特岗教师前结识的朋友，基本上是高中和大学同学。在豫南镇，基本上都是随给学校里的同事。在礼金数额方面，黄老师说：“看情况，哪个月‘好日子’多，随的礼金就多。最高的

① 黄翠翠老师之所以没有报考新县的特岗教师，是因为2014年新县没有组织特岗教师招聘考试。

就 600 元吧，我们的工资有限，这随 600 元的一般都是同学和玩得好的朋友。有一个季度，我随了 3 个 600，扎堆了。上个月‘五一’，和我玩得好的几个同学结婚，一共随了 2600 多块钱，我一个月的工资也就 2333 元。”在问及给现在的同事随礼的标准时，黄老师谈到，“同事一般都是 200 块钱的标准，如果有同事结婚或生孩子，就由学校的会计牵头，我们每个老师随 200 块钱，一起包个大红包”。

枣寨小学的李琳老师也是如此。李琳老师出生于 1993 年，来自 W 县的一个乡。李老师入职后，恰逢该校教导主任曹云军老师（特岗教师）结婚，李老师随了 200 块钱礼金。“曹云军是 9 月份结的婚，我们来了之后就随了一份礼，每个人 200 块钱。”刚刚大学毕业的李琳老师，有两个大学舍友结婚，因为关系比较亲近，李老师各随了 500 块钱的礼金。

黄翠翠老师和李琳老师都是外地教师，在礼金流动方面有以下特征：首先，从礼金流动的范围来看，两位老师的礼金主要流动于学校和乡镇以外的朋友、同学，而很少涉及学校所在的村庄和乡镇。其次，从随礼的行为逻辑来看，两位老师对学校同事随礼仅是基于业缘的关系，因为两位老师都是外地人，与被随礼人之间仅是同事关系。而亲戚、朋友和同学则是基于血缘、地缘以及学缘的关系。因为参加工作之前，老师们的社会关系网络主要是在家乡和求学地。再次，从随礼频次来看，因为村小、教学点的规模小，教师数量也少，在学校范围内涉及的人情礼节也不多。但青年教师在家乡和求学地的社会关系网络比任教学校复杂得多，涉及的随礼人数更多。最后，从随礼金额来看，学校同事的礼金，不论关系远近，一般都是 200 元，而且不用老师个人操心，由学校会计牵头来办。而给亲朋好友及同学的礼金金额，就要按照关系远近和亲疏而定。但不管关系远近如何，给亲朋好友及同学的礼金金额要远高于给同事的。（见表 4–12）

表 4-12　外地特岗教师日常随礼情况表

范围	关系	性质	频次	金额
学校	同事	业缘	比较少，依学校教师数量而定	固定
村庄	—	—	—	—
乡镇	—	—	—	—
乡镇外	亲朋好友	地缘、学缘、血缘	远高于同事	按关系远近定，但高于给同事的

与外地教师相比，本地青年教师的礼金流动显得更为复杂。1989 年出生的曹江涛老师，家乡就是豫南镇马湾村。曹老师 2013 年毕业于河南科技学院新科学院，在外工作两年后，2015 年考上了豫南镇马湾小学的特岗教师。曹江涛老师的家就在马湾小学旁边，步行到马湾小学只要 3 分钟。父母外出务工，家里只有他和爷爷居住，他教学工作之余和爷爷一起干些农活。作为马湾村本地人，曹老师和村民的关系比较融洽，和马湾小学的一些老教师、学生有一定的亲戚关系。

曹江涛老师平时的礼金流动主要集中于马湾小学的同事和以前的同学、朋友。虽说曹老师与本村的村民比较熟络，但马湾村却不在他的礼金流动范围内，因为曹江涛老师的“份子钱”由爷爷和其他家人代出了。可以看出，本地青年教师实际发生的礼金流动范围和外地教师一致，由于本村的礼金由其家中长辈支付，且是基于血缘和地缘的本地礼。

二、“原子化”交往方式

随着社会的发展与乡村教师代际的更迭，乡村教师的社会交往方式已然发生了变化，在相对封闭的学校空间中，乡村教师每天重复着“三点一线”的生活轨迹，过着相对单调的生活。在一个“抬头不见低头见”的学校场域中，乡村教师之间的关系也在发生着微妙的变化。青年教师较注重个人私域的保护，不干涉他人的私人生活已经成为青年教师的生活准则。由此，在乡村青年教师群体中，“原子化”社会交往形式正在形成。

（一）“三点一线”的封闭生活

春榜小学位于W县豫南镇中东部，距豫南镇政府所在地11千米，周围道路崎岖、狭窄，经常可以看到因电瓶车马力不足而只能推车上坡的现象。春榜村很多村民外出务工，春榜小学周边很少有人居住，以至于被称为“前不着村，后不着店”的学校。由于地处偏远，交通不便，该校已经有两位老师调离。该校现有5个教学班，学前班至四年级各1个教学班，学生70人，专任教师7人[①]，其中民办转公办教师1人、中师生教师2人、特岗教师3人、公开招聘教师1人，如表4–13所示。从地域分布来看，蔡雅芳、夏倩玲、熊瑶欣等几位青年教师均来自外乡镇甚至外县。

表4–13　春榜小学任课教师情况表（2016年12月）

姓名	性别	出生年份/年	籍贯	毕业学校	身份	备注
张志贤	男	1968	豫南	河南教育学院	中师生教师	校长
付子强	男	1957	豫南	光山师范学校	民办转公办教师	会计、本村人
彭丽春	女	1981	豫南	潢川师范学校	中师生教师	病休
蔡雅芳	女	1989	泼河	河南科技学院新科学院	特岗教师	2012年入职
夏倩玲	女	1993	晏河	开封教育学院	特岗教师	2014年入职
熊瑶欣	女	1991	文殊	郑州升达经贸管理学院	特岗教师	2015年入职
盛春霞	女	1990	豫南	大专，具体不详	临时聘用	本村人

① 2016年12月彭丽春老师请病假，为了缓解老师们的教学压力，她和学校商量后，学校就聘用了盛春霞老师代课。2017年初，彭老师回到学校后，临时聘用的盛春霞老师就被辞退了。2017年3月，春榜小学又分配来了一位由教育局公开招聘的女教师。由于笔者的第三次田野调查时间截至2016年12月，所以就没有对新分配来的招教教师进行访谈。

从豫南镇到春榜小学，没有可以乘坐的公共交通工具，张志贤校长和付子强老师都是本地人，他们都有一辆摩托车①。但外地女教师一般没有交通工具，出行时一般是拼车或蹭车，甚至步行②。即使是拼车或蹭车，也要凑豫南镇集市的时间，即逢“双日子”。遇到合适的“双日子”，春榜小学的老师们要在早上五点前起床，才能坐村民的车到镇上转乘公交回家，因为到集市做生意的村民都起得很早。

夏倩玲老师：本来说要这星期六回去的，但一看日历，不是（豫南镇）赶集的双日子，就回不了家了。这里没有公交车，只能“凑集”回去。豫南镇一般是逢双日子赶集，比如农历十二、十四等。但并不是每个双日子都能回家的，还要等到星期六是双日子的时候才可以。因为周五还要上课，周日回去就赶不回学校了，所以只能周六逢双日子时才能回家。

受到交通不便等因素的影响，春榜小学的青年教师每年回家的次数寥寥无几。所以，她们平时就只能待在学校里，生活方式比较单一。下面是熊瑶欣老师自述一天的时间安排。

早上6：30左右起床。还没等收拾好，有的学生就来了，就得去班里看看怎么样，安排一下打扫卫生。然后，我们就回宿舍做饭、洗洗脸。

到七点半左右，开始准备上课的东西。八点是预备铃，我要到班里看看，让学生背背书、读读书。我都是“包班”的，从上午到下午一直在上课，上午是语文、体育、美术，下午是数学、体育。

下午一般都是4：50放学，我们就组织学生站队列。排好队后，值班老师就要给学生们讲安全事宜。

---

① 由于豫南镇很多村山路崎岖、不平坦，摩托车成为乡村男教师的主要交通工具。校长、教导主任如果没有私家车的话，一般都有一辆摩托车。到镇中心学校开会、到集市买菜、到镇外办事，一般都是骑摩托车出行。家在本镇的女教师一般都有一辆电瓶车，而外镇教师则没有。

② 笔者通过对春榜小学的老师访谈得知，从春榜小学到豫南镇，步行需要1个多小时。遇到雨雪天气，甚至要走3个小时。

晚上学生和老师们离开学校后，只有我们两个（熊瑶欣、夏倩玲）在学校了。我们就开始收拾东西，吃吃饭，晚上写写教案。晚上一般都是十点多睡觉。一天就这样了。

对熊瑶欣老师自述的时间安排，夏倩玲老师也非常认同，补充道，“我不‘包班’，教学任务比较重，一天7节课，一直在上课，每天都是这样。每天都是教室、宿舍‘两点一线’。周末的时候，就在宿舍里上网、跳绳、踢毽子之类的。四五个星期不回家很正常”。

2012年入职的特岗教师蔡雅芳，结婚之前一个人住在学校里，也表达了同样的心情，“我当时基本上每天都是在学校里待着，不出去。有时候出去买东西，买好东西后，我就不出这个门了。最长一个星期不出校门，出门也是一直走，一直到碰到车才凑车出去”。

通过春榜小学的案例可以看到，住校的外地青年教师每天的活动空间就是学校，尤其是在教师数量紧缺的教学点中，乡村教师的教学方式基本是“包班”教学，即要承担所教班级所有课程的教学工作和班级管理工作。除了下课和吃饭，基本没有空闲时间。下午放学后，家在本镇的张志贤校长、付子强老师和盛春霞老师，以及嫁到春榜村的蔡雅芳老师就回家了。留在学校的只有夏倩玲和熊瑶欣两位女老师。两位老师平时不敢随意出学校，她们也想在村庄里“走动走动，散散心”，但是出于安全考虑，放学后还是把学校大门锁上，只在校园里活动。外地教师不能像本地教师那样每天可以和家人团聚，和亲朋好友聚会。

（二）“原子化”社会关系逐步形成

随着代际的变迁，新生代乡村教师之间的同事关系不再如民办教师和中师生教师那般紧密相连，比如：民师转正的张报国可以走遍新寨村的田间地头拜访退休老教师；中师生教师刘贤江可以娓娓道来全镇教师的学缘、地缘甚至是血缘关系，而且可以乐此不疲地讲述一晚上。新生代乡村教师因来自不同的生长环境，生活习惯、认识与观念有所不同，互相之间不一定能进行深入交流。

1993年出生的余霞洁老师，2016年从河南科技学院新科学院通信工程专业毕业后，就考上了豫南镇新河小学的特岗教师。同年一起到新河小学任教的特岗教师，还有另外两位“90后”，她们分别来自信阳市息县和W县。新河小学共有九位教师，除了三位特岗教师，其他六位都是民办教师转正的老教师，将在未来三年内陆续退休。由于三位女老师都不是豫南镇本地人，所以每周一至周五都是在学校居住，只有周末回家。作为同龄人的三位教师，按理说应该有共同语言，不至于出现倍感孤独的情况。但三位老师在日常生活中比较独立，除了工作，生活中很少有交流。

余老师单独住一个房间，另外两位老师一起住。平时中午是在学校食堂一起吃，早饭和晚饭都是自己做。由于三位老师的饮食习惯差异较大，所以平时早饭和晚饭不搭伙吃。余老师说，“吃饭都是自己做。我们自己买自己的菜，分开煮饭，我们吃不到一起。息县靠北一点的，就吃面条，我们都不吃。我早上就吃稀饭，中午和晚上就吃干饭。我天天都喜欢炖汤，我们三个人都有自己的锅”。

由于来自不同的地方，三位女老师的饮食习惯、性格特点迥异，平时沟通不多，根据各自的饮食习惯做饭，吃完饭后，回到自己的房间各自娱乐，交流的机会很少。之所以出现这种“工作之外无集体”的现象，是因为乡村青年教师并不像民办教师、中师生教师那样基于血缘、地缘关系走在一起。前两代教师之间的同事关系是一种有机联系的社会关系：每位教师的角色是多面的、交织在一起的，也是丰富的。在同一所学校里，一位老师可能就是另外一位老师的亲戚，抑或师生之间也是亲戚关系。老师们之间的关系既是同事，又是邻居，甚至可能是亲戚。相反，新生代乡村教师的同事关系发生了很大的变化，他们的关系基于业缘，并没有成长、生活、求学的共同经历，彼此之间除了教学工作，并没有多样化的关系。在学校这一孤立于村庄的教学单位中，乡村教师则可能成为注重个人隐私的理性个体。

在社会学理论中，乡村教师这种社会交往关系的疏离现象，被称为社会关系的“原子化”。“原子化”源于化学概念，以前像“分子”一样凝聚在一起的人类，正在分裂为相互游离的更小单位，或者说“原子”[①]。在越来越“原子化”的乡村社会交往中，伴随着乡村教师个体自由和独立观念的强化，乡村教师之间的关系网络及社会交往纽带也逐渐疏离。

第五节 消费方式与娱乐生活

与民办教师、中师生教师不同，很多乡村青年教师是离土离乡的一代，并非本乡本土的本地人，是因为职业来此地任教的。刚刚入职的他们，一般处于职业发展的适应期和磨合期，尤其是对于很多没有结婚的青年教师而言，尚未有较多的生活、家庭乃至社会交往负担。

所以，在日常开支中，刚入职的乡村青年教师既没有民办教师那样的为子女承担文化义务的开支，也不像中师生教师那般为了家庭、人情消费。他们的消费特征是精打细算式的个体化消费，具体表现在两个方面：第一，一些乡村青年教师来自多子女的农村家庭，承担着反哺家庭、帮扶兄弟姐妹的义务，消费观念方面一般为“量入为出”且“精打细算”；第二，乡村青年教师个人消费方式为注重时尚的个体化消费，具有典型的城市化趋向。

但当乡村青年教师结婚生子后，他们的消费行为就发生了非常大的转变，消费方式从以个人为中心转向以家庭生活为中心。而在刚工作时形成

① 兰伯特．机器人或将令人类进入“原子化”时代［J］．孟波，李琳，译．中外书摘：经典版，2017（2）：40–41.

的城市化趋向的消费理念和行为，也会被带入婚后生活。

一、消费方式

（一）代际反哺的使命与量入为出的习惯

中国人很重视血缘意识及家庭观念，注重个人在家庭中的地位、职责和义务。在中国古代，几代人生活在一个大家庭中，每个家庭成员在经济上是不独立的，需要依靠共同财产来生活。① 中国的伦理体系中有一个重要的特点是重家族轻个人，重群体轻个体，重义务轻权利。② 虽然这种“同居共财”现象在中国农村地区式微，甚至已经消失，但以孝道为核心的伦理观念在作为熟人社会③的农村地区并未消失，尤其是在出生于多子女农村家庭的乡村青年教师身上体现得更为明显。

调查显示，乡村青年教师一般出生于多子女家庭，44% 的特岗教师有 1 个兄弟姐妹，42.5% 的特岗教师有 2 ～ 5 个兄弟姐妹，也有 13.5% 是独生子女④。农村家庭中，为了能让出身农家的青年教师接受高等教育，父母在他们的成长过程中付出了巨大的心血，甚至不惜以牺牲兄弟姐妹受教育机会的方式，换得他们求学的机会。成长在多子女家庭中的乡村教师，不仅有义务赡养父母和祖辈，做到“居则致其敬，养则致其乐，病则致其忧，丧则致其哀，祭则致其严”，更要承担起帮助父母照顾家庭的责任，尤其

① 顾明远 . 中国教育的文化基础［ M ］. 太原：山西教育出版社，2004：65.

② 顾明远 . 中国教育的文化基础［ M ］. 太原：山西教育出版社，2004：66.

③ 贺雪峰、王德福等学者的研究表明，现在的农村地区已经不再是费孝通先生所言的“熟人社会”，随着社会的变迁，农村社会已经演变为“半乡”“半土”的“半熟人社会”，即不完全是乡土社会意义上的“熟人社会”。（参见：王德福 . 乡土中国再认识［ M ］. 北京：北京大学出版社，2015：23–24.）此处暂用“熟人社会”这一概念，后文在讨论乡村教师的社会交往方式时，再详细论述。

④ 北京师范大学“特岗计划”（2006—2015）执行及效果评估课题组 .“农村义务教育阶段学校教师特设岗位计划”评估报告［ R ］. 北京：北京师范大学“特岗计划”（2006—2015）执行及效果评估课题组，2016：42.

是为未婚弟妹的成长保驾护航。

李岚老师是在砖桥镇街上长大的“90后”女孩，现在豫南镇新寨小学任教。2016年从周口师范学院数学教育专业毕业后，考上了W县的特岗教师。李老师住在砖桥镇家中，从家里骑电动车到学校大概需要二三十分钟的时间。

李岚老师出生于农村家庭，父母常年在外地打工，还有一个初中辍学后在外打工的弟弟。为了减轻给家庭带来的经济压力，李老师从大学一年级就开始做兼职，一直做到毕业，先后做过计算机室管理员、图书馆管理员、学校食堂员工等，每个月可以挣600块钱，用作生活费。由此可以看到，李老师在大学时就比较自立、自强。

访谈李老师时，是2016年12月初，那个时候的李老师入职后还没有拿到工资，因为新入职的特岗教师是在第一年年底集中发放3个月的工资。刚毕业的李老师没有什么积蓄，只能先跟家里人要了5000元的生活费，等工资发了之后，“再还给家里人”。在问及李岚老师如何分配6999元的工资①时，李老师说，早已经计划好怎么花了，并非常详细且精确地向笔者讲述了她打算如何支配这三个月的工资。拿到工资后，李老师要分别偿还母亲5000元和朋友300元的借款，剩余的1699元存起来。李老师说，父母含辛茹苦地把她养大，以后要把工资存起来，争取半年时间攒到一万元，到那时候就交给母亲，由母亲支配，或用于以后为自己置办嫁妆，或用于弟弟结婚时送彩礼。当笔者问及李老师为什么要把钱交给母亲而自己不花时，李老师非常动情地说，“我不存钱，有钱就给我妈。我存不住，怕自己乱花了。我家去年（在砖桥镇街上）买房子了，不算装修花了30万。本来这么多年，我也没挣什么钱，能给一点是一点，至少心里不愧疚。我爸现在身体也不好，一年也挣不了多少钱。他们都在外面，不

① W县的特岗教师在三年服务期内，每个月的工资是2333元。

容易”。

李琳老师是2016年入职的特岗教师，从河南财政金融学院国际经济与贸易专业毕业后，到豫南镇枣寨小学任教。和李岚老师一样，李琳老师同样来自农村家庭。李琳老师在分配三个月的工资时，也有很明晰的计划。“前年（2014年）我们家在W县城买了房子，为了还房贷，我向我同学借了5000块钱。再加上这一段时间送礼（花了不少钱），（大学）两个舍友结婚，还有生小孩的，玩得好的朋友（都要随礼），差不多借了2000多元，加一块就7000多元了。剩下的[①]可能就是过年用，今年我在家里嘛，家里的年货能买的就买点吧。反正，人家说落叶归根，好多人老了都得回来，我就想着，在家旁边工作，父母老了，还可以照顾照顾他们。”

作为女儿，李琳老师对父母有着强烈的反哺意识。李老师的哥哥2014年在W县城以按揭的方式买了一套婚房（共40多万，首付10多万），每个月要按揭还款3000块钱。李琳老师知晓并体谅哥哥的生活压力。李老师说道，“家里欠的钱太多了。无论你干不干活，吃不吃饭，到时间你就要给3000块钱的房贷，不变的。我嫂子在W县的洗浴中心做收银员，她的工资一个月就2000块。她把我2岁多的侄子放在她妈那里。主要是我家底子太差，我爸妈都是农民，还要供两个大学生。所以我要存着钱，不能随便花。能帮我哥还点（房贷）就还点”。

可以看到，以李岚和李琳老师为代表的“90后”乡村青年教师，出身农家，目睹了父母在外打拼时的不易。外出务工的父母多从事依靠体力的“廉、粗、重、脏、苦、险”的职业，可以说家庭的幸福和小康，是父母用体力劳动换来的，他们深知体力劳动的艰辛和幸福成果的来之不易，更能体会到“面朝黄土背朝天”的酸甜苦辣。所以，“崇俭”和“孝道”是

① 访谈李琳老师时是2016年11月28日，当时她还不知道什么时候发工资，也不知道发几个月的工资。李琳老师以为是发4个月的工资，就按照4个月的工资9332元进行计算、分配。但笔者第三次田野调查临近结束时，也就是12月上旬，W县财政局为特岗教师发放了3个月的工资，即6999元。

乡村青年教师工资分配行为的核心要旨，可以说，乡村青年教师的消费量入为出、精打细算、绝不挥霍、讲求实效，希望通过自己的勤俭节约减轻家人的经济负担。此外，乡村青年教师还要帮衬兄弟姐妹、帮助父母照顾爷爷奶奶等祖辈老人。

像李岚和李琳老师这样通过自己的行为反哺原生家庭的案例非常多，比如2014年毕业于开封教育学院（现为开封文化艺术职业学院）的“90后”特岗教师夏倩玲，现任教于豫南镇春榜小学。在2016年4月的田野调查中，夏老师告诉笔者，她平时不乱花钱，已经存了两三万元钱。2016年11月笔者第三次做田野调查，再访谈夏老师时，她告诉笔者，母亲生病花掉了很多钱，她把自己所有的积蓄用于给母亲治病了。夏老师比较庆幸地告诉笔者，“幸好我平时不乱花钱，存了一些活钱，在紧急情况下，可以补贴家用”。

（二）婚前的个人生活：关注符号价值的单向度消费

大部分乡村青年教师出身农村，理解甚至经历过“新三年、旧三年，缝缝补补又三年”勤俭节约的生活方式，有着强烈的代际反哺的家族使命感和意识，也表现出了一定程度的“量入为出”的消费心理与行为。但他们又是出生和成长与我国改革开放同轨的一代，享受着改革开放带来的物质水平充分提高和精神生活极大改善的成果。他们在城市中接受过高等教育，城市化的生活方式潜移默化地影响着他们的消费价值观乃至日常实践。

随着我国社会生产的日益多样化，人民的物质生活水平得到极大的提高，在步入消费社会的同时，消费主义给中国人的生活方式和消费方式、消费观念带来了重要而深远的影响。我国已经从生活必需品的生产和消费的时代进入耐用消费品生产和消费时代[①]，这种变化在青年群体身上体现得

① 孙立平．断裂：20世纪90年代以来的中国社会［M］．北京：社会科学文献出版社，2003：35.

尤其明显。对于物质生活比较优越的“80后”“90后”青年群体而言，他们已不再仅仅关注商品的本体性功能，即实用价值，向往得更多的是实用价值以外的符号价值，并以此彰显自己的社会身份和地位，获得精神上的享受和愉悦，达到“对个人快乐和舒适的追求”①。

在乡村学校普遍可以看到，衣着最为讲究的是乡村青年教师，通信和交通装备最为现代化的也是乡村青年教师，谈论品牌较多的还是乡村青年教师。尽管有部分青年教师仍然处于谋求基本生存的状态，但不可否认的是，引领乡村学校消费时尚的群体便是乡村青年教师。他们之所以能够在消费方面“占据鳌头”，是因为他们所处的年龄阶段和事业发展阶段，并不要求他们去养家糊口、为生计奔波、处理过多的社会交往，只需要满足自我发展的需求即可。

乡村青年教师的消费方式还呈现出讲究并追求品牌的特点。有研究表明，品牌的作用非常类似于传统社会里的神话，选择一种品牌变成了一个消费群体把自己和另外一个群体区别开的一种方法②。事实的确如此，乡村青年教师通过消费品牌商品，成为乡村学校消费时尚的引领者。对时尚的追求和对品牌的追逐，一方面是为了显示出自己的社会地位和与众不同，另一方面也表明了自己的喜爱偏好。

（三）婚后的家庭生活：为“进入城市”而奔波

2018年1月23日　田野日记

2018年1月，当我第四次进行田野调查时，发现2016年访谈的乡村青年教师已经组建家庭、结婚生子，他们开始考虑自己小家庭的经营，想考到县城工作的意愿愈发强烈。而他们的消费方式也发生了翻天覆地的变化，不再为了个人生活品质的提高和盲目攀比而消费，而是把工资攒着到

① 周晓虹，等．中国体验：全球化、社会转型与中国人社会心态的嬗变［M］北京：社会科学文献出版社，2017：96.

② 周晓虹，周怡．大过渡时代的中国青年［M］．南京：南京大学出版社，2000：213.

县城买房。

正如前一章所言，正处于家庭和事业发展上升期的中师生教师群体，日常消费开支主要是家庭生活必需品和子女养育、房贷，以及为了维系“熟人社会”的社会交往费用。但主要还是前三项的消费占据大部分的开支，即家庭生活必需品和子女养育、房贷，这就使得中师生教师群体每日都在为家庭生计奔波。而婚后的新生代乡村教师的生活轨迹也逐渐接近这批中师生教师，开始为家庭生计奔波。

与中师生教师不同的是，新生代乡村教师维护社会交往的开支较少，因为大部分新生代乡村教师并非本地人。同时，刚刚结婚的新生代乡村教师暂时不需要赡养父母，他们的主要消费放在了提高家庭的生活质量，以及送子女到县城接受更加优质的教育上。

作为在城市中接受过高等教育的年轻人，城市化的生活方式潜移默化地影响着他们的家庭教育观念，主要表现在信奉陪伴式教育理念与受消费观念影响的城市化育儿方式上。

越来越多的乡村青年教师在县城或市区买房，主要目的是为子女创造良好的受教育环境，让子女在优质教育资源集中的城区接受教育。很多乡村青年教师来自农村，他们已经通过接受高等教育实现了阶层流动，不希望自己的孩子在农村学校接受教育。

方军老师于 2017 年 3 月与同为特岗教师的王勤凤老师登记结婚，同年 9 月，方老师夫妻二人就被调到了雷山小学工作，方老师任该校校长。下午放学后，全校只有他们夫妻二人，他们过着没人打扰的日子。但雷山小学毕竟交通不便，是豫南镇最偏远的学校之一。婚后，方老师夫妇开始规划小家庭的未来，他们计划到县城工作，为子女进城上学做长远考虑。

李强老师的工作和家庭生活也发生了非常大的变化。2017 年，李强老师有了一个女儿，为了方便照顾女儿，李老师申请调到了中心学校做会计。作为会计，李强老师要经常往县城跑，但她没有自己的私家车，到县城只能坐班车，很不方便。当问及李强老师要不要买车时，她回答说暂时不买，现在的工作方式还可以接受。再次追问时，李老师坦言要攒钱在县城买房，把女儿送到县城读书。

在县城买房之后，乡村青年教师就出现了两个特殊群体："走教"教师和"亲子分离"教师。所谓"走教"教师是指为了能照顾子女生活、辅导子女学习，每天往返于县城的家和乡村的学校之间的乡村教师。他们白天无暇看管孩子，就把孩子送到日托班，晚上回到家后和子女团聚。此外，还有为数不少的"亲子分离"教师，即工作日只能住在乡村学校，只有周末和假期才能回到县城家中居住的乡村教师。他们要么把孩子送到寄宿制学校就读，要么把自己的父母接到县城帮忙照看孩子。

二、娱乐文化生活

20世纪八九十年代，正是我国改革开放深入发展的时期，社会、经济、文化等各项事业蓬勃发展，诸多外来文化尤其是流行文化的传播对出生在这一时期的新生代乡村教师产生了深刻的影响。总体而言，新生代乡村教师的文化生活表现出热衷追逐流行文化但文化生活略显单调的特点，具体表现为：崇拜青春偶像，追赶时髦音乐；书籍阅读主题多元，现实、励志与爱情主题居多，具有国际化的阅读视野；网络游戏成为大多数新生代乡村教师缓解单调生活的主要文化载体。

（一）崇拜青春偶像，追赶时髦音乐

新生代乡村教师在偶像崇拜与流行音乐欣赏方面存在着明显的年龄差异，尤其是"80后"与"90后"这两个年龄群体之间存在着显著差异。

偶像崇拜方面，20世纪80年代出生的乡村青年教师崇拜的人物多为国家领导人、政治领袖，如有的老师崇拜邓小平，因为"改革开放使中国人民富裕起来了！"；有的老师崇拜习近平，因为"他使我们每个人的心中都有一个大国的梦想！""他消灭了很多'大老虎'"。也有很多老师非常感恩

自己的父母，将自己的父母作为最崇拜的人，理由是："小时候家里穷，爸爸妈妈去外面打工。我们虽然到过年的时候才能团聚，但我感觉他们很不容易，把我们抚养长大并且（帮助我们）成家立业。我很敬佩他们，想陪他们变老！"

但随着新入职的乡村教师越来越年轻，崇拜的人物也发生了变化，逐渐呈现人物崇拜多元化的趋势。这些年轻的乡村教师多是将青春偶像（如歌星）、企业家作为崇拜的对象。当然，也有很多青年教师的崇拜人物是陶行知、魏书生、自己的老师、校长等，这些人物为他们树立了学习的榜样。

流行音乐欣赏方面，20 世纪 80 年代出生的乡村青年教师在音乐欣赏方面相对比较传统，与中师生教师群体有着较大的相似性，歌词与个人经历贴切是他们喜欢一首歌的主要标准。如一位出生于 1986 年的老师喜欢《爱拼才会赢》是因为"拼搏的人生才精彩！"。另外一位老师喜欢《阳光总在风雨后》这首歌，是因为她"每当遇到困难与挫折，听到这首歌，就有了继续前行的勇气跟力量"。还有一位老师喜欢《相逢是首歌》，是因为"人与人之间的相遇和相处都是美好的，用自己的诚心去对待别人，一定会收获别人的真心"。

20 世纪 90 年代以后出生的乡村教师对音乐的喜好没有固定的标准，当问及为什么喜欢某首歌时，大部分老师都会回答"因为好听"。注重音乐的旋律、不看重歌词表达的意义的现象，在年轻的乡村教师身上表现得更加突出。

（二）喜欢阅读现实、励志与爱情主题书籍，具有开阔的国际视野

对 54 位新生代乡村教师阅读的书籍进行分析可以发现，新生代乡村教师在书籍阅读方面，阅读主题更加多元，且越来越具有国际视野，但也具有明显的性别差异，见表 4-14①。

① 表中括号里的数字，代表喜爱该书的人数，书名后未用括号标注的，均为 1 人。

表 4–14 新生代乡村教师喜欢阅读的书籍情况表

主题	人数	书籍名称
文学经典	27	《红楼梦》(7)、《平凡的世界》(5)、《活着》(3)、《西游记》(2)、《三国演义》(2)、《百年孤独》、《呼兰河传》、《解忧杂货店》、《骆驼祥子》、《穆斯林的葬礼》、《汪国真散文集》、《围城》、《水浒传》
励志	8	《钢铁是怎样炼成的》(5)、《不抱怨的世界》、《假如给我三天光明》、《肖申克的救赎》
爱情	7	《简·爱》(3)、《飘》(2)、《傲慢与偏见》(2)
教师职业发展	6	《给青年教师的一百条建议》、《教育学》、《心理学》、《第二性》、数学书、英语书
科学	2	《人类简史》《时间简史》
国家发展	1	《法治及其本土资源》
幻想	1	《哈利·波特与密室》
文学	1	《意林》
家庭教育	1	《西尔斯亲密育儿百科》

新生代乡村教师最喜欢阅读的书目中，以文学经典为主，体裁既有小说，也有散文，包括《红楼梦》《平凡的世界》《活着》《西游记》《三国演义》《百年孤独》《呼兰河传》《解忧杂货店》《骆驼祥子》《穆斯林的葬礼》《汪国真散文集》《围城》《水浒传》。喜欢看《平凡的世界》这本书的原因有“反映了普通人对生活的希望，并为生活不懈奋斗”，“里面反映的内容很真实，人物个性都很鲜明，而且主人公坚强不屈的精神令我感动”等。一位1989年出生的特岗教师非常喜欢看《汪国真散文集》，因为“汪国真的散文写出了生活的真理”。还有一位1989年出生的老师喜欢看《围城》，因为“这本书体现了自己的心声”。

但在阅读主题偏好方面，存在着一定的性别差异。偏好文学经典主题的27位教师中，仅有1位男教师，且最喜欢的书籍是《三国演义》，其他26位均为女教师。由此可以看到，关注现实生活主题的乡村青年教师多为女性，或许是因为女性的感情比较细腻，对生活抱有很多期待和想象。

喜爱人数排名第二的是励志主题的书籍，新生代乡村教师喜欢的励志主题书籍包括《钢铁是怎样炼成的》《不抱怨的世界》《假如给我三天光明》《肖申克的救赎》。从中可以看到，新生代乡村教师对自己的生活抱有非常高的期待，也想通过自己的奋斗和努力，使自己的工作与生活更加美好。正如一位喜欢看《钢铁是怎样炼成的》的老师所言："人生需要自己不断地奋斗来创造美好的明天！"喜欢《不抱怨的世界》的一位老师，认为"(这本书)励志，给我力量"。喜欢励志主题的群体，不存在性别差异。

但在爱情主题书籍的偏好方面，就存在显著的性别差异。喜欢阅读《简·爱》《飘》《傲慢与偏见》的共有7位老师，均为女性。一位1992年出生的乡村女教师喜欢《简·爱》，是因为"女主人公是一个心地纯洁、善于思考的女性。她虽然生活在社会底层，受尽磨难，但她有倔强的性格和勇于追求平等幸福的勇气"。另一位女老师喜欢《飘》是因为"《飘》体现女性坚强的性格"。从中透露出乡村女性青年教师对美好生活的向往。

有6位老师喜欢教师职业发展有关的书籍，如《给青年教师的一百条建议》《教育学》《心理学》《第二性》等。有的老师喜欢《给青年教师的一百条建议》是因为"(这本书)指引我前进的方向"，喜欢读心理学方面的书籍是因为"心理学可以让我更好地研究学生、了解学生"，喜欢阅读《第二性》是因为"(这本书让我)从生物学、社会学等方面认识自己及他人"。

还有老师喜欢科学、国家发展、幻想、文学、家庭教育等主题的书籍，如《人类简史》《时间简史》《法治及其本土资源》《哈利·波特与密室》《意林》《西尔斯亲密育儿百科》。需要特别说明的是，《法治及其本土资源》是我国著名的法学家苏力所著，是一本法律类的专业书籍。这本书是一位1992年出生的男性教师所喜欢的，他喜欢的原因是"(这本书)立足中国时代背景寻求问题的解决方式"。从中可以看到，也有老师比较关注国家的改革与发展走向。但 54 位老师中，仅有 1 位关注这一主题。

表 4-15　新生代教师喜欢阅读的书目作者国籍一览表

书名	作者国籍	书名	作者国籍
《百年孤独》	哥伦比亚	《西尔斯亲密育儿百科》	美国
《解忧杂货店》	日本	《假如给我三天光明》	美国
《钢铁是怎样炼成的》	苏联	《肖申克的救赎》	美国
《简·爱》	英国	《飘》	美国
《傲慢与偏见》	英国	《人类简史》	以色列
《时间简史》	英国	《哈利·波特与密室》	英国

通过对这些书籍的作者国籍进行分析（表 4-15）可以发现，新生代乡村教师越来越具有国际化的阅读视野。

（三）网络游戏成为缓解单调生活的文化载体

在边远地区任教的乡村教师，如果像春榜小学那样有两三位老师一起在学校居住，他们可以在一起聊天、跳绳，凑赶集的双日子出去逛街，在日常互动中缓解人际交往的孤独感。但并不是所有的学校都像春榜小学那样有三五成群的老师一起住校，很多学校由于地处偏远，工作和生活不便，出现“招不来、留不住”教师的现象，女教师出于自身安全的考虑更是不愿意去那里任教。为了维持偏远学校的日常教学工作，教育行政部门调配为数不多的年轻男教师到偏远地区任教，以至于出现了很多年轻男教师“夜晚独守校园”的现象。在此以马湾小学为例，描述在边远村小任教的男教师的日常生活状态和社会交往状况。

马湾小学，位于 W 县豫南镇东南端，距离豫南镇政府所在地 23 千米，是豫南镇乃至 W 县最偏远的村级小学，与商城县仅一河之隔。该校现有 6 个教学班，在校生 159 人，教师 8 人[①]，其中 2 位民师转正教师、4 位特

① 该数据截至 2016 年 12 月。

岗教师、1位学前教育志愿者和1位临时聘用教师。由于马湾小学地处偏远，每年都有特岗教师辞职，经常要通过补录①或调剂，才能保证这所学校的教师得到正常补充。如2015年入职的3位特岗教师中，有2位是补录而来的；2016年入职的3位特岗教师中，也有两位是在第3次补录后才到岗任教的。

1991年出生的戴延庆老师，来自信阳市新县，2014年毕业于信阳师范学院华锐学院，在信阳市从事保险行业1年后，2015年考上了马湾小学的特岗教师，现任该校教导主任。同年，和戴老师一起到马湾小学任教的还有2位特岗教师。但那两位老师不住学校，平时下午放学后，学校就只剩戴老师1人了。戴老师每周的时间安排都比较规律。从新县县城到沙窝镇②有60多千米的路程，戴延庆老师要乘坐一个小时的城乡公交后，到达沙窝镇和豫南镇交界的上塘小学③，然后骑着寄存在这里的摩托车，骑行半个小时后到达马湾小学。戴老师一般是星期五下午回去，星期日下午回来。有时候星期一才从家回来，不过要早上5点多就起来，6点坐车到沙窝镇，7点到上塘小学，从上塘小学骑车过到马湾小学大概是7点半。然后就准备8点上课。

戴老师的工作日时间安排一般比较规律。夏天的时候，戴老师一般早上5点多起床给学生开门。早上5：40或5：50，学生就开始在外面等着，为了保证学生的安全，戴老师就要起床给学生开门，然后做早饭。到6点多时，其他老师陆陆续续来到学校。因为是包班授课，戴老师同时也是班主任，白天都在学校上课。下午放学后，其他老师都回家了，只剩下戴老

① 补录，即正取的特岗教师放弃录取资格后，按照考试成绩的名次递补。在对W县教育局人事股和师训股负责人进行访谈时，他们多次表示，每年由于考生放弃特岗教师岗位而致的补录工作非常麻烦，如2015年进行了5次补录工作。

② 沙窝镇，位于新县境内，是新县的一个乡镇，与豫南镇接壤。

③ 上塘小学，豫南镇的一所村级小学，位于W县豫南镇和新县沙窝镇交界处。

师一个人独守学校。晚饭后，戴老师会骑摩托车到附近的篮球场运动半个小时，然后回到宿舍备备课、看看电视，到晚上 11 点或 12 点就睡觉。

以上分别是戴延庆老师每周和每天的时间安排，虽然看起来很有规律，但戴老师对这种生活方式也倍感孤独和无聊。“放学之后，就剩我一个人了，也挺孤单的，想找个人说话都没有。我在学校里转来转去，转来转去……有时候可烦这种状态了。学校有一个篮球架，自己可以玩会儿篮球，但有时候也感觉挺无聊的。”

笔者进行田野调查时发现，为数不少的乡村男教师都偏于内向，不善言谈，很少走出学校，每天放学后会通过游戏娱乐。方军老师就是一个很典型的案例。

本章提到的方军老师，2012 年毕业于洛阳师范学院，2013 年考上了豫南镇特岗教师并被分配到西华小学，2016 年初调任新寨小学任教导主任。刚到西华小学任教时，除了同事，方老师在豫南镇基本没有任何社会关系往来。2013 年同时来西华小学任教的还有两位女老师，但方老师和她们的交流也很少。正如方老师所言，“另外两个特岗教师都是女的，我们也不经常交流。人家放学之后，就回她们房间了。女生的房间，怎么方便去？那时候学校的宿舍不够住，学校就在外面帮我租了间房子。我和她们沟通非常少，除了帮她们换煤气、提水，基本没有沟通”。

方军老师坦言，在西华小学任教的两年时间，一个人很孤独，每天放学后就回到在外面租的房间里玩游戏，以缓解这种孤独感。

担任新寨小学的教导主任后，方老师的生活方式就发生了很大的改变，白天要负责班级教学、学校秩序维护和食堂管理，晚上还要加班填写各种上级布置的表格。后来经同事牵线，认识了现在的爱人。在与方老师合住的一个月时间里，从他每天忙忙碌碌的工作状态中可以看出，方老师的工作和生活很紧凑。经过了一天的忙碌工作，晚上加完班后，他才有时间看电视剧。由于村小周边的基础设施不尽完善，不可避免地就会有单调、乏味的感觉。方老师说，“在乡下就是这样，较单调乏味，业余生活很单一”。

第六节 从理解、接纳到参与

与民办教师、中师生教师群体相比，新生代乡村教师在教育教学、婚姻缔结、社会交往、消费生活与文化娱乐方面表现出不同的特征。普遍具有城市生活经验的新生代乡村教师受到了现代化进程中的各类价值观念影响，他们生活在期待与回报、家庭与事业、当下与未来的“夹缝”中。面对困难，大部分乡村青年教师积极地进行着行动建构：逐渐理解、接纳乡村教师的工作环境，逐步参与乡村学校改进与乡村社会建设。

一、在“夹缝”中生活

（一）期待与回报

大部分乡村青年教师都来自农村家庭，父辈职业为农民的比例较高，很多乡村青年教师的家庭世代以农耕为业。以全国特岗教师为例，特岗教师中 14 岁时为农业户籍的占 78%，父母均为农业户籍的占 71%。按照陆学艺[①]对我国阶层的划分来看，71% 的乡村青年教师的父母属于农业劳动者阶层，而乡村青年教师则属于专业技术人员阶层。

① 陆学艺把当代中国社会划分为十大阶层，分别是国家与社会管理者阶层、经理人员阶层、私营企业主阶层、专业技术人员阶层、办事人员阶层、个体工商户阶层、商业服务业员工阶层、产业工人阶层、农业劳动者阶层、城乡无业失业半失业者阶层。其中专业技术人员阶层，指在各种经济成分的机构（包括国家机关、党群组织、全民所有制企事业单位、集体所有制企事业单位和各类非公有制经济企业）中专门从事各种专业性工作和科学技术工作的人员。他们大多经过中高等专业知识及专门职业技术培训，并具有适应现代化社会大生产的专业分工要求的专业知识及专门技术。农业劳动者阶层，指承包集体所有的耕地，以农（林、牧、渔）业为唯一或主要的职业，并以农（林、牧、渔）业为唯一收入来源或主要收入来源的人员。（陆学艺．当代中国社会阶层研究报告［M］．北京：社会科学文献出版社，2002：17，22.）

从农民到教师的职业转变，体现了大部分出身农家的乡村青年教师实现了阶层向上流动的事实。但现实中乡村教师的社会地位，尤其是经济待遇状况并未满足很多乡村青年教师的期待。

乡村教师的工资收入不高，已经成为困扰乡村教师工作与生活的重要难题。

笔者对在新寨小学任教的10位乡村教师的月应发工资进行分析后发现，不管是刚入职还是工作多年的乡村教师，月工资收入都不高。工作38年的赵登庆老师，每个月的收入仅有3272元；工作14年的陈朝林校长的收入最低，仅有2172元；特岗教师在服务期三年内的工资由财政部直接发放，每个月为2333元[①]。（见表4–16）

表4–16　新寨小学教师应发工资表（2016年1月，不含绩效）

姓名	教龄	应发工资/元	姓名	教龄	应发工资/元
赵登庆	38年	3272	付萍	4年	2333
张报国	37年	3233	方军	3年	2333
张文斌	36年	3202	邹慧霞	1年	2333
王晓燕	32年	2990	管巧庆	3个月	2333
陈朝林	14年	2172			

乡村教师的工资扣除养老保险、住房公积金等项目的费用后，所剩无几。方军老师每年的工资收入约28000元，加上每个月300元的乡村教师生活补贴，每年的收入约为31600元，扣除4000元的五险一金费用，仅有27600元，平均每个月2300元左右。

豫南镇的消费水平比较高。因为豫南镇地处偏远，很多蔬菜瓜果都是

① 三年服务期满后，特岗教师的工资由财政部转为县级财政支付。转移到县级财政后，乡村教师的工资会根据绩效工资的高低、教龄等调整。但这种调整有周期性，一般都会延迟1～2年调整。如付萍老师，三年服务期满后的第二年还没有调整工资，仍然是2333元。

从县城甚至外地运输过来，运输成本较高。以下是笔者对春榜小学两位特岗教师的访谈，从中可以看出豫南镇的物价水平。

夏倩玲：豫南镇的物价特别高。我们平时都是自己买点菜，自己做。很少吃火锅，我们俩今年还没有吃。平时都是买萝卜、白菜这些能放的。土豆每次都买，因为它能放很长时间。没有吃过粉条，粉条可贵了。

蔡雅芳：但是老吃（萝卜、白菜、土豆）就不好吃了。也没什么买的，什么菜都贵，都是五六块一斤，就萝卜、白菜便宜。豫南镇的菜贵，县里都没有这里贵。有的菜在县里就卖 5 块钱，在豫南还卖 8 块钱、9 块钱。不知道怎么这么贵。吃一顿小火锅，100 多块钱还算便宜的。

除了面对高物价水平，乡村教师还有各种名目的日常开支。方军老师的父母均为农民，早年在北京卖早餐、务工，有一定的积蓄，为方老师在县城购置了婚房。从北京返乡后，父亲常年在外打工，母亲在 W 县一家纺织厂工作，和方老师一起居住。

表 4–17　方军老师（25 岁时）月收支情况

类别	房贷和物业、水电费	饮食	服装	护肤品	宽带费	手机通信费	燃油费	礼金	医疗费	其他	合计	月收入①
金额 / 元	1550	728	300	128	50	120	650②	200	50	300③	4076	2633

方军老师每个月的工资（含乡村教师生活补贴）是 2633 元，而月开支为 4076 元（见表 4–17）。由于和母亲一起居住，母亲就承担起了房贷和物业、水电的费用。除去房贷和物业、水电费，方老师每个月需要支出 2526

① 基本工资为 2333 元，乡村教师生活补贴为 300 元，月收入共计 2633 元。

② 方军老师在 2016 年 10 月买了一辆私家车，10 月 1 日—11 月 18 日，燃油费一共 1015 元。

③ 包括朋友聚会和去女朋友家的花费。朋友聚会一次花 100 元左右。去女朋友家一周一次，每次都要带 50 元左右的礼物，共计 200 元左右。

元，工资所剩无几。在父母的帮助下，方军老师还可以勉强维持日常开支。如果没有父母的经济帮助，方老师每个月基本处于入不敷出的状态。

（二）家庭与事业

1. 原生家庭

“特岗计划”改变了以往“以县为主”的教师招聘方式，教师招聘不再以地缘和亲缘关系为基础进行，而是在全省甚至全国范围内公开招聘。很多大学毕业生到外地任教，出现了跨乡镇、跨县、跨市甚至是跨省任教的现象。由于路途遥远，很多乡村青年教师很少有机会回到家乡和父母团聚。由此，远走他乡任职的乡村青年教师就陷入了“尽孝”和“赴外求职”的情感撕扯中。一方面，随着父母渐渐老去，他们要承担起赡养父母的责任和义务，尤其是在医疗保障制度尚待进一步完善的农村地区更需要儿女反哺父母。另一方面，他们因事业发展，不得不到外地求职、工作，过着“离土离乡离父母”的生活，与父母天各一方。这使得他们中的大多数经常会因为不能在父母身边尽孝而不安。①

2. 核心家庭

首先，两地分居带来了家庭功能的缺失。

调查显示，两地分居的乡村青年教师比例较高，以特岗教师为例，50.5% 的特岗教师不与其配偶或恋人生活在一起。两地分居虽然增加了家庭财富、缓解了生计压力，但也给乡村青年教师个体、家庭和婚姻带来了潜在风险。

“男方外出，女方留守”的两地分居生活方式，造成了家庭结构的不完整，乃至家庭功能的结构性缺失，不仅加剧了女性的工作与生活压力，也可能会导致家庭生活不和谐。

① 笔者在一项调查中发现，有 76.3% 的乡村青年教师经常会因为不能在父母身边尽孝而不安。（王成龙，雷雅琦，熊和妮．新生代乡村教师的工作状况调查［M］// 杨东平．中国教育发展报告（2016）．北京：社会科学文献出版社，2016：41–59）。

一般情况下，两地分居的乡村教师家庭结构为男性外出务工，女性留守在家教书育人、养育孩子、赡养老人。在访谈中，夫妻两地分居的乡村女教师虽然没有表现出不满情绪，但男性在家庭分工中的角色缺失，为女性带来了极大的压力：她们不仅要完成正常的教书育人的工作，还要承担起原本夫妻双方共同承担的养育子女、赡养老人的责任。在调研中，我们甚至发现因为子女无人照看，有的乡村女教师只能背着刚出生的孩子上课的现象。

除此之外，夫妻两地分居现象也会危及家庭结构的完整性和和谐性。作为一个“全能”的社会单元，家庭具有满足人的不同需要的多种功能，包括生育功能、性生活功能、经济功能、教育功能、抚养和赡养功能、感情交流功能、休息与娱乐功能。[①]家庭不仅需要经济功能，其他功能也是不可缺少的。家庭功能任何一方面的缺失，都会给人的成长造成障碍。有的家庭只注重经济功能，有高水平的物质生活，却缺少夫妻之间的情感交流，难免造成夫妻关系不和谐，甚至影响婚姻关系的稳定性。很多夫妻一年只能相聚一两次，即使相聚也只是短暂的几天。

在新寨小学任教的刘梓倩老师，自 2009 年结婚后，2014 年开始和先生两地分居。刘老师的先生之前也是一名教师，夫妻二人都在县城民办学校任教。虽然是双职工家庭，但都没有编制且工资不足以维持日常生计。为了提高家庭生活质量、增加收入、缓解家庭生计压力，刘老师的先生于 2014 年开始独自到四川省绵阳市的一家公司工作，自此开启了两地分居的生活。2016 年，先生又调至陕西省西安市工作，任职车间主任，工资已达年薪十万元。虽然现在的家庭收入提高了，但夫妻二人一直处于两地分居的状态。在豫南镇，刘老师一人养育五岁大的女儿。刘老师和先生每年只有寒假和暑假才有机会见面。

---

① 关颖．家庭功能犹如人体器官，缺一不可［N］．中国妇女报，2017-09-24（A01）．

刘梓倩老师：我2009年结的婚。当时我们的工资还可以，都在县里的民办学校工作，每个人一个月2700元左右，在县城按揭买了一套房子，现在还没有还完钱，按揭10年。当时我们俩一起的工资大概5000多块钱，感觉工资不够花。2012年，我们就辞去了教师工作，一起去了四川绵阳打工。我2014年就回来了。2016年，他又调到了西安，现在是一个车间主任，一年工资10万。

我和我老公一年见两次，分别在暑假和寒假。过年的时候，他放假回来。两地分居就这样，在这里的老师们中挺普遍的。我们学校就有好多，6个特岗教师里有4个是夫妻两地分居。没办法，两个老师的工资不够花。

夫妻两地分居现象，除了会给乡村女教师带来工作和生活的压力、影响家庭的正常功能，从长远来看，也容易造成教师的流失。正如豫南镇中心学校徐新城副校长所言，“两地分居也不好搞，太不现实了。有个特岗教师叫邹文静，她就舍弃了特岗教师的工作，跟她老公去了广州。好不容易培养出一个好老师，就这样流失了。夫妻两地分居是个问题，家庭是最主要的，如果她家庭不幸福，工作也不安心”。

其次，因择校而进城定居带来的亲子分离。

调研发现，越来越多的乡村教师在县城或市区买房，主要是为了给子女创造良好的受教育环境，让子女在优质教育资源较集中的城区接受教育。由于现阶段我国城乡教育还存在一定资源分配不均的状况，学生在县城学校能享受到更优质的教育资源。很多乡村青年教师来自农村，他们已经通过接受高等教育实现了阶层流动，希望自己的孩子能在县城学校接受教育。这就使很多老师周末时回家与孩子团聚，工作时在学校居住，导致亲子分离。

为了让孩子接受更优质的教育，有的乡村教师甚至会放弃现在从事的职业，而到县城再次择业，以方便照顾孩子。如刘梓倩老师谈道，“结婚之后，小孩小学可能在这里上，初中和高中可能就去县城了。到时候我们的职业有可能会出现变化。到县城里，照顾小孩方便一些”。

（三）当下与未来

第一，重复、机械化的工作耗费时间。

乡村教师，尤其是在村小、教学点任教的教师，除了履行教书育人的职责，还有很多教学以外的琐碎工作，要写各种教案或记录（如留守儿童记录本、养成性教育记录本、班会记录本、好人好事记录本、培优转差记录本、安全教育记录本），分担学校日常管理工作，配合乡镇政府开展建档立卡的扶贫工作，管理留守儿童等。这些琐碎的日常工作，重复性强，占用了老师大量时间。

方军老师任新寨小学的教导主任①，并兼任多重职务。首先，作为教导主任，方老师除了负责六年级的英语教学和班主任工作，还要负责学校的大小事务，如卫生、纪律、早读、教案检查、作业检查、巡班、组织考试、组织期中期末表彰大会等。其次，方老师还是学校的食堂管理员，负责学校食堂的账目清算、采购等工作。再次，方老师还是学校的学籍管理员，每年开学是方老师最忙的时候，这个时候要开展新生学籍录入、转学生的学籍调动等工作。方老师白天的时间都被这些琐碎、机械化的工作挤占，一般都是熬夜写教案、备课，教学业务能力的提升受到一定影响。

第二，专业能力的丧失：“所教非所学”吞噬“老本行”。

乡村教师的“所教非所学”现象非常严重，导致很多教师放弃了“老本行”。兼任多科的教学工作正在吞噬着乡村青年教师在大学所学的专业知识和技能，他们的专业能力逐渐丧失。

以音体美特岗教师为例，抽样调研显示，音体美特岗教师中报考科目与所教科目一致率最高的是体育（38.9%），音乐与美术的一致率不足30%，远远低于主科教师的考录一致率。这便意味着，音体美特岗教师“所教非

① 2018年1月笔者进行第四次田野调查时，方军老师已经成为另一所村级小学——雷山小学的校长。

所学”的问题更为突出。由于兼任多科教学，时间及精力有限，音体美特岗教师无法专注于某一学科知识与技能的积累，最终其专业发展受到了不利影响。调研发现，很多音乐专业的教师不能教授本专业的科目，在大学里学习了三四年的专业知识，在乡村学校中毫无用武之地，这极大地浪费了他们的专业知识。

除了音体美专业，也有其他专业特岗教师的知识和技能被“所教非所学”的教学工作逐渐吞噬。

本章提到的付萍老师，2011 年毕业于洛阳师范学院日语专业（师范类）后，第二年考上了 W 县的特岗教师，她报考的是英语学科，被分配到新寨小学任教。付老师在刚参加工作时，还激情满满，对工作充满了无限的热情和动力，上课时经常教学生一些日语知识，以扩展学生的知识面。

但由于工作琐碎，以及兼任语文、数学、科学、品德、英语等多学科的教学工作，也没有日语交际的环境，付老师的日语知识也就逐渐丢失了，现在只能进行简单的日常交际。专业知识的丧失，让付老师感觉非常遗憾：“我现在都忘记日语了，数数都不会数了。但是把书拿过来看看，还能记起来。现在就会说几句简单的日语，基本的日常交际还可以，如果再复杂一点，就不会了。现在也没有这个日语会话环境。刚来的那两年，还会教学生日语，这两年没教了，感觉事儿有点多，没那个心思了，挺可惜的。”

二、认同者的建构

虽然乡村教师工作与生活在“夹缝”中，但大部分乡村教师在本职岗位上认真履行教师职责、教书育人，他们在以自己的实际行动建构着乡村教师的身份认同。当然，这种身份认同的建构是一个动态变化的过程，经历了从理解到接纳，再到参与改进乡村学校、建设乡村社会等实践的过程。

（一）理解与接纳工作环境

面对困难，虽然乡村青年教师也无奈、痛苦、焦灼，但是他们在教学和生活中逐渐接纳乡村学校与同事，接纳乡村学生，接纳学生家长以及乡村社区环境，即逐渐了解和接纳当地的风俗习惯、精神信仰、娱乐活动等，接受乡村教师这一职业。

1. 理解并接纳工作环境

近年来，农村外出务工人员越来越多，部分学生家长常年在外务工，孩子缺少父母关爱，成为留守儿童。这在一定程度上增加了教师教学和管理的困难。然而，很多乡村青年教师在童年期间也有过类似的留守经历，所以他们更加理解留守儿童的客观需要。在此种情况下，乡村青年教师便转变为“知心哥哥”“知心姐姐”的角色，通过关爱、鼓励、资助等方式，用爱心和行动守护着留守儿童，陪伴着他们健康成长，成为孩子们心灵的守护者。

因为年龄和性格等方面的优势，乡村青年教师会很快被学生认可、接纳。与城市孩子相比，农村孩子性格比较内向，不善言谈，与老师交流比较少，上课发言不积极。但是，农村孩子的单纯、善良、质朴，深深地打动着乡村青年教师，使得青年教师更快地接纳学生，接纳乡村教师职业。

余晓慧老师：我们这个学校条件还算好一些，不过还是感觉很累。晚上住在这楼上，空荡荡的，还是感觉挺害怕的。累是累，但也挺欣慰的，因为小孩挺好的，有时候他们不听话批评他们，他们从来不记仇。我们班的孩子，我是从一年级开始带的，刚见到他们时还流着鼻涕，就算你批评了他们，他们还是在你身边围着。过节的时候，他们都会想到给老师买小礼物，后来我批评他们，不让他们买，他们就和家长学着手工编一些小东西送给老师，像“三月三”，就会给老师送蒿子馍馍。就算我们再累，看到孩子、看到家长还是挺欣慰的。

郭如凤老师：我觉得最感动的还是和学生之间的相处吧。学生挺单纯的，不但学习上依赖你，在生活上也依赖你。我感觉一分付出一分收获吧，走上教师这条路，得对学生负责任。

张月老师：我也觉得学生挺好的。记得去年的时候，我正在休息，有个孩子端着热乎乎的蒿子馍馍说家长让送来的，感觉心里暖暖的。有时候他们还自己动手编个小花送给我，挺暖心的。

2. 接纳同事、学校与乡村社区

要想学校文化对教师和学生产生作用，不仅要靠规章制度去约束，更要靠精神文化去熏陶。其中，同事关系是其中一个重要的方面，良好的同事关系可以产生凝聚力和向心力，使青年教师产生归属感和认同感，从而促进学校和全体师生共同进步。

首先，生活上老教师照顾新教师。本地的乡村教师身上具有农村传统文化的烙印，他们纯真、质朴、勤俭、善良，大多比较欢迎年轻教师的到来。老教师以及学校领导在工作和生活中都对青年教师尤其是外来的青年教师给予各种照顾，使得青年教师较快地接纳他们，接纳乡村学校的工作。

如赛三小学地处偏远山区，交通条件不便。新分配来的女特岗教师杨雪，是该校为数不多的青年教师之一，除校长陈江波外，其他都是45岁以上的本地老教师。为了解决杨老师的住校问题，几位老教师不辞辛苦地为杨老师在校内盖了一间宿舍，而且经常带着杨老师到村里熟悉村民和学生。正如杨老师所言，“我们学校的老师都对我特别好。我刚来的时候，很害怕，因为我一个人住校。为此，校长找了本地一对老教师夫妇，和我一起住在学校里，这样我就不害怕了。而且老教师们还经常带我去家访，熟悉这里的家长。如果没有老教师们的帮助，我想我没法儿那么顺利”。

其次，教学上互帮互助。青年教师刚刚参加工作，教学经验欠缺，对农村生活和教学有很多不适应之处，需要老教师的帮扶和指导。除此之外，很多特岗教师并非师范生，在教学理论和实践方面都有所欠缺，所以学校一般会为特岗教师提供多项帮助和指导。陈江波校长之前是特岗教师，现在是赛三小学的校长。同为特岗教师，陈校长特别理解新教师的难处，因此为新入职的杨雪老师安排了“多对一”的教学指导，让其他几位教学经验丰富的老教师指导、帮助杨老师专业成长。“我也是特岗教师过来的，体会过刚工作时的艰辛，那时候都不知道怎么写教案，也不知道怎么教课。我安排了我们学校的几个民办教师给杨老师指导指导，给她一些建议，他们经验比较多。经过几次听课，她就慢慢知道（怎么上课）了。”

（二）改进乡村学校与建设乡村社会

新生代乡村教师接受过高等教育，综合素质较高，接受能力较强，能迅速学习并应用新的教育理念，更重要的是很多青年教师可以把所学专业学以致用，促进学校各方面改进，甚至是参与村庄建设、发展生产。

调研发现，有一些乡村青年教师灵活运用社会资源，努力改善办学条件。教学器材的缺乏在一定程度上限制了教师的教学，在城市接受现代化高等教育的年轻教师们最初并不能很好地适应只有黑板和粉笔的教学，但是他们逐渐适应并接纳了乡村学校的办学条件，并且不断想办法突破硬件设施的限制，改善办学条件。有些教师甚至利用社会力量，以向社会筹款等方式改善学校的办学条件，为孩子们提供体育器材和电脑网络等。

如马湾小学的李强校长和庙头小学的刘帝坤校长，均为 1987 年生人，2010 年考上豫南镇的特岗教师，后成为豫南镇最年轻的村小校长。两位校长都在比较偏远的山区学校任教，学校办学条件艰苦。为了改善学校办学条件，他们利用网络、媒体等平台，募集到了来自信阳市交通运输局、邮政管理局的捐赠。2016 年 11 月 3 日，信阳市交通运输局和邮政管理局为马湾小学和庙头小学送去了 230 余套冬季校服、60 个书包及若干现金，让两所小学的 290 多名学生从中受益。同时，马湾小学 4 名登记在册的特困生每人获得了 500 元的资助。这彰显了新生代乡村教师扎根乡土，为了改善学校办学条件而盘活社会资源的聪明才干。

刚毕业的大学生有着先进的教学观念、饱满的工作热情，并敢于大胆尝试新的教学理念和思想，并在实践中不断领悟，充分调动学生的学习积极性。此外，乡村青年教师把在大学和城市里学到的知识带到了乡村学校中，为乡村学生带来了很多难忘的“第一次”，如很多村级小学第一次开设专业的体育课、音乐课和美术课，第一次创办社团文化节，第一次有了艺术节等。袁清霞老师2015年毕业于郑州大学西亚斯国际学院（现为郑州西亚斯学院）音乐表演（声乐表演）专业，同年考上豫南镇双沟小学的特岗教师。袁老师成为双沟小学办学历史上第一位专业的音乐教师，受到全校师生的欢迎。袁老师开办了豫南镇第一个音乐社团，在每年的镇艺术节上，音乐社团的学生都会代表学校登上艺术节舞台，为全镇师生表演音乐类节目。这也让其他学校的学生艳羡不已。

随着城镇化进程的进一步推进，乡村社会出现了剧烈的变迁，代表青春活力的众多青壮年外出务工，导致乡村社会的空壳化现象愈发严重。仅在节假日或过年的时候，返乡务工和求学归来的青年群体才给乡村社会带来短暂的时尚气息。但乡村青年教师作为乡村社会的知识分子，为乡村社会带来了都市气息和时尚元素，给乡村注入了新鲜的血液，可以说引领了乡村时尚。

乡村青年教师也积极融入当地社区，甚至有些乡村青年教师参与当地的重大社区活动，与当地村民建立了紧密的联系，主动地改善现有生活条件，帮助农村发展生产。调查显示，有47.6%的乡村青年教师会积极、主动地参与乡村建设活动。[①] 许多乡村青年教师积极运用所学专业知识指导贫困家庭脱贫致富。乡村青年教师所学的专业领域广泛，除了师范专业，还包括其他诸多能直接促进农业发展、服务村民的专业，如会计、平面设

① 王成龙，雷雅琦，熊和妮．新生代乡村教师的工作状况调查［M］// 杨东平．中国教育发展报告（2016）．北京：社会科学文献出版社，2016：52.

计、计算机、农业等。他们利用所学专业知识，帮助村民更新农业种植理念、推广农业新技术，以进一步培养有现代科技素养、农业致富技能、商业经营能力的新型农民，适应农业现代化的新需要。

很多乡村青年教师任教于偏远山区，恶劣的自然条件严重制约着当地的经济发展，给当地村民的生活带来了极大的不便。为此，一些青年教师充分发挥自己的智慧和能力，借助于互联网平台，动员公益组织和社会力量参与扶贫，加强资源统筹，为乡村社会的发展募集了诸多资源。也有的乡村青年教师通过各种方法帮助村民减少甚至摆脱恶劣自然环境的危害，发展生产，为乡村建设做出了很大的贡献。

第七节　代际互看：新生代教师眼中的“代际差异”

新生代乡村教师认为他们这一代社会生活与民办教师、中师生教师的具有显著的代际差异，主要表现在教育素质、婚恋观念、社会交往方式、消费方式和娱乐生活方面。本节将继续在土岗小学这一场域，选取具有代表性的青年教师——余晓慧、朱一帆、张丽、李丽芬4位教师，研究新生代教师眼中的民办教师和中师生教师的社会生活状况。

一、新生代教师眼中的“教育素质”差异

新生代乡村教师对民办教师和中师生教师的教育教学工作有着不同评价，总体上认为民办教师有着丰富的教学经历和人生经验，但教育教学方法过于陈旧，而中师生教师则对学生要求严格且教学管理方法比较科学、系统。

土岗小学的余晓慧老师是1987年生人，家住W县县城，2010年从河南师范大学心理学专业毕业后，在上海的一家淘宝供货商那儿工作过两

年。2012 年，余老师参加了 W 县特岗教师招聘考试，被分配至豫南镇土岗小学任教至今。

刚到土岗小学时，学校的其他 7 位老师都不在学校居住，考虑到晚上只身一人住在学校里不安全，本想住校的余老师就打了退堂鼓。后来叶保国校长得知余老师离家比较远，每天往返于家校之间不方便，就安排民办教师转正的宋美娟老师夫妇搬到校内居住，陪伴余老师在学校住了一年。对此，余老师特别感激。

余老师本科学习的专业是心理学，不是师范类专业，教育教学工作经验欠缺。叶校长就安排宋美娟老师作为余晓慧老师的“师父”，指导余老师的专业成长。起初的半年时间，宋老师经常听余老师的课，并提出了很多有益的意见，这对余老师的专业成长非常有帮助。现在余老师已经成为土岗小学的教导主任，并在豫南镇小有名气，一提到余晓慧，大家都会想到“认真”“负责”“能干”等称赞之词。

在问及余老师如何评价土岗小学民办教师和中师生教师的教育教学工作时，余老师给予了客观评价。在余老师眼中，宋美娟、彭万里、彭宇这三位民办教师有着丰富的教学经验，尤其是对于课堂管理的威慑力方面值得她学习。余老师在评价宋美娟老师时说，“宋老师就像妈妈一样照顾着我。刚刚来土岗的时候，我对教育教学一无所知，是宋老师手把手教会我怎么教学的”。但民办教师也存在着不足的地方，尤其是教学方法和教育理念过于陈旧。正如余老师所言，“他们的教学理念不够新，还是用他们自己习惯的方法教学，比如宋老师每次听完我的课后，给我提很多意见，大部分我都接受，唯独一个我接受不了。她说要把控好课堂，不要给学生太多的自由，老师要多讲。我就不同意这个观点，课堂教学不仅仅是教孩子们知识，也要培养孩子们的各项能力，老师不能搞‘一言堂’”。此外，余老师认为，有的民办教师临近退休，对待教学工作不够负责。

对于中师生教师，余老师也有自己的看法。余老师认为，叶保国校长和鲁长久校长上课时的教学方法比宋美娟老师这样的民办教师科学得多，而且有很多技巧能调动学生的积极性，比如上课唱歌、分组比赛等。此外，余老师也特别羡慕叶校长和鲁校长的板书设计和漂亮的粉笔字，这是余老师比不了的，“叶校长和鲁校长的板书写得太好了，应该是在中师时都学过。而且他们上课时会管理学生，比如有时候会在班里唱歌、给学生画简笔画，能提高学生的学习兴趣。这些都是我要学习的，但很难，我没有接受过这方面的训练”。

二、新生代教师眼中的“婚恋生活”差异

新生代乡村教师对于同校的民办教师和中师生教师的婚恋生活并不是特别关注。新生代乡村教师大多是以一种“原子化”的生活方式在学校工作与生活的，很少与民办教师、中师生教师沟通私人问题。总体而言，民办教师和中师生教师对新生代乡村教师的婚恋生活的关注度要远高于新生代乡村教师对民办教师和中师生教师婚恋生活的关注度。即使如此，笔者也试图在访谈中了解新生代乡村教师对同校民办教师和中师生教师的婚恋生活的看法与评价。

新生代乡村教师对民办教师的总体印象是“家里有地的老师”“爱人是农民，没有工作”。这是在访谈年轻的乡村教师时，他们对同校民办教师的家庭与婚姻生活的回答。

乡村青年教师对中师生教师的家庭生活也是知之甚少。土岗小学的朱一帆老师是该校资历最深的特岗教师，2011 年就来到了土岗小学工作。但当问及朱一帆老师时，她表示不感兴趣。

可以看到，与民办教师、中师生教师对新生代乡村教师个人生活的关注程度相比，新生代乡村教师比较少关注同事的个人生活。这也说明了“原子化”生活方式使新生代乡村教师与其他同事之间的交流止于工作，工作之外交流较少。

三、新生代教师眼中的“社会交往方式”差异

乡村青年教师对于民办教师和中师生教师的社会交往圈子比较羡慕，因为他们都是本地人，在豫南镇有着比较广泛的社会关系，能够经常和亲朋好友聚会，而乡村青年教师只能在学校里“大门不出，二门不迈”。

土岗小学的特岗教师和全科教师，均不是豫南镇人。她们与豫南镇、土岗村没有任何血缘和地缘关系，以至于她们平时上完课只能待在学校里。正如朱一帆老师所言，“我2011年就来土岗了，已经来这里6年了，我还从来没去过街上，也没去过土岗村。她们几个更没出去过，除了余晓慧老师会因为工作去中心学校开会”。

乡村青年教师因为出不去学校，所以就比较羡慕当地的民办教师和中师生教师，正如来自新县的方军老师所言，“我是个外地人，不是W县的，刚来的时候，真是举目无亲。那时候我刚工作，被分配到西华小学，学校没有宿舍了，我一个人住在校外租的房子里，很凄凉的，没人说话，也没朋友。那时候真羡慕校长和主任，他们都是西华（村）的，动不动就约几个朋友出去聚了”。

四、新生代教师眼中的“消费与文化娱乐生活”差异

民办教师要为子女履行文化义务，所以他们的日常开支主要用于帮扶子女、养育子孙，这使得他们的生活更加拮据。对于民办教师的这种消费方式，乡村青年教师持反对意见，他们认为子女18周岁之后就应该独立了，不应该再依靠父母了，子女依靠父母会影响父母的生活质量。老了之后要活出自己，不能只为子女而活，要老有所乐。在与子女的关系方面，乡村青年教师和民办教师之间还是存在代际差异的，乡村青年教师不能理解民办教师为何还要负担子女的日常开支和孙子孙女的养育经费。

从中师生教师的消费生活方式中，新生代乡村教师看到了自己未来几年后的生活方式：为家庭生计奔波，为维持社会关系和职业发展而消费。

这些消费方式，使得中师生教师的生活陷入了非常窘迫的境况。马上要步入婚姻生活的新生代乡村教师不由得对中师生教师产生了共情。李丽芬老师说：“我马上就要结婚了，看到陈朝林校长、刘贤江主席、叶保国校长，他们每天都在为家庭、孩子操心，头发都白了好多，这就是我结婚后的真实写照啊！那时候我也会上有老、下有小。真的很累啊！”

在文化娱乐生活方面，新生代乡村教师比较羡慕甚至崇拜中师生教师“丰富多彩”的文艺生活，中师生教师在中等师范学校学习时学过音乐、美术、体育等，培养了较高的艺术素养，这为他们现在的生活增添了不少的乐趣。张丽老师说，“每次校长让我们做海报、板报的时候，我们都头大，因为不会做，没学过。校长是非常厉害的，既会画画，也会写毛笔字。每次我们完不成任务的时候，都是他写。他随便写一幅字，随便画两下子，就完成了。感觉他太文艺了，什么都会”。

第五章　总结与讨论

三代乡村教师社会生活的群体差异，是我国社会结构与教育现代化交互作用的结果，即新中国成立以来我国各项社会、教育政策的变迁与我国教育现代化进程共同作用的结果。

第一节　与社会变迁互嵌的教师生命轨迹

随着我国乡村教师招聘制度与大中专毕业生就业分配制度的变迁，乡村学校已经明显分化出基于入职身份的三个明显的教师群体：20 世纪 50 年代末以后出生的民办教师转正的乡村教师群体、20 世纪六七十年代出生并于 20 世纪八九十年代入读中等师范学校的教师群体、1980 年以后出生且自主择业的新生代教师群体。这三个教师群体在出生、原生家庭结构、童年生活、求学经历与职业选择等几个重要的生命节点都表现出截然不同的生命轨迹（见表 5–1）。

表 5–1　社会结构对乡村教师职前生命轨迹的普遍烙印

群体	童年生活	家庭结构	居住方式	受教育状况	入职方式
民办教师群体	物质匮乏	家族聚居	依校而居	基础知识薄弱	推荐任教
中师生教师群体	生活相对好转	开始分散	以校为家、依城而居	扎实、全面、一专多能	定向分配
新生代教师群体	衣食无忧	留守家庭	依城而居	学历提高	自主择业

一、经济发展水平的变迁对乡村教师童年生活经历的影响

随着经济发展水平的提高，我国城乡居民生活发生了翻天覆地的变化。我国社会经济发展水平的变迁直接对三代乡村教师的童年生活产生了深刻的影响，他们的童年生活和我国的社会经济发展水平一样，发生了从“物质匮乏”、“相对好转”再到“衣食无忧”的转变。

新中国成立初期，党和国家带领人民迅速恢复生产，并在很短的时间内改善了人民的吃饭穿衣问题，广大人民安居乐业。虽然人民生活水平有了很大提高，但 1949—1978 年，我国城镇居民仍在温饱线上徘徊，农村居民的生活水平在贫困线以下，还未进入温饱阶段。20 世纪六七十年代出生的民办教师群体，他们的童年生活恰好处于这一时期，家庭异常贫困，有时候连温饱都难以解决。而且这一时期我国计划生育政策尚未实行，农村多子女家庭非常普遍，这对于原本经济困难的家庭来说更是雪上加霜。很多民办乡村教师的童年都带着贫穷、饥饿、精神生活贫瘠的底色。

改革开放以后，随着我国经济的快速发展，居民收入得到了大幅提高。尤其是党的十一届三中全会以后，随着农村家庭联产承包责任制在全国的推行，农村居民生活水平大幅提高，人均可支配收入也有所增加。而 20 世纪七八十年代出生的中师生群体的童年生活正与我国经济发展的这一阶段相吻合。这一时期城乡居民生活基本消除贫困，逐渐消除温饱困扰，

正在迈向小康社会。与民办教师相比，中师生教师的家庭经济条件相对好转，家庭总体收入也有所提高，他们的童年不再像民办教师那样备受贫穷、饥饿的困扰。

1992年以后，我国社会经济发展进入“实现总体小康”的阶段，农村经济改革迈出了重大步伐并取得了很大的进展和突破，为农民收入的增长奠定了良好的基础。同时，我国开始鼓励和引导城乡人口自由流动，大规模的进城务工潮因此出现，农村居民家庭人均纯收入也有了大幅度的提高。新生代乡村教师正是出生于我国实现总体小康的阶段，农村家庭收入的提高为新生代乡村教师带来了相对富裕的童年生活，他们的童年生活开始变得丰富多彩、衣食无忧。

总而言之，中华人民共和国成立之后，我国的社会经济发展阶段与民办教师、中师生教师、新生代教师的童年生活有着密切的关联。受到经济发展水平的影响，三代乡村教师的童年生活分别具有“物质匮乏”“生活相对好转”“衣食无忧”三种特点。

二、社会改革对乡村教师家庭结构的影响

新中国成立以来，我国在户籍制度、人口流动政策、计划生育政策等方面发生了很大变化，对乡村教师的家庭结构产生了很大的影响。受历次户籍制度改革的影响，三代乡村教师的居住形式产生了从“依校而居”、“以校为家”到“依城而居”的变化。随着城乡人口流动的解禁，乡村地区开始出现留守儿童群体，这在新生代乡村教师群体中体现得较为明显。

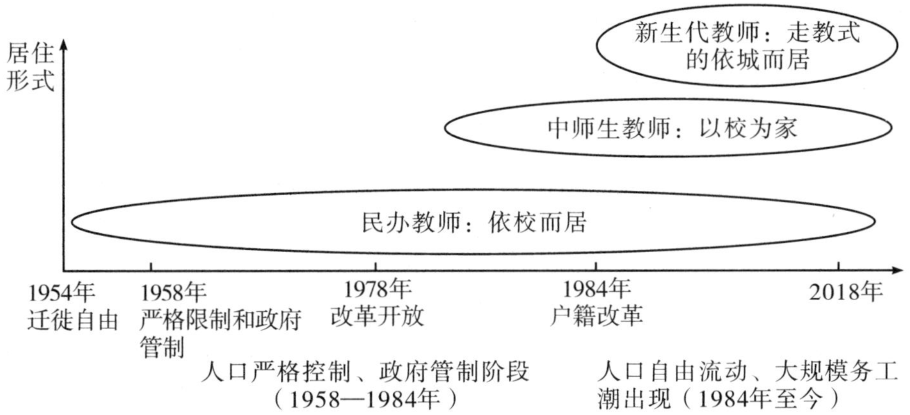

图 5-1 三代乡村教师居住形式与我国户籍政策变迁的关系图

在户籍制度改革前，农村与城市有着严格的界限，很少有农村人口向城市流动。这也使得这一时期绝大部分农村家庭结构比较完整，农村儿童与父母、祖辈都生活在同一个地理区域内，形成了“大家庭聚居”的生活模式。而民办教师转正教师群体和大部分中师生教师群体的童年正是生活于户籍制度改革前的完整农村家庭结构中。

绝大部分民办教师是在亲戚朋友的推荐下，受聘于所属的生产大队，在本村小学任教，他们的居住地点临近学校，即“依校而居”，一日三餐往返于家校之间。但中师生教师群体是在“定向分配”的就业政策下回到所属乡镇报到，各乡镇中心学校根据全镇学校教师的缺口统一分配。这就导致中师生教师很少有机会回到自己的村庄任教，一般是跨村庄工作。一般情况下，中师生教师居住在所任教的学校中，居住形式就变成了“以校为家”。但随着中师生教师越来越多地在乡镇或县城买房，他们的居住形式发生了从“以校为家”到“依城而居”的变化。

1984 年，《国务院关于农民进入集镇落户问题的通知》规定，有经营能力，在集镇有固定住所，或在乡镇企事业单位长期务工的农民和家属，公安机关应准予落常住户口，部分农民获得迁徙自由。由此，随着户籍制度的改革和人口流动政策的改变，越来越多的农村人口尤其是农村青壮年劳动力涌入城市。原本在“家门口”的乡镇企业工作的农民转而走向城镇，务工形式也发生了从“离土不离乡，进厂不进城”到“离土离乡，目的是城市”的转变。虽然物质生活水平得到了显著提高，但是外出务工也导致农村家庭城乡分隔和亲子分离，使得1980年之后出生的农村儿童成为第一批留守儿童。父母一方或双方外出务工的情况逐渐增多，这给新生代乡村教师童年时期的家庭结构带来了非常大的变化，留守儿童家庭逐渐增多。需要说明的是，这一时期成长于“留守儿童家庭”的，不仅包括20世纪80年代中后期出生的新生代乡村教师，还包括在20世纪80年代初出生的小部分中师生教师。

新生代乡村教师一般来自其他乡镇、县城甚至是外县、外省。参加工作后的他们，出现了“走教”现象，即工作日在学校居住，周末和节假日回家居住，或者每天往返于家庭与学校之间。

三、就业及招聘制度的变迁与乡村教师的来源

新中国成立以来，我国的乡村教师招聘政策发生了多次变迁，经历从“封闭式招聘”到“开放式招聘”的转变。同时，我国的大中专毕业生就业制度也经历了从“国家分配，统包统分”到“计划指导，双向选择”再到“面向市场，自主择业”的变迁[①]。在乡村教师招聘政策与大中专毕业生就业政策的影响下，乡村教师的入职方式也经历了从“推荐做老师”到“定向分配”再到“自主择业”的变化。

① 夏仕武．试论中国高校毕业生就业政策的价值变迁［J］．国家教育行政学院学报，2012（1）：48-52.

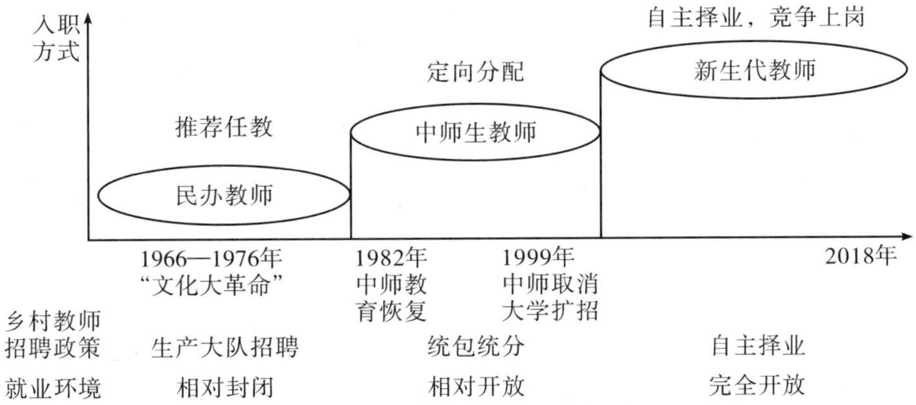

图 5-2　三代乡村教师入职方式与我国乡村教师就业及招聘制度变迁的关系图

20 世纪六七十年代，受“教育革命”和普及教育的影响，我国的教育规模开始扩大，由于农村适龄儿童大量增加，需要更多的乡村教师。这一时期，受社会经济发展水平的限制，国家无法招聘足够数量的教师到乡村学校任教，以至于出现了由生产大队聘请本村的高中或初中毕业生为民办教师的普遍现象，招聘方式相对封闭。所以，20 世纪六七十年代的民办教师的入职方式一般是由生产大队推荐，在转正之前与公办教师同工不同酬，直至经过遴选并通过考试转为公办教师后，才获得国家承认的正式教师身份。

20 世纪 80 年代初，我国恢复中等师范教育，并开始定向招收优秀的初中毕业生。20 世纪八九十年代的中等师范教育以培养“面向农村，面向小学”的农村小学教师为主要目标，所以中师生在入学时，就明确自己的职业定位和发展方向，即他们是毕业后回乡任教的一批人。中师生毕业后，通过定向分配的方式，回到自己所在的乡镇任教，成为国家承认的公办教师。这时的教师招聘方式开始走向开放，乡村教师招聘范围从村庄扩大至乡镇。

20 世纪末，我国的师范教育体系从三级师范转为二级师范，中等师范学校逐渐停止招收定向分配的中师生。同时，我国开启了高等教育大众化时代。新生代乡村教师的入职方式变为“自主择业，竞争上岗”。至此，乡村教师的招聘变为了完全开放的方式：以中央财政专项基金支持的“特岗计划”为例，该计划探索出“国标、省招、县聘、校用”的新机制[①]，即由国家制定教师资格考试标准，省级部门统一组织考试考核、公开招聘教师，县级教育行政部门聘请，乡村学校聘用并具体管理。

第二节　教育现代化进程决定着乡村教师的教育实践模式

我国的教育现代化进程对三代乡村教师的行为实践产生了重要影响，主要表现在：第一，教育普及的进程导致了三代乡村教师群体的基础素质的代际差异，师范教育制度的改革也影响着他们的专业素质；第二，随着我国乡村教育管理权的下放，乡村教育功能发生了变化，导致乡村教师的教育信念产生了明显的群体差异；第三，乡村教育的建制化过程，尤其是教师招聘方式的规范化，对乡村教师与村庄之间的关系产生了影响；第四，随着我国现代化进程的深入，价值观念的改变对三代乡村教师产生了渐进式的影响，以至于他们的生活方式也发生了巨大的变迁。

一、教育普及过程决定着乡村教师群体教育素质差异

三代乡村教师在教育素质方面的代际差异，反映了中华人民共和国成立以来我国教育现代化的发展进程，尤其是教育普及对乡村教师产生的重要影响。本书所指的教育素质不仅包括乡村教师在基础教育阶段培养的基础素质，也包括教师职业所要求的专业素质。“文化大革命”期间，低成

① 王学男，闫予沨．“特岗计划”：建立农村教师补充机制新路径：访北京师范大学教育基本理论研究院郑新蓉教授［J］．世界教育信息，2012（3）：32-36.

本普及教育时代造就的大批民办教师，他们务实本分，但是基础教育底子薄弱、缺乏专业训练；改革开放以来，随着教育秩序的恢复，乡村教育在质和量上都有了提升，这时进入乡村学校的是分配而来的、高质量的中师生，他们是基础知识扎实全面、一专多能且契合乡村教育实际需要的一代教师，他们受益于选拔取向的乡村基础教育和中师教育；20 世纪 90 年代以后，普及且有保障的乡村基础教育以及低门槛的高等教育，使得新生代乡村教师普遍具有较高学历和较好的教育信息化素养，但专业能力参差不齐。

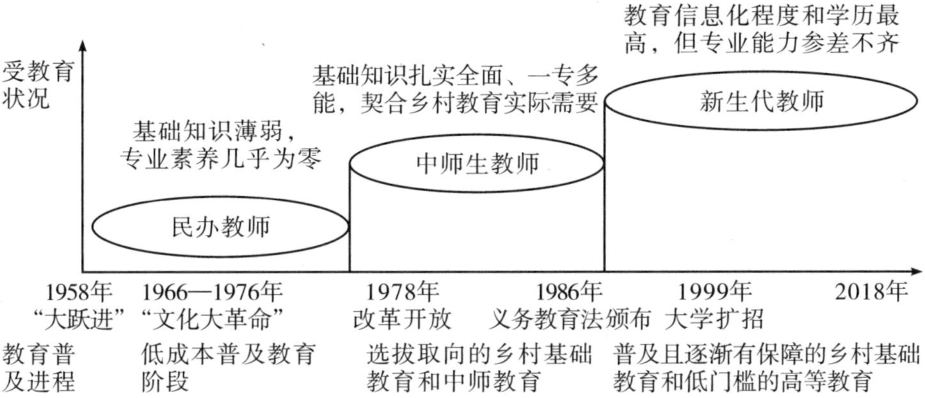

图 5-3 三代乡村教师受教育状况与我国教育普及化进程的关系图

（一）“低成本普及教育”时代造就了大批基础知识薄弱的民办教师

1958—1978 年，正值我国教育规模扩大时期，各级各类学校数量激增，尤其是经历了全国范围的教育普及运动后，义务教育阶段的毛入学率有了很大的提高。“中小学废止了升学考试，普遍实行就近入学。在教学过程中也基本取消了考试、考核，并且废除了留级制度。”① 这一时期的基础教育办学基本上是处于“重普及、轻基础”的阶段，低成本普及教育的历史进程使得农村适龄青少年都有机会接受中小学教育。但受到农村师资力量薄弱和“教育革命”的影响，这一时期接受教育的适龄青少年学习科

① 杨东平. 艰难的日出：中国现代教育的 20 世纪［M］. 上海：文汇出版社，2003：186.

学文化知识的时间和内容受到了前所未有的压缩，所以这些学生基础教育底子普遍薄弱。同时，高中毕业后即为人师的民办教师，并没有接受过系统的师范教育，缺乏基本的专业技能。

（二）"恢复教育秩序"后培养了大批全面发展的中师生

到了20世纪80年代，国家在全面恢复教育秩序之后，开始了新的开放式社会主义教育现代化的探索。在稳定的政治经济环境下，教育开始按照自身的内在逻辑迈向现代化①，主要体现为教育普及在数量与质量上的逐渐提升。这一时期接受中小学教育的农村青少年在基础知识学习方面有了稳固提升。同时，我国于20世纪80年代初恢复中等师范教育招生。受到家庭经济条件的影响，中师教育成为学习成绩拔尖的农村初中生的首要选择。中师教育的目标是培养"面向农村，面向小学"的农村小学教师，在严格的中师教育培养过程中，中师生的基础知识稳固、全面，具有"一专多能"的专业素养，而且符合乡村教育实际需要。

（三）"普及与大众化并存"造成了新生代教师素质的参差不齐

20世纪90年代开始，我国的教育现代化进入快速发展时期。20世纪80年代中期以后出生的新生代乡村教师恰好在这个时期接受基础教育。受教育现代化的影响，他们的受教育状况发生了非常大的变化，在农村地区主要表现在：一是1986年我国颁布《中华人民共和国义务教育法》后，教育的普及化程度越来越高，适龄青少年均能接受义务教育，平均受教育年限增加。二是教育信息化在农村地区逐渐普及，使得新生代乡村教师在童年时期就有了接触并使用互联网的机会，有的乡村青年教师甚至是"拿着鼠标出生"的一代，与民办教师、中师生教师相比，新生代乡村教师的教育信息化能力显著提高。三是随着高等教育大众化的发展，越来越多的

① 邬志辉．中国百年教育现代化演进的线索与命题［J］．中国地质大学学报（社会科学版），2002（4）：45–49.

适龄青年可以接受高等教育，新生代乡村教师学历水平显著提高。但高等教育的分层分级招生，使高等院校毕业生的基础知识、教育教学专业技能出现参差不齐的现象。

二、乡村教育功能的时代变迁与教育信念的代际差异

中华人民共和国成立以来，我国乡村教育的办学性质经历了从“人民教育公社办”或者“人民教育人民办”到“义务教育国家办”的发展过程，办学主体也从国家、集体合作办学演变为国家直接负责。这种变迁直接影响了乡村教育功能的变迁，对不同年代出生的乡村教师的教育信念也产生了不同的影响：土生土长的民办教师本分地发挥乡村教育的固有功能，扮演着国家意志的传递者、乡村儿童的教育者、乡村秩序与习俗的维系者与传承者；反哺乡村教育的中师毕业教师，兼具家国情怀，以帮助农村学生实现大学梦为己任，成为乡村儿童学习的榜样和鞭策者；离土离乡离农的新生代教师，面对的学生大多为留守儿童，其教育功能更多为“留守—陪伴”。（见表5–2）

表5–2　乡村教育功能的时代差异与乡村教师教育信念的代际变迁

群体	办学主体	乡村教育功能	教育信念
民办教师	人民教育公社办	传递国家意志，教化儿童，传承与创新乡土文化，维系乡村秩序，培养、输送社会主义的建设者和接班人	成为国家意志的传递者、乡村儿童的教育者、乡村秩序与习俗的维系者与传承者
中师生教师	人民教育公社办、义务教育国家办	传递国家意志、教化儿童，而传承与创新乡土文化、维系乡村秩序的功能开始式微。培养、输送社会主义的建设者和接班人	兼具家国情怀，以帮助农村学生实现大学梦为己任，成为乡村儿童学习的榜样和鞭策者
新生代教师	义务教育国家办	传递国家意志、教化儿童，“留守—陪伴”，培养儿童学习兴趣、学习习惯，使其成为一个身心健康发展的人	“留守—陪伴”型专业教师

（一）民办教师本分地发挥着乡村教育的固有功能

社会主义计划经济时期，尤其是“文化大革命”时期，乡村教育是国家、地方政府、公社共同承担的一项公共事业。这一时期乡村教育功能包括传递国家意志、教化儿童、传承与创新乡土文化、维系乡村秩序。

20世纪50年代末以后出生的民办教师群体，是土生土长的本地人，与乡土社会有着千丝万缕的联系。大半辈子都生活在计划经济体制中的他们，一直过着小农经济般自给自足的生活，本分地发挥着乡村教育的固有功能，主动扮演着国家意志的传递者、乡村儿童的教育者、乡村秩序与习俗的维系者与传承者的角色，甚至成为乡村文化生活的组织者和建设者。

（二）中师生教师成为乡村儿童学习的榜样和鞭策者

改革开放之后，我国从社会主义计划经济体制过渡到了社会主义市场经济体制，公社（乡镇）与生产大队（村庄）开始淡出乡村教育，国家逐渐加强对乡村学校的控制，教师招聘与管理权力从乡镇上移至县级教育行政部门。自此，乡村教师不再来源于本村，乡村教师、学校与村庄之间的关系开始弱化，乡村教育在服务乡村社会方面的功能也开始式微。

20世纪七八十年代出生的中师生教师群体，一般在20世纪八九十年代走出乡村、进入城市的中等师范学校学习。从他们考上中师的那一刻起，他们的户籍身份就从农业转变为非农业，没有了农田，离开了土地。回乡任教后，他们成为“离土不离乡”的一代乡村教师，与乡土社会的关系有所淡化，民办教师群体的那种“乡村秩序与习俗的维系者与传承者”的社会角色在中师生教师群体身上开始淡化甚至不复存在。

中师生教师以全乡镇名列前茅的成绩考上了中等师范学校，他们体会到“教育可以改变命运”。同时，中师生教师也曾因选择中师而与大学失之交臂，他们不愿看到自己的孩子、学生重蹈覆辙。所以，中师生教师群体希望通过他们的努力，成为乡村儿童学习的榜样和激励者，帮助学生升入好中学、考上好大学，以实现阶层的流动、走出农村。中师生教师群体教书育人不仅为了教学绩效和薪酬，更多的是对生他养他的乡村、对和他们有着千丝万缕的血缘和地缘关系的子孙后代负责，他们有着强烈的家国情怀，以培养、输送“社会主义的建设者和接班人”为教育目标。

（三）新生代教师成为“留守—陪伴”型的专业教师

1986年，我国颁布《中华人民共和国义务教育法》后，“儿童权利—国家义务”逐渐成为“公共教育”的核心理念，国家成为乡村教育的唯一办学主体，乡村社会参与乡村教育的机会越来越少。“离土离乡离农”的新生代教师，其教育功能多为“留守—陪伴”，培养儿童的学习兴趣、学习习惯，使其成为身心健康发展的人。

在乡村教师招聘机制从以县为主变为面向全国招聘的政策影响下，新生代乡村教师来自天南海北，与任教学校所处的乡村社会从基于血缘、地缘的关系转变为基于业缘的关系，和村民之间的互动关系不再是“抬头不见低头见”。新生代乡村教师平时的生活轨迹基本在乡村学校内，很少走出学校、走入乡村。

村小、教学点的学生大多是留守在家的儿童。村小教学点面临师资力量薄弱、教学水平有限、留守儿童缺乏情感关爱等问题，这都导致留守儿童在学业成绩方面表现不佳。新生代乡村教师采取“留守—陪伴”的方式进行教育，关注儿童的身心健康，促进其全面发展。

三、教育的建制化使乡村教师与村庄的关系愈加疏远

教育现代化的一个重要指标就是教育的建制化，即完成办学条件的标准化、学校管理的制度化、教师招聘与管理的规范化、教育评价机制的科学化等一系列教育现代化指标体系的过程。而乡村教育的建制化主要体现在通过普及九年义务教育、义务教育均衡发展验收等国家行为实现办学条件的标准化，通过将教师招聘范围从县域扩大至全国以实现教师招聘制度的科学化，通过教师学历补偿与入职学历提高以实现教师学历结构的合理

布局，通过引进企业管理的绩效考核标准以提高教师工作的积极性，通过建立全国范围的基础教育质量监测平台实现质量管理等。

但教育的建制化一定程度上也使乡村学校与村庄之间关系有了变化。20世纪90年代以来，为优化农村教育资源配置、提高农村教育质量，我国实行农村中小学布局调整政策以及农村寄宿制学校建设工程政策等。同时，随着乡村教师招聘方式科学化的推进，来自全国各地的青年大学生进入乡村学校工作，他们并非像民办教师、中师生教师那般出生于本乡本土，与村庄的经济、社会和文化关联较弱（见表5–3）。

表5–3　乡村教师与村庄关系的代际差异

群体	出生	成长	学习			工作	居住	与村庄的关系
			初中及以下	高中（中师）	大学			
民办教师	本村/本乡镇	本村/本乡镇	本乡镇	本乡镇/本县	—	本村/本乡镇	本村	血缘、地缘、业缘
中师生教师	本村/本乡镇	本村/本乡镇	本乡镇	外县/地级市	—	本村/本乡镇	本乡镇/县城	血缘、业缘
新生代教师	外村/外乡镇	外村/外乡镇	外乡镇/外县	外县/地级市	地级及以上城市	外村/外乡镇	学校/县城	业缘

（一）民办教师：自由穿梭于学校—家庭—村庄中的“赤脚教师”

民办教师大部分出生在任教学校所属的村庄，小学与初中一般就读于村办小学和“戴帽初中”，到了高中才走出村庄、进入乡镇。高中毕业后，又回到本村任教。民办教师的社会交往范围也是以村庄为核心，逐渐向外辐射至本乡镇，与村庄之间存在着天然的亲密关系。“亦师亦农”的民办教师是最具乡土气息的一代乡村教师，土地依然是其与村庄的重要联结。他们“生于斯，长于斯，学于斯，教于斯”，是自由穿梭于学校—家庭—村庄中的“赤脚教师”，与村庄、学校之间形成了基于血缘、地缘和业缘的亲密关系。

（二）中师生教师：游走在城市与乡村之间的“两栖教师”

改革开放之后，乡村教师的招聘方式步入建制化的轨道，乡村教师的入职方式从推荐任教变为定向分配。中师生教师虽然也是土生土长的本地人，但他们与土地、村庄的关系不再如民办教师那般紧密。20世纪八九十年代，初中办学与管理权力从村庄上移至乡镇，村级初中建制逐渐取消，所有学生要到乡镇所在地就读初中。这样，中师生教师的求学地点就从村庄转移至乡镇街道，他们与村庄的关系开始因“学缘”关系转移而发生断裂。初中毕业后，他们到了县城或地级市读中师，户籍身份从农业转为非农业。

在定向分配就业政策的影响下，中师生毕业后回到本乡镇任教，但一般都不是回到本村，而是按教师缺口分配至其他村小任教。中师生教师成为“离土不离乡”的一代，加上工作地点和出生地点的不一致，进一步弱化了乡村教师与村庄之间的联结。成家立业后的中师生教师为了给子女享受优质的教育资源，居住地点从村庄搬迁到乡镇甚至县城，社会交往范围有了新的扩展，打破了村庄和乡镇的地域限制，进入县城。“生于斯，长于斯，学于彼，教于斯，住于彼”的中师生教师，与村庄、学校的血缘、地缘关系有所淡化，业缘在增强，成为游走在城市与乡村之间的“两栖教师”。

（三）新生代教师：基于业缘关系的弱联结

随着乡村教师招聘方式的变化，乡村教师的地域来源越来越多元化，而不再局限于本乡镇。新生代乡村教师大部分来自外村、外乡镇、外县甚至外市、外省，他们与任教学校所在的村庄之间没有任何的血缘和地缘关系，而是基于业缘而形成的工作关系。在进行社会互动时，新生代乡村教师工作、生活在学校，较少走出学校、走进村庄，乡村社会交往范围主要在任教学校，与学校所在的村庄及乡镇发生的关系微弱。“三点一线”的生活方式，使新生代乡村教师呈现出愈加明显的“原子化”现象。

新生代乡村教师与乡村社会的关系是“生于彼，长于彼，学于外，教于斯”，基于业缘关系与村庄发生着微弱的联结。

四、现代性形塑中的乡村教师身份认同

乡村教师社会生活的代际差异不仅与我国社会结构的变迁、教育现代化的发展进程有关，而且与乡村教师的身份认同变化密切关联。而这种身份认同与现代化进程所带来的人的现代性特征有着直接关系。

改革开放以来，我国经历了由传统型社会向现代型社会转型的过程，即从农业的、乡村的、封闭半封闭的传统型社会，向工业的、城镇的、开放的现代型社会转型。[①] 在实现从传统社会向现代社会过渡的现代化转型过程中，现代性的若干特征一一显现，主要表现为自我意识的萌发、个体选择的多元、价值观念的多样等。这些现代性特征都不同程度地影响着乡村教师的身份认同状况。

乡村教师的身份认同是在“传统社会”向“高度现代性社会”过渡进程中完成代际更迭的，从民办教师群体到新生代乡村教师群体的职业选择经历了“相对确定”到“多重可能”的演变。

传统社会给予了个体相对确定的生活秩序，其生活方式是被传承的，未来的生活方式是可预构的。[②] 在传统社会，每个人都有自己的身份和位置，他们的社会地位是既定的，处于这种状态下的个体依据这种秩序规则安排给自己的位置而获得身份感和归属感。在本乡镇完成初中或高中学业后，民办教师群体是被“推荐”为乡村教师的。在户籍制度尚未改革前，

---

① 郑杭生，李强，李路路，等．当代中国社会结构和社会关系研究［M］．北京：首都师范大学出版社，1997：19-20.

② 杨玉洁，赵岩．自我在现代性条件下的形塑：吉登斯《现代性与自我认同》对自我的解读［J］．学习与探索，2008（6）：83-85.

他们只能在本乡镇抑或是本村庄范围内活动，职业流动可能性微乎其微，可谓是“生于斯，长于斯，甚至是止于斯”。所以，民办教师群体的职业选择和职业发展是既定的发展方式。因为学业关系，中师生教师群体有机会走出本乡镇，进入城市地区就读中等师范学校。虽然看似有更多选择的机会，但中师生教师是以“定向培养”为目的学习的，考上中师的那一刻起就注定要在毕业后返回本乡镇任教。由此，中师生教师的职业生涯被框定。民办教师群体和中师生教师群体的入职方式是被规划好的，职业生活也相对确定。

随着现代性的铺陈，“选择”成为个体工作与生活中必须面对的问题。正如吉登斯所言，“传统的控制愈丧失，依据于地方性与全球性的交互辩证影响的日常生活愈被重构，个体也就愈会被迫在多样性的选择中对生活方式的选择进行讨价还价。由于今天社会生活的‘开放性’，由于行动场景的多元化和‘权威’的多样性，在建构自我认同和日常活动时，生活方式的选择就愈加显得重要”。[①] 现代社会中的选择与传统社会中的选择是不一样的。在传统社会中也有选择，但选择是在传统和习俗的规范下做出的，而现代社会的选择已经变成一种多重可能选择之中的选择。明显区别于传统社会中所有个体选择的趋同性，现代社会呈现多样化的选择样态。

与民办教师、中师生教师不同，新生代乡村教师出生并成长在市场经济时代，个体拥有较大的自主选择空间。他们的职业选择不再是单维的定向分配，“自主择业”赋予了他们多元的职业选择方式。即使在进入乡村教师职业之后，具有较高主体性的新生代乡村教师没有“既定”或被“框定”的职业发展轨迹，他们对未来充满了想象。

① 吉登斯 . 现代性与自我认同［M］. 赵旭东，方文，译 . 北京：生活 · 读书 · 新知三联书店，1998：5–6.

第三节　教育现代化视域下乡村教育的未来图景

党的二十大报告创造性地提出了“中国式现代化”的概念，指出，“从现在起，中国共产党的中心任务就是团结带领全国各族人民全面建成社会主义现代化强国、实现第二个百年奋斗目标，以中国式现代化全面推进中华民族伟大复兴”。从本质上讲，中国式现代化的落脚点都在于社会主体，即人本身的全面发展。因此，中国式现代化，归根到底是人的现代化。同样，乡村教育现代化的思路是以人的现代化为重心[①]。实现乡村教育的振兴、重塑乡村学校的办学活力，应该从促进乡村教师的现代化，即关注与构建乡村教师的社会生活中寻找着眼点，丰富乡村教师的精神文化生活，以推进更加公平、更高质量、更有效能、更具活力的乡村教育现代化。

在新生代乡村教师即将全面替代民办教师、中师生教师群体的当下，我们提出通过实施以人的现代化为重心的乡村教育振兴策略，借助乡村振兴战略、开展师范教育改革与教育管理体制改革等方式，促进乡村教师在与家庭、学校、村庄、国家的互动中重塑乡村教师职业的身份认同，实现乡村教育的振兴，重塑乡村教育活力。

一、在乡村振兴中重塑乡村教育活力，吸引优秀青年到乡村任教

作为乡村社会的一部分，乡村教育的活力重塑很大程度上依赖于乡村社会的振兴与重建。在乡村振兴中重塑乡村教育的办学活力，促进乡村教师个体的现代化，是乡村教育未来发展的重要途径。2018 年初，我国出台了《中共中央　国务院关于实施乡村振兴战略的意见》（下称“《乡村振兴战略》”），乡村振兴战略的出台与实施，尤其是“加快推进乡村治理体系和治理能力现代化，加快推进农业农村现代化，走中国特色社会主义乡村

① 杨小微 . 找到教育与社会的“共振频率”[N] . 光明日报，2017-07-15（7）.

振兴道路，让农业成为有奔头的产业，让农民成为有吸引力的职业，让农村成为安居乐业的美丽家园”的乡村振兴指导思想，为乡村教育办学活力的重塑提供了极其重要的发展契机。具体而言，包括以下方面。

首先，为方便乡村教师的日常生活，应建立由县政府牵头、各职能部门积极参与的联动机制，进一步完善乡村的基础设施建设，尤其是加快公共交通建设、加大宽带网络覆盖范围、提升便民服务质量，使乡村教师能够出行方便、通信方便，使他们在乡村也能享受现代化带来的种种便利。乡村振兴战略提出的“按照有标准、有网络、有内容、有人才的要求，健全乡村公共文化服务体系”，恰好可以为乡村教师提供公共文化资源平台，丰富乡村教师的文化生活。

其次，为解决乡村教师婚恋难问题，教育行政部门可以与共青团、妇联、工会等群团组织携手，为适龄乡村青年教师组织联谊活动，以扩大乡村教师的交际范围。另一方面，研究制定乡村人才振兴政策，通过“两条腿走路”的方式，为乡村教师择偶提供更加广阔的选择空间：在培养本土乡村人才的同时，通过各项优惠政策鼓励优秀人才到乡村工作，增加在乡村社会工作的适龄青年人才数量，以解决乡村教师的婚恋难问题，使乡村年轻教师安心从教、幸福生活。而乡村振兴战略提出了“要把人力资本开发放在首要位置，畅通智力、技术、管理下乡通道，造就更多乡土人才，聚天下人才而用之”，通过“汇聚全社会力量，强化乡村振兴人才支撑”的方式，为适龄乡村教师提供交友、恋爱、择偶的平台。同时，乡村振兴战略提出了“开展移风易俗行动”，通过“遏制大操大办、厚葬薄养、人情攀比等陈规陋习”等方式，一定程度上可以减少农村地区彩礼高涨的现象，缓解因高额彩礼而引发的婚恋难问题。

再次，为增强乡村教师与乡土社会的联结，应该创造乡村教师参与乡村社会公共事务的机会，增强乡村教师对乡土社会的认同感。如果乡村教师不了解、不认同任教学校所处的乡村社会，那么他们仅是乡村学校的匆匆过客，难以深度参与乡村社会的日常生活。所以，乡村教师应该多出校门去走走、看看，了解乡土社会的风土人情、邻里关系等，逐渐培养对乡土社会的感情，并适时参与乡村社会建设。为此，乡村振兴战略提出了“建立有效激励机制，以乡情乡愁为纽带，吸引支持企业家、党政干部、专家学者、医生教师、规划师、建筑师、律师、技能人才等，通过下乡担任志愿者、投资兴业、包村包项目、行医办学、捐资捐物、法律服务等方式服务乡村振兴事业”，“使之成为乡村振兴的建设性力量”，这可以鼓励乡村教师参与乡村振兴、乡村建设，为促进本土经济和社会发展培养人才，加强学校与乡村的联结，提升建设乡村社会的活力。上述举措都将带来乡村教师全新的发展生机，这也是重塑教育信念、激发教师的教育和社会活力的核心要旨。

最后，为缓解乡村教师队伍流失、提高乡村教育质量，应对县域范围内教师流动不规范现象进行综合治理，并通过城乡教师交流、城镇教师支教等方式改善乡村薄弱学校师资不足现状，提升乡村教育的办学质量。乡村振兴战略提出了“优先发展农村教育事业”，“以市县为单位，推动优质学校辐射农村薄弱学校常态化。统筹配置城乡师资，并向乡村倾斜，建好建强乡村教师队伍”，“全面建立城市医生、教师、科技文化人员等定期服务乡村机制”，可以为乡村教师有序流动、解决乡村教育资源配置难题提供政策依据。

二、通过定向培养的方式，提高乡村教师对农村教育发展实际的适应性

为解决乡村教师队伍不稳定、“所教非所学”限制乡村教师专业发展与教育质量有待提高的问题，相关教育行政部门应该在教师职前培养方面着手，可通过定向培养乡村教师的方式，增强乡村教师的乡土适应性，提高乡村教师队伍的稳定性，通过培养德才兼备、一专多能的乡村教师，使乡村教师适应农村教育发展的实际需要。

可实施“定向就业”的教师培养方式，重塑乡村教师的角色观念。定向培训乡村教师，是稳定乡村教师队伍、重塑乡村教师社会角色观念、促进乡村教师与乡村社会关系联结的重要方式。招聘本乡本土的乡村教师，也是树立乡村教师在乡村社会的主人翁意识、唤醒乡村教育办学活力的重要举措。

建立德才兼备、一专多能的培养模式，以适应农村教育发展的实际。在乡村小学任教的教师，一定是德才兼备、一专多能的教师，才能适应农村教育发展的实际。乡村学校尤其是乡村小学不需要乡村教师具备多么高深的学问，但一定要具备较高的师范素养、崇高的人格素质、全科教学和复式教学的能力。一般而言，只要是具备这些条件的本科或专科毕业生均能胜任小学阶段的教学工作。所以，在高等教育培养过程中，应逐步探索建立德才兼备、一专多能的人才培养模式，以增强乡村教师对乡村教育发展实际的适应性。

首先，乡村教师应为留守儿童树立学习榜样，激发乡村儿童的学习动机，培养学生对学习与生活的兴趣与热情；其次，乡村教师需要具备一定的保育能力和心理健康辅导能力，为乡村儿童的学习与生活保驾护航；再次，受制于乡村教师编制紧缺的现状与教师结构性短缺的事实，很多村级不完全小学、教学点普遍存在复式教学现象，要求乡村教师承担多门学科的教学工作，尤其是音乐、体育、美术等专业性课程，这就要求乡村教师具备“一专多能”的教学素养，能够适应乡村教育实际发展需要。

三、解决乡村教师的实际生活困难，提高乡村教师的意义感

入职后的乡村教师，逐渐会面临为日常生计而发愁、无地可住、因两地分居而产生感情疏远等实际的生活困难，为此，政府有关部门应该通过提高待遇、提供教师周转房、制定切实可行的规章制度等方式，为乡村教师提供有利的职后工作与生活保障，以提高乡村教师在物质与精神文化方

面的满足感。

建立多样化的乡村教师津补贴制度，提高乡村教师的工资收入水平。应建立中央政府统筹、省级政府支持、县级政府补充的乡村教师工资发放制度，大幅提高乡村教师的生活待遇，尤其是优先关注在边远贫困地区的乡村教师，真正落实教师工资高于本地公务员工资的政策。同时，按照任教学校的实际情况，如与县城和乡镇政府所在地的距离、海拔、气候状况等，因地制宜地向乡村教师发放多种类型的津补贴，使乡村教师在乡村社会中衣食无忧，免于为生计奔波，安心教学。

建立健全周转房制度，使乡村教师“住有所居”。借助于乡村振兴战略，各级政府应尽快建设周转房，解决乡村教师实际的住房需求。而周转房应该是功能齐全、满足多元化需要的住所，能让乡村教师在周转房中享受到医疗、卫生、教育、养老等服务，真正吸引更多优秀的青年教师到乡村学校任教。

制定切实可行的、人性化的规章制度，解决乡村教师家庭生活问题。对于异地分居、与父母分离的教师家庭，各级政府应尽快尝试实施切实可行的解决夫妻两地分居办法、建立乡村教师父母养老制度等，解决乡村教师的后顾之忧，使乡村教师家庭幸福、用心教学。

四、牢固树立教师职业理想，丰富乡村教师精神世界

党的二十大报告深刻阐释了中国式现代化的五个重要特征，主要特色体现在：中国式现代化是人口规模巨大的现代化，是全体人民共同富裕的现代化，是物质文明和精神文明相协调的现代化，是人与自然和谐共生的现代化，是走和平发展道路的现代化。马克思认为，人的发展是“人以一种全面的方式，也就是说，作为一个完整的人，占有自己的全面的本质”。人的发展不仅要满足丰富的物质生活需要，更重要的是实现精神上的自由自在自觉。

乡村教师的精神生活富裕是实现乡村教育现代化的重要特征。衡量精神文化生活是否富裕，既要看乡村社会精神文化资源供给是否充足，也要看乡村教师精神生活富裕程度如何。通过分层分类精准培训，强化乡村教师的使命与担当，让乡村教师在乡村学校享有更加充实、更为丰富、更高质量的精神文化生活，丰富乡村教师的精神文化世界。

一方面，分层分类精准培训，提升乡村教师的职业认同感。乡村教师的师德师风以及对乡村教师职业理想的追求，是乡村教师成长和发展的内驱力，也是稳定乡村教师队伍的重要因素。通过开展培训需求调研，构建乡村教师胜任力模型，以师德师风教育、教师职业道德、课堂教学能力提升、职业发展规划、挖掘乡土教育资源等为主要内容，精准甄别研判培训需求，探索适切培训方式方法[①]，开展分层分类培训，着力提升乡村教师职业认同。

另一方面，厚植乡土情怀，强化乡村振兴的使命与担当。教师与社区的紧密联系有助于促进教师在农村地区工作。应着力厚植乡村教师的乡土情怀，鼓励乡村教师发挥文化教育的天然优势，积极作为，主动加强与属地村支部和村委会、家长、村庄的联系，提升乡村教师参与乡村建设与乡村治理行动的意识，强化乡村教师振兴乡村教育的使命与担当。

总之，在城镇化进程不断推进的当代中国，乡村学校需要什么样的乡村教师？怎么招聘到乡村学校最需要的教师？如何提升乡村教师的教育素养？这些已经成为当下乡村教育研究面临的重要议题。乡村教师的社会生活，应纳入推进乡村教师队伍建设、提升乡村教育质量的研究视野中，从乡村教师内心世界的饱满性，找寻“招得来、下得去、留得住、教得好”的政策制定依据。

① 王成龙 . 西部乡村中小学校长培训的供给侧改革与创新实践：以田家炳基金会“西部乡村中小学校长培训计划”为例［J］. 中国成人教育，2022（4）：64–69.

参考文献

著作类

[1] 马尔库塞 . 单向度的人：发达工业社会意识形态研究 [M] . 刘继，译 . 上海：上海译文出版社，1989.

[2] 马克思 . 路易 · 波拿巴的雾月十八日 [M] . 中共中央马克思恩格斯列宁斯大林著作编译局，译 . 北京：人民出版社，2001.

[3] 布尔迪厄 . 文化资本与社会炼金术：布尔迪厄访谈录 [M] . 包亚明，译 . 上海：上海人民出版社，1997.

[4] 波德里亚 . 消费社会 [M] . 刘成富，全志钢，译 . 南京：南京大学出版社，2000.

[5] 费特曼 . 民族志: 步步深入 [M]. 龚建华，译 . 重庆: 重庆大学出版社，2007.

[6] 劳蒂 . 学校教师的社会学研究 [M]. 饶从满，于兰，单联成，等译 . 北京：人民教育出版社，2011.

[7] 吉尔兹 . 地方性知识：阐释人类学论文集 [M] . 王海龙，张家瑄，译 . 北京：中央编译出版社，2000.

[8] 特纳 . 社会学理论的结构：上册 [M] . 邱泽奇，等译 . 北京：华夏出版社，2001.

[9] 特纳 . 社会学理论的结构：下册 [M] . 邱泽奇，葛丽莎，等译 . 北京：华夏出版社，2001.

[10] 古德森 . 教师生活与工作的质性研究 [M] . 蔡碧莲，等译 . 北京：教育科学出版社，2013.

[11] 吉登斯 . 社会学 [M] .4 版 . 赵旭东，齐心，王兵，等译 . 北京：北

京大学出版社，2003.
[12] BERMAN M.All that is solid melts into air：the experience of modernity[M]. New York：Penguin Books，1988.
[13] 陈向明 . 质的研究方法与社会科学研究 [M]. 北京：教育科学出版社，2000.
[14] 褚宏启 . 教育现代化的路径：现代教育导论 [M] .2 版 . 北京：教育科学出版社，2013.
[15] 杜成宪，丁钢 .20 世纪中国教育的现代化研究 [M] . 上海：上海教育出版社，2004.
[16] 方晓东，李玉菲，毕诚，等 . 中华人民共和国教育史纲 [M] . 海口：海南出版社，2002.
[17] 费孝通 . 乡土中国 [M] . 北京：北京出版社，2005.
[18] 费孝通 . 乡土中国　生育制度 [M] . 北京：北京大学出版社，1998.
[19] 梁忠义，罗正华 . 教师教育 [M] . 长春：吉林教育出版社，1998.
[20] 顾明远 . 教育大辞典（增订合编本）[M] . 上海：上海教育出版社，1998.
[21] 顾明远 . 中国教育的文化基础 [M] . 太原：山西教育出版社，2004.
[22] 光山县史志编纂委员会 . 光山县志 [M] . 郑州：中州古籍出版社，1991.
[23] 韩淑萍 . 从“荣耀”到“不甘”：农村学生选择中师教育的社会学分析 [M] . 北京：知识产权出版社，2012.
[24] 何东昌 . 中华人民共和国重要教育文献：1991 ～ 1997 [M] . 海口：海南出版社，1998.
[25] 何东昌 . 中华人民共和国重要教育文献：1976 ～ 1990 [M] . 海口：海南出版社，1998.
[26]《中华人民共和国重要教育文献》编委会 . 中华人民共和国重要教育

文献：1998 ～ 2002 [M] . 海口：海南出版社，2003.
[27] 贺雪峰 . 回乡记：我们所看到的乡土中国 [M] . 北京：东方出版社，2014.
[28] 贺雪峰 . 乡村社会关键词：进入 21 世纪的中国乡村素描 [M] . 济南：山东人民出版社，2010.
[29] 黄济，郭齐家 . 中国教育传统与教育现代化基本问题研究 [M] . 北京：北京师范大学出版社，2003.
[30] 姜添辉 . 资本社会中的社会流动与学校体系：批判教育社会学的分析 [M] . 台北：高等教育文化事业有限公司，2002.
[31] 蒋纯焦 . 一个阶层的消失：晚清以降塾师研究 [M] . 上海：上海书店出版社，2007.
[32] 金耀基 . 从传统到现代 [M] . 北京：中国人民大学出版社，1999.
[33] 金长泽，张贵新 . 师范教育史 [M] . 海口：海南出版社，2002.
[34] 李春玲 . 境遇、态度与社会转型：80 后青年的社会学研究 [M]. 北京：社会科学文献出版社，2013.
[35] 李强，等 . 生命的历程：重大社会事件与中国人的生命轨迹 [M] . 杭州：浙江人民出版社，1999.
[36] 李庆真 . 变迁中的乡村知识群体与乡村社会 [M] . 北京：光明日报出版社，2010.
[37] 李书磊 . 村落中的“国家”：文化变迁中的乡村学校 [M] . 杭州：浙江人民出版社，1999.
[38] 李友梅，孙立平，沈原 . 转型社会的研究立场和方法 [M] . 北京：社会科学文献出版社，2009.
[39] 梁漱溟 . 中国文化要义 [M] . 上海：上海人民出版社，2005.
[40] 林耀华 . 民族学通论 [M] .2 版 . 北京：中央民族大学出版社，1997.
[41] 刘玉照，张敦福，李友梅 . 社会转型与结构变迁 [M] . 上海：上海

人民出版社，2007.
［42］刘云杉．学校生活社会学［M］．南京：南京师范大学出版社，2000.
［43］陆有铨．躁动的百年：20 世纪的教育历程［M］．北京：北京大学出版社，2012.
［44］马戎，龙山．中国农村教育问题研究［M］．福州：福建教育出版社，2000.
［45］孟旭，马书义．中国民办教师现象透视［M］．南宁：广西教育出版社，1999.
［46］裴娣娜．教育研究方法导论［M］．合肥：安徽教育出版社，1995.
［47］佘凌．留守经历与农村儿童发展：家庭与社会化的视角［M］．上海：上海社会科学院出版社，2013.
［48］沈杰．中国改革开放以来青年发展状况研究［M］．北京：人民出版社，2015.
［49］司洪昌．嵌入村庄的学校：仁村教育的历史人类学探究［M］．北京：教育科学出版社，2009.
［50］苏真．比较师范教育［M］．北京：北京师范大学出版社，1991.
［51］孙立平．断裂：20 世纪 90 年代以来的中国社会［M］．北京：社会科学文献出版社，2003.
［52］孙立平．转型与断裂：改革以来中国社会结构的变迁［M］．北京：清华大学出版社，2004.
［53］唐松林．重新发现乡村教师［M］．长沙：中南大学出版社，2013.
［54］滕星，等．书斋与田野：滕星教育人类学访谈录［M］．北京：民族出版社，2010.
［55］汪晖，陈燕谷．文化与公共性［M］．北京：生活·读书·新知三联书店，1998.
［56］江立华，符平，等．转型期留守儿童问题研究［M］．上海：上海三

联书店，2013.
[57] 汪民安，陈永国，张云鹏. 现代性基本读本：上 [M]. 开封：河南大学出版社，2005.
[58] 王国明. 教育现代化与农村教师来源研究 [M]. 北京：人民出版社，2018.
[59] 王献玲. 中国民办教师始末 [M]. 北京：知识产权出版社，2007.
[60] 魏峰. 弹性与韧性：乡土社会民办教师政策运行的民族志 [M]. 上海：上海三联书店，2009.
[61] 魏建一. 事业单位机构编制管理与改革简论 [M]. 天津：天津教育出版社，2009.
[62] 邬沧萍. 改革开放中出现的最新人口问题 [M]. 北京：高等教育出版社，1996.
[63] 邬志辉. 中国教育现代化新视野 [M]. 长春：东北师范大学出版社，2000.
[64] 信阳市地方史志编纂委员会. 信阳市志（1978 ～ 2003）第 4 卷 [M]. 郑州：中州古籍出版社，2014.
[65] 信阳市统计局. 信阳统计年鉴（2015）[M]. 北京：中国统计出版社，2015.
[66] 徐安琪，叶文振. 中国婚姻研究报告 [M]. 北京：中国社会科学出版社，2002.
[67] 徐万邦，祁庆富. 中国少数民族文化通论 [M]. 北京：中央民族大学出版社，1996.
[68] 阎云翔. 礼物的流动：一个中国村庄中的互惠原则与社会网络 [M]. 李放春，刘瑜，译. 上海：上海人民出版社，2000.
[69] 阎云翔. 私人生活的变革：一个中国村庄里的爱情、家庭与亲密关系：1949 ～ 1999 [M]. 龚晓夏，译. 上海：上海书店出版社，2006.

[70] 杨东平. 艰难的日出：中国现代教育的 20 世纪 [M]. 上海：文汇出版社，2003.

[71] 杨东平. 中国教育发展报告（2016）[M]. 北京：社会科学文献出版社，2016.

[72] 尹德挺. 流动浪潮下的人口有序管理 [M]. 北京：中国社会科学出版社，2016.

[73] 中国百科大辞典编委会. 中国百科大辞典 [M]. 北京：华夏出版社，1990.

[74] 翟学伟. 中国人行动的逻辑 [M]. 北京：社会科学文献出版社，2001.

[75] 张维庆. 改革开放与中国人口发展：中国人口学会年会（2008）论文集 [M]. 北京：社会科学文献出版社，2009.

[76] 张秀兰. 中国教育发展与政策 30 年：1978 ～ 2008 [M]. 北京：社会科学文献出版社，2008.

[77] 郑新蓉，杜亮，魏曼华，等. 中国特岗教师蓝皮书 [M]. 北京：教育科学出版社，2012.

[78] 周沛. 农村社会发展论 [M]. 南京：南京大学出版社，1998.

[79] 周晓虹，等. 中国体验：全球化、社会转型与中国人社会心态的嬗变 [M]. 北京：社会科学文献出版社，2017.

[80] 周晓虹，周怡. 大过渡时代的中国青年 [M]. 南京：南京大学出版社，2000.

[81] 朱旭东，胡艳. 中国教育改革 30 年：教师教育卷 [M]. 北京：北京师范大学出版社，2009.

期刊类

[1] 陈向明."质的研究"中研究者的个人倾向问题 [J]. 教育研究，1998

（1）：21–25.

［2］程猛．从“一村之师”到“一校之师”：H村三代农村教师口述史［J］．上海教育科研，2016（4）：30–33.

［3］方长安，户松芳．《钢铁是怎样炼成的》在新中国“17年”的传播研究［J］．广东社会科学，2006（4）：154–158.

［4］顾明远．关于教育现代化的几个问题［J］．中国教育学刊，1997（3）：10–15.

［5］贺武华，方展画．公立学校“科层制批判”的反思与批判［J］．浙江大学学报（人文社会科学版），2009，39（4）：171–181.

［6］贺雪峰．论熟人社会的人情［J］．南京师大学报（社会科学版），2011（4）：20–27.

［7］贺雪峰．农村家庭代际关系的变迁：从“操心”说起［J］．古今农业，2007（4）：1–3.

［8］兰伯特．机器人或将令人类进入“原子化”时代［J］．孟波，李琳，译．中外书摘：经典版，2017（2）：40–41.

［9］孔祥渊．“混日子”：生活在别处：一项关于部分农村教师工作状态的质性研究［J］．上海教育科研，2014（9）：30–33.

［10］李强，邓建伟，晓筝．社会变迁与个人发展：生命历程研究的范式与方法［J］．社会学研究，1999（6）：1–18.

［11］李新乡，黄振恭．不同世代国民小学教师专业表现之相关研究［J］．南台人文社会学报，2009（1）：1–30.

［12］刘海峰．高考改革的教育与社会视角［J］．高等教育研究，2002（5）：33–38.

［13］刘胡权．论童年生活体验对教师专业发展的影响：基于教师生活史的“回溯”［J］．当代教育科学，2017（12）：13–16.

［14］卢晓中．简论教育现代化的标准化与特色化［J］．比较教育研究，

1998（2）：8–10.

［15］陕劲松 . 60 年来我国婚恋观的变迁［J］. 理论探索，2010（1）：100–102.

［16］邵涡阳 . 中国青年人口：基本状况和特点［J］. 青年研究，1995（1）：21–25，10.

［17］宋丽娜 . 婚恋技术主义：农村 90 后青年的婚恋实践［J］. 中国青年研究，2016（9）：38–43.

［18］滕珺 . 关于中国教育现代化的理论探索：顾明远的教育现代化思想探析［J］. 教育研究，2008（8）：32–40.

［19］田毅鹏 . 转型期中国城市社会管理之痛：以社会原子化为分析视角［J］. 探索与争鸣，2012（12）：65–69.

［20］王学男，闫予沨 . “特岗计划”：建立农村教师补充机制新路径：访北京师范大学教育基本理论研究院郑新蓉教授［J］. 世界教育信息，2012（3）：32–36.

［21］王跃生 . 婚事操办中的代际关系：家庭财产积累与转移：冀东农村的考察［J］. 中国农村观察，2010（3）：60–72.

［22］王兆详 . 从“教育救国”到“科教兴国”：中国教育现代化的历史探索［J］. 天津大学学报（社会科学版），2005（5）：338–341.

［23］邬志辉，李涛，周兆海 . 农村教师津补贴政策文本的计量分析：基于地方政府的政策文本［J］. 中国教育学刊，2012（11）：9–14.

［24］邬志辉 . 中国百年教育现代化演进的线索与命题［J］. 中国地质大学学报（社会科学版），2002（4）：45–49.

［25］吴康宁 . 当前我国教育社会学发展的三个基本问题［J］. 教育研究与实验，2008（6）：8–16.

［26］吴康宁 . 我国教育社会学的三十年发展（1979—2008）［J］. 华东师范大学学报（教育科学版），2009（2）：1–20.

[27] 吴新慧 . 传统与现代之间：新生代农民工的恋爱与婚姻 [J] . 中国青年研究，2011（1）：15–18，77.

[28] 武晓伟 . 我国西部农村学校“特岗计划”的思考：以贵州省威宁县为例 [J] . 湖南师范大学教育科学学报，2013（6）：48–53.

[29] 武晓伟 . 中国乡村女教师代际研究 [J] . 贵州师范大学学报（社会科学版），2016（3）：128–136.

[30] 夏仕武 . 试论中国高校毕业生就业政策的价值变迁 [J] . 国家教育行政学院学报，2012（1）：48–52.

[31] 徐艳伟 . 农村教师工作生活质量的现状与建议 [J] . 中国成人教育，2015（8）：108–110.

[32] 杨春茂 . 民办教师与公办教师何以依旧同工不同酬 [J] . 瞭望新闻周刊，1996（39）：35.

[33] 杨善华，孙飞宇 . 作为意义探究的深度访谈 [J] . 社会学研究，2005（5）：53–68，244.

[34] 袁桂林 . 农村义务教育“以县为主”管理体制现状及多元化发展模式初探 [J] . 东北师大学报（哲学社会科学版），2004（1）：115–122.

[35] 翟学伟 . 人情、面子与权力的再生产：情理社会中的社会交换方式 [J] . 社会学研究，2004（5）：48–57.

[36] 张济洲 . 农村教师的文化困境及公共性重建 [J]. 教育科学,2013(1)：51–54.

[37] 张建雷 . 接力式进城：代际支持与农民城镇化的成本分担机制研究：基于皖东溪水镇的调查 [J] . 南京农业大学学报（社会科学版），2017（5）：10–20.

[38] 张源源，邬志辉 . 我国农村青年教师的社会来源与职业定位研究：基于全国东中西 9 省 18 县的调查分析 [J] . 教师教育研究，2015（4）：40–45.

［39］郑新蓉，王成龙，佟彤．我国新生代乡村教师城市化特征研究［J］．河北师范大学学报（教育科学版），2016，18（3）：70–77.

［40］郑新蓉，姚岩，武晓伟．重塑社会活力：性别图景中的乡村教师和学校［J］．妇女研究论丛，2017（1）：5–20.

［41］郑新蓉．共和国五代乡村教师代际特征研究［J］．贵州师范大学学报（社会科学版），2016（3）：120–127.

［42］郑新蓉．论教师社会地位及法律地位［J］．教育研究与实验，1998（1）：35–40，71.

［43］周洪宇．教育生活史：教育史学研究新视域［J］．教育研究，2015（6）：110–116.

［44］朱旭东．论我国农村教师培训系统的重建［J］．教师教育研究，2011（6）：1–8.

［45］朱旭东．教育现代化的几个理论问题初探［J］．比较教育研究，1998（2）：2–7.

［46］宗刚，李盼道，孙晨晨．改革开放以来我国职业声望排序及变迁研究［J］．北京工业大学学报（社会科学版），2016（2）：11–17.

学位论文类

［1］陈铃宜．不同世代国民小学教师需求的动态变化研究［D］．台南：台南大学，2009.

［2］程猛．教师与土地：贺疃村三代农村教师口述史［D］．北京：北京师范大学，2012.

［3］蹇世琼．生命历程理论视域下教师认同发展轨迹及其影响因素研究［D］．长春：东北师范大学，2013.

［4］蒋福超．泥土与皇粮：王庄乡村教师生活史研究［D］．济南：山东师范大学，2017.

[5] 孔祥渊．混日子：乡村教师的抵制：鲁南某镇中学两位教师的故事［D］．北京：北京师范大学，2013.

[6] 彭婧婧．"民转公"教师生命历程研究：以湖南省 T 县某小学教师群体为例［D］．上海：华东师范大学，2011.

[7] 唐开福．城镇化进程中农村教师精神生活的田野考察［D］．上海：华东师范大学，2014.

[8] 佟彤．青年乡村教师流行音乐文化研究：以东北地区 H 镇为例［D］．北京：北京师范大学，2017.

[9] 王渝华．国小教师工作的异化现象与成因［D］．台南：台南大学，2005.

[10] 武晓伟．我国乡村教师性别结构的变迁：一个基于县域的历史人类学研究［D］．北京：北京师范大学，2016.

[11] 肖丽琴．教学改革中乡村教师的教学文化冲突问题研究［D］．金华：浙江师范大学，2013.

[12] 闫引堂．国家与教师身份：华北某县乡村教师流动研究［D］．上海：华东师范大学，2006.

[13] 臧婧．生命历程视域下农村小学青年教师的职业流动：基于鲁南沙沟镇 20 位教师的访谈［D］．武汉：华中科技大学，2010.

[14] 张云亮．国家扶贫县农村幼儿教师精神生活状况考察［D］．上海：华东师范大学，2012.

[15] 郑景泽．一路走来，何必如一：教师异化之研究［D］．台北：台湾师范大学，2006.

后记

本书在我的博士毕业论文的基础上修改而成，感谢我的导师郑新蓉教授对我的悉心指导。作为马克思主义教育学的教学研究先行者、教育社会学的资深前辈、农村教育研究的学术权威，导师有着深厚的理论积淀、严谨的治学态度、严肃的学术规范、鲜明的学术立场、深刻的语言表达、开阔的研究视野、前瞻的教育洞见、积极的生活态度、和蔼的为人风格，用实际行动践行了“学为人师，行为世范”的校训精神，为我们用行动诠释了“为学、为事、为人”的新时代“大先生”的形象。入读郑门，我学在其中，乐在其中，悟在其中，长在其中。感谢导师一直以来对我的积极引导、正向鼓励和支持。

2011 年，我入读北京师范大学，先后师从魏曼华和郑新蓉两位老师，攻读教育学原理教育社会学方向的硕士和博士学位。与教育社会学研究团队一道，把科研写在祖国大地上，走进了中西部各个省份，带着“教育社会学学者的家国情怀、社会担当”感知农村教育发展的脉搏与心跳。其间，我有幸参与了“特岗计划”五年、十年、十五年三个关键节点的项目评估，深度参与了教育部教师工作司、民族教育司等关于乡村教师队伍建设的课题研究，以及联合国儿童基金会等国际组织关于乡村教师培训与教材编写的项目管理及培训活动。这些学习活动丰富了我对教师队伍建设、民族地区教育发展的宏观认识与微观实践，也让我有机会走进乡村教师群体的生活。

2012年，我到贵州省威宁彝族回族苗族自治县调研，认识了新发民族小学的刘习聪老师，从他身上看到了乡村青年教师的教学活力以及社会活力。2015年，我们去大凉山调研，看到了很多年轻乡村教师选择承受较大物质压力生活在县城。我们将这种现象称为新生代乡村教师的“城市化特征”。随着调研区域样本的多样性呈现，我们逐渐勾勒出当时中国乡村学校教师队伍的基本轮廓，即三个乡村教师群体（分别是民办教师转正的乡村教师、中等师范学校毕业的乡村教师、新生代乡村教师）呈现出基于入职身份特征的代际更迭现象。

后来，跟随导师和教育社会学研究团队开展中国乡村教师口述史研究时，生命历程的研究范式进入了我的视野，即关注个体的出生、童年、求学、择业、婚姻、家庭、工作、退休等各个重大生命节点的生命叙事，研究宏观事件和结构特征对个人生活史的影响。在和团队完成“乡村教师口述史”系列丛书（广西教育出版社，2018）时，我萌生了用生命历程范式研究乡村教师的精神文化特质的想法。为此，我选修了北京大学乔晓春教授组织的社会科学研究方法暑期班（2017）“生命历程”课程，聆听了《大萧条的孩子们》的作者G. H. 埃尔德教授的精彩授课，系统学习了生命历程理论及其研究方法，为后续博士论文的田野调查、资料分析、写作等奠定了重要基础。在此，感谢乔晓春教授及团队提供了及时的源头活水。

本书运用生命历程的研究视角，经过三年的田野调查，完成了中国乡村教师社会生活研究工作，全方位描绘了乡村教师的社会生活发展史。在田野调查过程与不同代际的乡村教师的深度访谈中，我看到了乡村教师蕴藏的高贵品质：热爱乡土，赓续家乡文脉，扎根乡村教育事业的责任与担当；坚守初心，甘做寒门人梯，助推农家子弟进阶的高尚与无私；不畏琐碎，清贫乐道立身，永葆教书育人的热忱与真诚；勇于创新，心怀国之大者，强力书写乡村振兴的自信与豪迈。

同时，我看到了乡村教育中涌动的几股力量一直在焦灼着乡村教师的文化生活，使得他们生活在夹缝中：传统观念与现代化发展的博弈，扎根乡村教育与面对现实世界的无奈，敬业投入与薪酬收入的不平衡，满腔热忱与克服困难的割裂，背井离乡投身乡村教育与回归故里孝亲反哺的心理撕裂，等等。这些都需要我们不断地深入研究，建言献策，推动教育行政部门拟定刚性与人性兼具的教育政策，缓解甚至消弭乡村教师的文化焦灼。

所幸，新时代新征程，新理念新作为。在党的坚强领导下，党和国家始终把乡村教师队伍建设作为重要的基础性工程，以改革为主线，坚持问题导向，先后出台了《乡村教师支持计划（2015—2020年）》《关于减轻中小学教师负担进一步营造教育教学良好环境的若干意见》《教育部等六部门关于加强新时代乡村教师队伍建设的意见》《中西部欠发达地区优秀教师定向培养计划》《新时代基础教育强师计划》《关于进一步做好“优师计划”师范生培养工作的通知》等有利于乡村教师队伍建设、乡村教师专业发展的利好政策，持续实施“乡村优秀青年教师培养奖励计划”“银龄讲学计划”“特岗计划”等专项计划，为打造中华民族“梦之队”的筑梦人提供了政策保障，更让坚守乡村教育战线的各位乡村教师看到了希望，享受到了改革发展的红利，工作动力更加强劲。

在努力满足人民群众从“有学上”到“上好学”的美好期盼，“办好人民满意的教育”的政策话语与改革浪潮中，需要通过严谨的顶层设计，各方通力合作，盘活社会资源，共同构建优质均衡的基本公共教育服务体系，缩小区域、城乡、校际、群体教育差距，以促进乡村教育高质量发展。同时，需要提供高质量、精准、适切的培训机会，着力提高乡村教师的综合素质，激发他们积极投身乡村教育的内生动力，以迎接现代化、全球化给乡村教育带来的多样化的挑战。

强国必先强教。相信在党的坚强领导下，借力乡村振兴的改革浪潮，乡村教育改革发展也会更加振奋人心，更加富有活力，更加优质、公平、有质量。未来可期，我们期待着乡村教育更加美好的明天！

最后，感谢魏曼华、张莉莉、姜添辉、杜亮老师对我的鼓励与启发，以及感谢康永久、袁桂林、胡艳、苏尚峰、杜亮等教授在开题、预答辩时提出的宝贵建议。感谢博士论文答辩委员会成员史静寰、刘云杉、袁桂林、曾晓东、康永久、陈建翔教授的专业点评。

感谢我的博士同学程猛、俞子恩、刘磊明、崔春龙、张越、郝东方、安超，以及同门王国明、武晓伟、熊和妮、姚岩、雷雅琪、孟雅琴、佟彤、李光对等组建的“研究共同体”，营造了“水本无华，相荡乃生涟漪；石本无火，相击而发灵光”的优质学习研究氛围。

感谢我的工作单位国家教育行政学院的各位领导、同事对我的思想启迪与指导帮助。

感谢田野地点的所有老师。

感谢妻子和女儿一直以来对我的精神支持与无限鼓励，这是我持续发展的不竭动力与源泉。

从申请出版到公开见书，离不开广西教育出版社各位领导和编辑的关心与帮助，我在此表示最诚挚的感谢。广西教育出版社是一家品质出众、认真严谨、踔厉奋发，有着强烈使命感与担当的优质出版社，能在广西教育出版社出版专著，我倍感荣幸。

感谢“联校教育、社会科学、医学研究论文奖计划”和国家教育行政学院学术文库出版基金对调研与出版的资助。

王成龙

2022年10月8日